노동의 미래, ESG

노동의 미래

| 강충호 · 김경자 · 박태즈 · 송관철 · 윤효원 · 이문호 지음 |

도서출판 행진

우리 공동의 미래, ESG & YOU

조준호 (사)ESG코리아 이사장

우리 공동체의 미래는 장밋빛인가 회색빛인가? 세상 살아온 경험을 펼치고 여러 과학자의 지혜를 살피면 장밋빛 답을 내놓을 수가 없다. 위기는 턱앞에 있고, 희망은 뿌옇고 찾기 어렵다. 환경 파괴로 인한 생물다양성 위기, 인간의 경제활동으로 발생한 온실가스와 기후변화, 국가 간/국가 내 빈부격차와 식량 위기, 코로나 팬데믹에서 확인한 감염병 위험, 전쟁 위기, AI가 만들어내는 노동 없는 세계 그리고 당면한 경기침체와 인플레이션 압력까지 인류 사회는 지속가능성을 위협받고 있다.

이런 시대 현실 때문에 환경문제(Environment)와 사회문제(Social), 이에 대한 거버넌스(Governance) 구성 등 ESG가 시대적 화두로 떠올랐다. 자본주의 세계 경제의 핵심 행위자인 글로벌 투자사를 중심으로 민간기업, 정부, 공공기관, 대학, 지역사회, NGO 등 다양한 조직들이 ESG를 활용하여 인류의 당면 문제를 해결하려 하고 있다.

ESG경영을 하는 기업에게 투자하고, 그런 기업의 상품과 서비스를 구매함으로써 여타 기업에게 ESG경영을 강제한다. 반대로 환경 파괴, 인권 침해, 거버넌스를 무시하는 반ESG경영 기업에는 투자를 중단하고 상품 불매를 통해 퇴출한다. 이렇게 환경과 사회와 거버넌스를 선순환하여 인류를 지속가능한 세계로 이끄는 것이 바로 ESG다.

대한민국 기업들은 EU(유럽연합) 주도로 ESG 공급망 실사와 ESG 공시 의무화 요구로 이어지는 상황에 직면하자 허겁지겁 ESG를 배우고 ESG경영을 시도하고 있다. 반면 노동조합은 일자리와 노동조건을 지키는 전통적인 과제에 여전히 몸부림치고 있을 뿐, 이런 변화에 소극적으로 대응하고 있는 것이 현실이다.

나고 자란 곳 그리고 진보정치를 위해 국회의원 선거에 출마했으나 낙선의 고배를 마셨던 지역이 전북 군산이다. 잘 알려진 것처럼 이곳 군산의 랜드마크는 새만금방조제다. 기네스북에 등재된, 33.9km 세계 최장 방조저라 선전하고 있지만 바다를 막아 어민들은 쫓겨났고, 미세먼지 뿜어내는 허허벌판에 담수호는 썩어가고 있다. 물고기들에게는 죽음의 호수다.

정년퇴직 후 노동운동을 정리하고 새 삶에 대해 고민하던 중 고향 어귀 새만금이 떠올랐다. 군산으로 귀향해서 해수유통을 추진하는 '새만금 도민회의'를 설립하고 새만금 살리기 운동을 시작했다. 그리고 ESG를 만났다. 새로 시작한 환경운동과 평생 해온 노동운동이 만나는 지점에 ESG가 있음을 알게 되면서 (사)ESG코리아를 설립하고 국회 등록단체로 발전시켰다.

(사)ESG코리아는 2023년에는 전북교육청과 함께 초·중·고 64개 학교 5,000명 이상 학생과 49개 학교 교직원을 대상으로 ESG의 의미에 대한 교육을 진행하여 기대 이상의 긍정 평가를 얻었다. 2024년에는 전국적으로 교육 영역을 확대할 예정이다. 국회 정책 세미나에서는 'ESG, 생각의 전환', '재생에너지 확대와 생태계 보전 대안을 찾아라!', '농식품 ESG, 식품산업과 농업의 연계', 'ESG와 노동' 등 다양한 ESG 이슈를 여야 국회의원들과 함께 연구하며 ESG의 법적·제도적 의무화를 위해 노력하고 있다. 지역 네트워크를 구축하고 ESG 초급·중급 강사 양성으로 ESG 시대를 주도할 인력 양성을 추진하고 있기도 하다.

ESG 열풍을 주도하던 세계 투자회사 블랙록(Black Rock)의 CEO 래리 핑크는 더 이상 ESG를 언급하지 않고 있다. 2024년 하반기 미국 대통령 선거 이후 반환경주의, 반ESG 흐름이 강화될 것을 우려하는 목소리도 있다. 환경과 인간의 활동은 연결되어 있다. ESG가 약화되면 우리 인류의 미래는 암울할 수밖에 없다.

글로벌투자사가 ESG에 소극적인 태도로 전환되는 시점에 노동이 ESG의 중심에 설 수 있다면, ESG와 함께 세상의 변화를 이끌 수 있다는 논의를 진행해왔다. (사)ESG코리아 강충호 연구위원장, 김경자 교육위원장을 중심으로 외부 전문가 박태주, 이문호, 윤효원, 송관철 선생이 필진으로 참여해서 노동 중심 ESG의 다양한 시각을 담아 '노동, 노동운동의 새로운 미래'를 고민한 결과물이 이 책 『노동의 미래,

ESG』다. 이 논의를 통해 ESG(환경, 사회, 거버넌스)의 사회(S) 항목 가운데 가장 중요한 요소인 '노동 이슈'에 대한 올바른 이해와 현실적인 이행 방안을 지시함으로써 노동현장에서 노동기본권이 온전하게 보장되고 노동이 존중되는 사회를 만드는 디딤돌로 삼고자 한다.

에너지전환과 산업전환 시대에 노동자는 일자리 상실의 피해자가 아니라 '정의로운 전환'을 요구하며 환경문제와 사회문제를 주도하는 주역으로서 자기 위상을 세워야 한다. 국제노동기구(ILO)에서 정의한 바, '정의로운 전환'이란 "관련된 모든 사람에게 가능한 한 공정하고 포용적인 방식으로 경제를 녹색화하고, 괜찮은 일자리의 기회를 창출하며 누구도 소외되지 않도록 하는 것"을 의미한다. 급변하는 세계 속에서 이 전환의 전당을 우리의 것으로 삼고자 한다.

그렇게 뿌연 회색빛 미래를 헤치고 나아가 장밋빛 미래를 열어가고 싶다.

우리의 미래를 만드는 힘은 ESG와 노동이다!

추천사

우리 사회의 지속가능한 발전을 주도하기를……

박인상 (사)한국퇴직자총연합회 회장, 전 한국노총 위원장

기후변화로 대표되는 환경위기와 사회적 불평등, 전쟁의 위협으로 지구촌의 지속가능한 발전이 위협받고 있습니다. 이런 상황을 극복하기 위한 새로운 가치와 삶의 방식을 제시하는 ESG(환경, 사회책임, 거버넌스)가 시대적 화두가 되고 있습니다.

그동안 ESG 논의에서 상대적으로 소홀하게 다뤄져 왔던 '노동' 이슈를 집중적으로 분석한 책이 발간되는 것은 참으로 반갑고 시의적절한 일이 아닐 수 없습니다.

특히 이 책은 한국노총이나 민주노총의 간부 혹은 노동운동 연구단체나 국제노동단체에서 두드러진 활동을 하고 있는 최고 수준의 전문가들이 풍부한 경험과 오랜 연구활동을 통해 노동자와 노동조합이 어떻게 ESG를 인식하고 이행해야 할 것인지 다양한 시각과 현실적인 방안들을 제시하고 있다는 점에서 좋은 참고자료가 될 수 있을 것입니다.

모쪼록 오늘도 일선 현장에서 고생하고 있는 노동 후배들이 이 책을 통해 ESG와 노동에 대한 이해를 높이고 단체협상을 비롯한 다양한 노조활동에 요긴하게 활용함으로써 노동조합운동의 발전과 함께 우리 사회의 지속가능한 발전을 주도하게 되기를 바랍니다.

대한민국의 소멸 위기를 막아낼 노동 중심의 거버넌스

이수호 사단법인 풀빵 이사장, 전 민주노총 위원장

산 좋고 물 맑고 사계절이 뚜렷한, 세상에서 가장 살기 좋은 금수강산이라 자랑하던 우리나라 대한민국이 세계에서 가장 먼저 없어질 나라로 손꼽히고 있다.

지구 온난화는 전 지구적 문제라 하더라도 출생률의 급락으로 인한 인구 절벽 상태에서 민주주의 후퇴와 정치·사회적 낙후는 우리 경제를 나락으로 추락시켜 사회 양극화 현상을 심화시키고 빈곤과 불평등이 최고조에 달하고 있다. 더욱이 AI 등 4차 산업혁명은 그 불확실성은 말할 것도 없고 노동의 종말을 예고함으로써 인류의 멸망을 촉진하고 있다.

국제적으로 공인된 가장 심각한 나라가 우리 대한민국이다.

전 지구적 관점에서 인류의 멸종은 지구를 구하는 지름길일 수 있다. 그러나 지구는 인류와 함께 공존해야 한다. 지구를 구하고 인류를 구하기 위해 우리는 행동해야 한다. 지금 당장 해야 한다.

그 일환으로 기업가와 노동자가 함께 나선 운동이 ESG운동이다. 환경문제와 사회문제는 연결되어 있고 거버넌스를 통해 해결점을 찾아야 한다. 그렇게 행동하며 앞장선 단체가 (사)ESG코리아(이사장 조준호)다. 특히 노동을 중심으로 전문가들과 현장 노동자들이 먼저 나선 것은 고무적인 일이다.

인류와 우리나라의 지속가능한 생존 희망의 불씨를 이어가려는 노력에 박수를 보낸다.

그 사업의 하나로 『노동의 미래, ESG』를 출판한다니, 크게 환영할 일이다.

주로 노동 전문가로 구성된 필진은 ESG운동의 핵심이라 할 수 있는 노동 중심성을 확보하고 노동 중심의 거버넌스를 통해서 국내 기업들과 노동 현장에서 노동기본권이 온전하게 보장되고 노동이 존중받는 사회를 만드는 데 크게 기여하리라 확신한다.

노동조합의 힘과 영향력으로 기업의 책임 강화

이원보 한국노동사회연구소 명예이사장, 전 중앙노동위원회 위원장

ESG의 가치와 철학을 노동조합의 활동에 통합함으로써 노동조합은 사회의 지속가능한 발전에 기여하면서 노동자의 권리를 보호하고 기업의 책임을 강화할 수 있다.

첫째, 직장에서 폐기물 감소, 에너지 효율성 및 녹색 기술 채택을 요구할 수 있다.

둘째, 기업의 공급사슬에서 성평등, 다양성 포용, 생활임금, 노동자 권리와 같은 사회적 문제를 감시할 수 있다.

셋째, 환경보호, 사회정의, 지배구조 문제를 조합원과 노동자에게 교육할 수 있다.

넷째, 단체교섭에 탄소 발자국 감소, 안전하고 건강한 근무조건 보장, 노동권을 우선과제로 제기할 수 있다.

다섯째, 신재생 에너지에 대한 투자와 온실가스 배출 감소를 포함한 장기적인 지속가능성 목표를 사용자에게 강제할 수 있다.

여섯째, 환경단체 및 시민사회와 연대하고 협력할 수 있다.

일곱째, 사용주의 ESG 기준 준수를 감시하고 관련 정보의 공개를 사용자에게 요구할 수 있다.

여덟째, 연금과 기금을 책임 있게 투자하도록 함으로써 노동자들의 연금이 기업의 지속가능성과 윤리성 강화에 기여하게 할 수 있다.

이렇듯 노동조합은 집단적 힘과 영향력을 활용하여 ESG 활동이 기업의 사회적 책임을 높이고 사회정의를 실현하는 데 기여할 수 있다. 노동조합의 참여는 환경을 보호하고 사회적 권리를 보호할 뿐만 아니라, 기업의 지배구조 관행이 윤리적이고 투명하도록 보장하여, 지속가능한 사업 운영과 사회적 혜택을 이끌어낼 수 있는 것이다.

'노동'의 시각과 관점에서 ESG를 설명하는 책

김동명 한국노동조합총연맹 위원장

우리는 지금 기후변화, 디지털화 등으로 한 치 앞도 내다볼 수 없는 복합위기의 시대를 살고 있습니다. 사회 총체적인 대전환이 요구되는 가운데, 기업 역시 지속가능한 경영을 위해서는 맹목적인 이윤 추구에서 탈피하여 인권, 환경 등 다양한 비재무적 요소를 경영에 반영해야 한다는 거센 변화의 바람이 불고 있습니다. 그 중심에는 바로 ESG가 놓여 있습니다.

앞으로 ESG는 평가 및 공시의무 등을 통해 그 위상과 비중이 더욱 높아질 것입니다. 우리 노동자들과 노동조합 입장에서도 ESG는 매우 중요한 이슈입니다. 하지만 지금까지는 CSR(기업의 사회적 책임), ISO26000(CSR의 국제표준) 등과 같이 ESG와 유사한 경영 패러다임이 논의될 때마다 노동조합의 반응이나 관심이 낮았던 것이 사실입니다. 노동의 시각에서 충분한 설명과 논의가 부족했던 것이 한몫하지 않았나 생각합니다.

 이런 면에서 이 책은 '노동'의 시각과 관점에서 ESG를 잘 설명해 주고 있습니다. ESG에 대한 피상적인 접근이 아니라 심도 있게 이해할 수 있도록 도움을 주고 있을 뿐만 아니라, ESG의 오남용을 막기 위해 주의해야 할 것까지 세심하게 안내하고 있습니다. 현장 조합원들이 ESG를 어떻게 이해하고 대응해야 할지, 노동조합이 ESG에 어떠한 방식으로 개입해야 하는지 알고 싶다면 이 책을 반드시 읽어보시기 바랍니다.

노동의 미래에 대해 고민해 주신
(사)ESG코리아에 감사

최희선 전국보건의료산업노동조합 위원장

급변하는 기후 상황은 이제까지 경험해보지 못한 폭염과 폭우, 산불 등 기후재난으로 이어지며 국민의 생명과 자산을 위협하고 있습니다. 기후위기 문제는 더 이상 환경의 문제가 아닌 인류 생존의 문제로 다가와 있습니다.

기후변화는 인간의 질병 패턴을 크게 변화시킬 수 있습니다. 21세기 들어서면서 폭발적으로 늘어난 신종 전염병들의 대유행은 기후위기가 초래하는 여러 가지 거대한 충격들 가운데 하나의 현상이라 할 수 있습니다.

보건의료노조는 온실가스 다배출 의료기관의 탄소 감축 방안과 기후재난에 대비하는 보건의료시스템 정비를 위해 정부와 지자체, 병원 노사가 해야 할 과제 등을 연구하고 요구하고 있습니다.

의료기관 건물의 에너지 효율화, 재생에너지 발전, 주요 수송 수단의 전기화 등 효과가 큰 부분에서의 전환이 필요한 시점입니다.

지속가능한 ESG(환경, 사회, 거버넌스)에 대해 전 사회적으로 인식의 전환이 필요한 때 노동의 미래, 역할에 대해 고민해주신 (사)ESG코리아에 감사의 말씀을 드립니다.

함께 고민하고 행동하겠습니다.

대한민국 기업들의 ESG경영에 큰 좌표가 될 책

김철중 국민건강보험노동조합 위원장

(사)ESG코리아의 『노동의 미래, ESG』 발간을 진심으로 축하드립니다.

언제부턴가 ESG는 우리 사회 곳곳의 화두가 되어 새롭게 등장하고 있습니다. 하지만 ESG는 낯선 개념이 아닙니다. 우리에게 친숙한 '지속가능한 발전'에서부터 시작된 개념입니다. 기업의 지속적인 생존과 성장의 직접적인 핵심가치인 환경·사회·지배구조를 묶어서 말하게 된 것이 바로 ESG입니다.

과거 기업 가치는 재무제표와 같은 정량적 지표에 의해 주로 평가되어왔지만, 전 세계적인 기후변화 위기와 코로나19 팬데믹을 거치면서 최근에는 ESG와 같은 비재무적 가치의 중요성이 커지고 있습니다. 이제 ESG는 기업의 장기적인 생존과 번영에 직결되는 핵심적인 가치로 자리매김한 것입니다.

특히, ESG 노동 관련 지표는 노사관계·산업안전보건·고용평등·인권과 다양성 등의 관점에서 접근하는 것으로 평가받고 있습니다. 이 가운데 노동은 매우 광범위하고 중요한 영역으로 다뤄지고 있습니다. 노동규범 준수는 특정 기업 한 곳만 노력한다고 해결할 수 없으며, 기업의 하청과 공급망까지 확대되어야 한다는 지적이 대두되고 있습니다.

이런 시대적 상황에서 (사)ESG코리아의 『노동의 미래, ESG』 발간은 큰 의미가 있으며, 대한민국 기업들의 ESG경영에 큰 좌표가 될 것으로 확신합니다.

거듭 『노동의 미래, ESG』 발간을 진심으로 축하드립니다.

차례

서문 조준호 (사)ESG코리아 이사장   4

추천사 박인상·이수호·이원보·김동명·최희선·김철중   8

PART 1   임박한 파국과 노동 ESG 김경자

1. 임박한 파국   25
   1) 임박한 파국, 기후위기 | 2) 임박한 파국, 감염병과 전쟁 위기
   3) 임박한 파국, 빈곤과 불평등 | 4) 임박한 파국, 노동의 종말
2. ESG와 함께 생존의 길로   67
   1) ESG는 무엇인가 | 2) 자본은 스스로 변하지 않는다

PART 2   ESG경영과 노동이슈 강충호

1. 머리말   73
2. ESG와 사회책임   76
3. 노동기본권과 노동관행(Labour practices)   84
4. ESG의 노동이슈   95
5. 맺음말: 관심·개입   106

PART 3   정의로운 전환과 노동조합의 과제 이문호

1. 거꾸로 가는 기후정책   113
2. 노조의 딜레마와 정의로운 전환   117
3. 정의로운 전환으로 가는 길: 노조의 정책적 과제   124
4. 요약 및 전망   143

PART 4   정의로운 전환을 위한 '노동-기후연대'는 어떻게 가능한가 박태주

1. 문제의 제기   149
2. 기후위기가 노동자에게 미치는 영향   152
3. 정의로운 전환이란 무엇인가   158
4. 사회적 약자들의 그린뉴딜 동맹   166
5. 그린뉴딜 동맹으로서의 '에너지전환 동맹'   172
6. 맺음말: 그린뉴딜과 '성장 없는 그린뉴딜', 다른 전망과 공통의 기반   179

PART 5 ESG 평가에 있어서 노동 요소 `송관철`

1. 들어가기 — 187
2. ESG 평가에서 노동을 어떻게 다루고 있는가? — 190
3. 해외 ESG 평가기관의 노동 평가지표 — 192
4. 국내 ESG 평가기관의 노동 평가지표 — 198
5. 정부의 움직임 — 203
6. 공급망 노동은 왜 관리해야 하는가? — 205
7. 컨트로베시의 중요성: 지표만 잘 대응하면 되는 것이 아닌가? — 211

PART 6 ESG는 노동의 미래인가? `윤효원`

1. CSR이 넘어진 자리에서 ESG가 일어서야 — 217
2. 노동권 내용의 부실과 노동자 참여의 부재 — 221
3. 노동자의 자본을 위한 글로벌노조위원회'(CWC)의 '노동권투자자네트워크'(LRIN) — 227
4. ESG의 핵심 영역으로서 노동권 문제 — 232
5. ESG, 노동의 '전략적 개입'이 필요하다 — 236

PART 7 조직 거버넌스에서 노동의 역할 `김경자`

1. ESG에서 거버넌스 — 243
   1) 텀블러와 ESG 인증 | 2) ESG 흐름과 노조 설립
   3) G(거버넌스)는 ESG를 달성하기 위한 기구, 과정, 제도 | 4) ESG 공시
   5) 기업의 ESG는 선택이 아니라 필수 | 6) 에너지전환
   7) UN PRI 어드밴스(Advance) 출범
   8) 국민연금공단(NPS) ESG 보고서 | 9) 주식 시장과 ESG 이슈
2. 조직 거버넌스에서 노동의 역할 — 280
   1) 불평등 사회 | 2) 기후위기 해결에 배제된 노동 | 3) 정부에게 요구
   4) 정의로운 전환 | 5) 노동조합의 역할 | 6) 노동 ESG, 선택이 아닌 주도할 때

PART 8 ESG에 대한 노동조합의 전략적 대응 `강충호`

1. 머리말: ESG와 노동 — 303
2. CSR과 노동조합의 대응 — 307
3. ESG에 대한 노동조합의 대응 — 319
4. 노동조합의 ESG 대응 전략 — 331
5. 맺음말: 사회적 대화 참여 — 342

PART 1
임박한 파국과 노동 ESG

김경자

현재)
- (사)ESG코리아 교육위원장
- 우석대학교 교양대학 객원교수 '사회적 경제와 ESG', '건강과 복지' 강의
- 경희대학교 공공대학원 '건강한 사회를 위한 ESG(환경. 사회. 거버넌스) 정책' 강의
- 의료경영학 박사, 약사
- 민주노총 정책연구원 자문위원
- 국민건강보험공단노동조합 정척연구원 자문위원

경력)
- 전국민주노동조합총연맹 수석부위원장
- (재)의약품정책연구소 객원연구우원
- 경기연구원 비상임연구위원
- ESG 논문 발표 / 한국콘텐츠학회 「기업의 ESG 사회적 요인이 판매직 여성노동자 건강에 미치는 영향」, 2022

"지구를 구하기 위해서가 아니라
인류를 구하기 위해 우리는 행동해야 한다"

인류는 기후위기로 인한 물리적 멸종보다 빈곤과 불평등에 의한 사회 불안으로 붕괴할 가능성이 더 크다. 빈곤과 불평등이야말로 임박한 파국이다.
환경위기(E) 문제는 불평등, 빈곤 등의 사회적(S) 문제를 심화시켜 결국 인간의 파국을 예고하는 것이다. 환경문제(E)와 사회문제(S)는 모두 연결되어 있고 거버넌스(G)를 추동하여 해결책을 찾은 방안이 바로 ESG다!

임박한 파국

1) 임박한 파국, 기후위기

영화『돈 룩 업』(Don't Look Up)은 현실

세계적으로 유명한 배우 레오나르도 디카프리오는 환경운동에 관심이 많다. 자신의 이름을 딴 재단을 설립해 해양 보호와 아마존 보호 등 다양한 활동에 많은 돈을 기부한다.

독재 국가에서 반란의 씨앗을 잠재우기 위한 24시간 생방송 '인간사냥' 게임 영화『헝거게임』의 주인공 배우 제니퍼 로렌스는 반란의 상징이다. 이 두 배우가 주인공으로 나서서 인류의 멸망을 그린 영화가 바로『돈 룩 업』이다.

영화는 천문학 박사인 제니퍼 로렌스가 지구를 향해 오는 거대한 혜성을 발견하면서 시작한다. 제니퍼 로렌스는 천문학자 레오나르도 디카프리오와 함께 혜성의 궤도를 계산한 결과 지구와 충돌 가능성이 99.78%임을 확인한다. 둘은 미국 대통령에게 너비 9km에 달하는 혜성이 지구와 충돌하면 히로시마 원자폭탄 10억 배의 충격으로 인류와 모든 생물이 멸종할 수 있음을 경고한다. 둘을 미치광이 취급하던 대통령은 중간선거 전략으로 이 사실을 이용하고 압승한다. 이후 NASA의 인공위성과 핵무기로 혜성에 접근하여 혜성의 궤도를 변경하는 작전이 시작된다.

그러나 혜성에 다량의 희귀금속이 존재함을 알게 된 대통령의 후원자인 억만장자가 "희귀금속을 캐낸 뒤 혜성을 폭발시키면 된다."라고 주장하자 대통령은 작전을 중지시킨다. 레오나르도 디카프리오와 제니퍼 로렌스는 언론을 통해 혜성의 위험성을 경고하고 정치권에 즉각적인 대책을 세우라고 요구하지만, 이들의 주장은 과시욕에 사로잡힌 허언으로 취급된다. 자신을 믿고 하늘은 볼 필요도 없다는 대통령의 말이 곧 영화 제목인 '돈 룩 업'(Don't Look Up)이다. 그렇게 시간이 흘러 혜성은 지구와 충돌하고, 인류와 문명은 사라진다.

영화 『돈 룩 업』은 현실이다. 2022년 4월, 일단의 과학자들이 기후 연구를 중단(파업)하고 대규모 시위를 했다. 과학적인 근거를 가지고 기후위기의 심각성을 수십 년간 주장했지만 정책이 이에 응답하지 않는다는 이유에서다.

[그림1]은 산업혁명 이후 지구의 온도를 환경과학단체인 버클리어스(Berkeley Earth)와 전 지구 기온 관측자료(HadCRU), 지표면 온도 분석(GISTEMP), 국립해양대기청(NOAA), 유럽중기예보센터(ECMWF)

등이 다양한 방법으로 연구하여 발표한 자료다. 1860년 산업혁명 이후 지구의 온도가 지속적으로 상승하고 있음을 보여준다. 그리고 과학자들의 대표적인 연구 중 하나가 이산화탄소 농도와 지구 온도와의 상관관계를 나타내는 [그림2]다. 이 그래프를 보면 녹색으로 표시

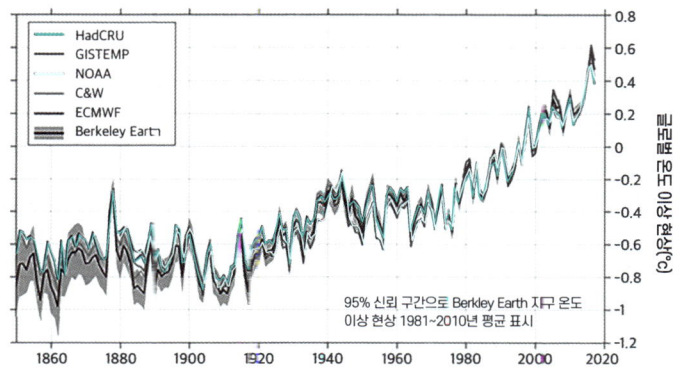

[그림1] 산업혁명 이후 지구의 온도 변화
* 자료 출처: 『에너지 포커스』 2022 가을호

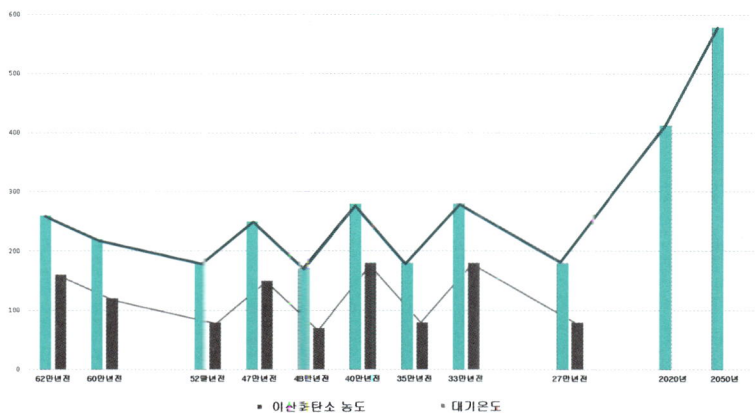

[그림2] 이산화탄소 농도와 대기 온도
* 자료 출처: 앨 고어 『불편한 진실』 자료를 저자가 직접 편집

된 이산화탄소 농도(ppm)가 올라가면 회색으로 표시된 지구의 온도가 올라가고 이산화탄소가 내려가면 지구의 온도 역시 낮아져 이산화탄소와 지구의 온도가 나란히 움직인다는 사실을 알 수 있다.

지금까지 이산화탄소 농도가 300ppm이 넘은 적이 한 번도 없었지만 2020년에 이미 413ppm에 이르렀고, 조만간 500ppm을 넘어서면 지구 온도가 상상을 초월할 수준으로 높아질 것임을 과학적으로 증명한 것이다.

시위에 참여한 이들은 멸종저항단체인 '과학자반란'(Scientists Rebellion)이다. 여기에는 IPCC[1]에 참여했던 과학자와 나사(NASA) 소속 기후과학자도 포함돼 있다. 그들은 "기후에 대해 우리가 이해하고 있는 것을 최대한 강력하게 전달하는 것이 과학자들의 임무다."라고 말한다. 영화『돈 룩 업』에서는 과학자들이 인류 멸종 원인을 혜성으로 지목한 반면 현실 세계에서 과학자들은 이산화탄소와 같은 온실가스 상승으로 인한 기후위기가 인류를 멸종으로 이르게 할 수 있음을 경고한다.

기후위기가 현실화하고 있다

매년 기록적인 폭염, 폭우, 한파, 가뭄, 산불, 태풍 등 이상 기후 현

---

[1] IPCC(기후변화에 관한 정부 간 패널)는 세계기상기구(WMO)와 유엔환경계획(UNEP)이 1988년 공동으로 설립한 국제 협의체로 기후변화와 관련한 전 지구적 위험을 평가하고 국제적 대책을 마련하기 위해 유엔 기후변화 협약의 의제 실행 여부를 점검하며 평가 보고서를 발행하는 것이 주요 임무다. 인간 활동과 지구 온난화 사이의 연관성에 대한 인식을 제고한 공로로 앨 고어 전 미국 부통령과 함께 2007년 노벨 평화상 수상자로 선정됐다.

상이 전 세계적으로 나타나고 있다. 파키스탄은 2022년에 섭씨 50도가 넘는 기온으로 수증기가 다량 발생하면서 강력해진 몬순 기후에 따라 폭우가 내렸고, 지구온난화로 인해 녹아내린 히말라야 빙하수가 합쳐져 최악의 홍수가 일어났다. 전 국토의 3분의 1 이상이 물에 잠겼으며 3,300여만 명의 수재민이 되었고 1,720명의 사망자가 발생했다.

미국과 캐나다는 섭씨 40~50도가 넘는 폭염에 시달리고 자연발화 화재도 빈번하다. 2023년 미국 최대 휴양지 하와이 마우이섬 화재가 대표적 사례다. 호주 산불, 캐나다 산불, 그리스 로도스섬 산불도 마찬가지다. 포르투갈과 스페인 등 남부 유럽 역시 섭씨 40도가 넘는 폭염이 연일 계속되어 관광객들은 동유럽으로 발길을 돌리고 있다. 유럽의 슬로베니아에서는 1991년 유고슬라비아 연방에서 독립한 이래 최악의 홍수 피해가 발생했다. 브라질의 세계 최대습지 판타나우에서는 한 달 넘게 화재가 계속되었다.

한반도의 기후위기가 가장 심각하다

2023년 4월 6일 발표한 환경부의 『환경백서』(2022년)에 의하면 한반도는 지난 30년(1988~2017년) 동안 여름은 19일 길어지고 겨울은 18일 짧아졌다. 열대야 일수는 1.8일에서 약 6.2일로 늘어났다. 기온은 1.8도, 해양 표층 수온은 1.35도 상승하여 지구 평균보다 약 3.4배 빠르게 뜨거워지고 있다. 지금과 같은 추세라면 21세기 후반(2071~2100년)에는 기온 4.4도 상승, 강수량 13% 증가, 폭염일수는 약 3.5배, 열대야 일수는 약 11.9배 증가할 것으로 예측된다.

2022년 8월 28일에 상륙한 힌남노 태풍은 한반도에 상륙한 태풍 중 가장 높은 위도인 북위 25도에서 발생했다. 지구온난화로 인해 바다 수온이 계속 상승하고 있어서 적도가 아닌 한반도에 가까운 해역에서도 수증기 발생이 증가하고 있다. 머지않아 힌남노처럼 위도가 높은 곳에서 발생한 태풍이 한반도에 상륙할 가능성이 높아졌다.

안토니우 구테흐스 유엔 사무총장은 2023년 7월 27일 "올해 7월이 역사상 가장 더운 달"이라는 세계기상기구(WMO)의 분석을 토대로 "지구 온난화(global warming)의 시대는 끝났다. 이제 지구 열대화(global boiling)의 시대가 도래했다. 현재 기후변화는 공포스러운 상황이지만 이는 시작에 불과하다."라고 경고했다.

IPCC는 2023년 3월 스위스에서 195개국 650여 명 대표단이 참가하여 만장일치로 6차 보고서를 채택했다. 보고서에는 온실가스 배출을 통한 인간 활동은 현재(2011~2020년)의 전 지구 지표 온도를 1850~1900년 대비 1.1도 상승시켰다고 명시했다. 기후변화협약, 교토의정서, 파리협정은 일부 기후 위험을 줄이는 데 효과적이었으나 적지 않은 한계가 있어 온실가스 배출로 인한 온난화는 계속 심화되고 있다. 예측 가능한 모든 시나리오에 따르면 가까운 미래(2021~2040년)에 1.5도가 상승해 5차 보고서의 예상에 비해 10년 이상 앞당겨졌다.

지표 온도의 상승을 억제한다 해도 해수면 상승이나 남극의 빙산 붕괴, 생물다양성의 손실 등 일부 변화는 불가피하거나 돌이킬 수 없다. 온난화가 심화될수록 급격하거나 비가역적인 변화가 일어날

가능성은 높아진다. 손실과 피해는 더욱 증가할 것이며 더 많은 인간과 자연 시스템이 한계에 도달할 것이다. 인간이 초래한 온난화를 제한하려면 CO_2를 포함한 온실가스 배출이 넷제로가 되어야 한다. 지구온난화로 인한 온도 상승을 1.5도 이하로 낮출 수 있는 2020년 초 이후의 잔여 탄소 배출 허용량은 500GtCO2(50% 확률)이고, 2도 미만으로 제한하기 위한 총량은 1,150GtCO2(67% 확률)이다.

온실가스 배출량은 지역, 국가 및 개인에 따라 다르다

대홍수로 큰 피해를 입은 파키스탄의 총리는 2022년 유엔기후변화협약 당사국회의(COP27)에서 기후변화로 인한 피해 보상을 요구했다. 파키스탄 총리는 "홍수로 인한 피해액이 300억 달러(약 41조 원) 이상으로 추산됐다."라며 "파키스탄은 탄소배출량이 아주 낮지만, 인류가 만든 재앙의 피해자가 됐다. '손실과 피해'가 이번 당사국총회의 핵심 의제가 되야 한다."라고 주장했다. 즉 30개 국가가 채 안 되는 선진국에서 배출하는 온실가스에 의한 기후변화의 고통을 겪는 파키스탄과 같은 개발도상극에 적절한 보상이 이루어져야 한다는 얘기였다.

COP27에서 이 문제가 처음으로 심도 있게 논의되었고, 선진국들이 금전적인 보상을 하기로 합의함으로써 기후변화로 피해를 받는 개발도상국이 선진국에게 보상을 받을 수 있는 길이 열렸다. 이른바 '손실과 피해' 보상안이다.

IPCC의 기후위기 보고서가 갱신될 때마다 경고 수위는 점점 높아

[표1] 대한민국 하위50%, 상위 10%, 상위 1%의 이산화탄소 배출량

한국인 1인당 평균 이산화탄소 배출량(기준 tCO2e/1인)	
전체 인구	14.7
상위 1%	180.0
상위 10%	54.5
중간층 40%	14.9
하위 50%	6.6

* 자료 출처: 「세계 불평등 보고서 2022」, 저자 직접 편집

지고 있다. 불평등한 사회경제 구조 속에서 기후위기의 책임은 동등하지 않다. 기후위기의 위협적인 영향도 마찬가지다. 기후위기의 책임이 덜한 국가들 특히 남반구(Global South)에 속하는 국가들이 기후위기에 더욱 취약하다.

기후 불평등은 한 나라 내에서도 동일하게 나타난다.

세계불평등연구소의 「세계 불평등 보고서 2022」[2]에 따르면 고소득자들이 저소득자들보다 월등하게 많은 온실가스를 배출한다. 즉 온실가스 배출 책임은 소득에 따라 다르다. 또한 성과 인종 등 여러 불평등 요인 역시 기후위기와 밀접한 관계를 맺고 있다.

[표1]을 보면 2022년 기준으로 한국인의 1인 평균 이산화탄소 배출량은 14.7tCO2e이다. 1인 기준으로, 한국인은 미국인 21t, 캐나다인 19t보다 적게 배출하고 중국인 8t에 비해서는 높게 배출한다. 한국인 중 수입 상위 1%는 180.0t으로 평균 12배 이상 이산화탄소를 배출하

---

[2] 「세계 불평등 보고서 2022」는 세계불평등연구소(World Inequality Lab)가 발표한 연구 보고서로 국가별 소득과 재산 불평등에 대한 통계와 분석을 제공하며, 전 세계적으로 불평등이 어떻게 발생하고 있는지, 미래에 어떤 영향을 미칠지를 파악하기 위한 참고 자료로 사용한다.

고, 상위 10%는 54.5t으로 3.7배 이상 배출한다. 반면 하위 50%는 6.6t 으로 이산화탄소 배출이 중국인 1인 평균보다 적고 한국인 전체 평균의 절반에도 미치지 않는다.

이산화탄소 배출은 인간의 활동 수준을 반영한다. 여름엔 에어컨 가동으로 시원하게 생활하고, 겨울엔 난방기구 과다 가동으로 민소매 옷만 입은 채 생활하며, 비행기를 자주 이용하고 깨끗한 외국산 생수 등의 먹거리를 먹는다면 당연히 이산화탄소를 과다 배출한다.

이렇게 과소비 활동으로 배출되는 탄소는 최대한 줄여야 한다. 반면에 선풍기도 없이 여름을 견디고 겨울에 난방도 하지 못한 채 고통받는 분들에게는 일상적인 생활이 가능하도록 난방과 냉방장치를 지원해야 한다. 생활을 위한 적절한 먹거리를 제공하고, 필요 시 이동할 수 있는 교통대책도 이뤄져야 한다. 즉 기후위기를 위해 모든 인류가 탄소 배출을 줄여야 하는 것이 아니다. 기후위기, 탄소배출 등의 환경(E) 문제와 저소득층의 냉난방, 의식주라는 사회(S) 문제는 서로 연결되어 있다. E(환경), S(사회), G(거버넌스)를 'ESG' 하나로 봐야 하는 이유다.

기후위기는 노동자와 작업장에도 직접적인 영향을 끼친다. 온실가스 감축 정책의 하나로 에너지전환 정책이 추진되면서 석탄발전소 노동자들은 일자리가 불안정해졌고, 전기자동차 생산이 세계적 흐름으로 이어지며 자동차산업도 내연기관차 부품 관련 1차, 2차, 3차 밴드 위기를 겪고 있다. 기후위기와 함께 소득 감소, 이주, 소비 실종으로 사회경제적 위기 상황으로 빠질 수 있다. 사회경제적 측면에서 지역의 위기상황을 나타내주는 말이 바로 '지역소멸' 또는 '지방소멸'이다.

『6도의 멸종』

2007년도 마크 라이너스가 인류에 보내는 경고가 바로 『6도의 멸종』이다. 그가 『6도의 멸종』을 쓸 당시만 해도 우리는 '미래의 가능성'이었던 '1도 상승' 이전의 세계에 살고 있었다.

저자 마크 라이너스는 지구 온도가 1도, 2도, 3도, 4도, 5도, 6도 올라가면 어떻게 되는가를 경고했다. 그에 따르면 2도만 올라가도 부산 낙동강 하구 및 인천공항 지역이 침수하고, 6도에 도달하면 지구 어디에서도 얼음을 볼 수 없게 된다. 북극과 남극에도 나무들이 자라고 자연 발생 화재가 끊이지 않아서 지구촌 곳곳이 불길에 휩싸이게 될 것이며 지구 생명체가 황폐화하는 대멸종이 나타날 것이다.

전 지구적인 지표면 평균 온도가 산업화 이전 수준보다 1도 올라갔다는 뉴스가 처음 발표된 것이 2015년이다. 파리기후변화협약을 거쳐 유엔기후변화협약 당사국총회(COP26, Conference of the Parties 26th)에서도 의결한 지구온난화 억제 목표치는 1.5도였다. 지구 온도가 1도 상승하는 데는 150년이 걸렸지만, 추가 1도 상승에 예상되는 시간은 고작 15년이다. 지금 바꾸지 못하면 2도 상승, 3도 급상승은 소설이나 영화가 아니라 99.9퍼센트 현실이 될 것이다. 다음은 『6도의 멸종』에서 예측한 기온 변화의 참혹한 현실이다.

2도 상승: 2030년, 전 세계 식량 생산 위기와 기후변화에 따른 영양실조로 50만 명이 목숨을 잃는다. 온난화된 기후로 인해 얼음이 녹는 지역이 점차 북쪽으로 이동하면서 영구 동토층이 녹는다. 영구 동토층의 해빙이 일으키는 가장 큰 위협은 전 세계 기후 붕괴를 가속화한다는 것이다. 개발도상극들은 폭염을 버티기 위해 수많은 에어컨을 가동하게 되고, 이산화탄소 배출 증가로 이어져 더 많은 열을 발생시킨다. 이는 다시 지구온난화를 더 빨리 진행시킨다. 이렇게 되면 지구가 2도 상승한 세계에 머무를 가능성이 높지 않다. 곧 3도 세계로 향하게 될 것이다.

3도 상승: 2050년, 평균기온이 3도 상승한 세계는 한마디로 '죽음의 문턱'으로 표현된다. 상상도 못 할 더위, 대부분의 사람에게 극도로 위험하다고 간주되는 폭염, 죽음의 문턱을 넘나드는 기온과 습도가 찾아온다. 이때 해수면은 오늘날에 비해 22m 높아지며, 북극 기온은 19도 높아진다.

4도 상승: 4도 상승한 세계(2075년)에서는 전 세계 인구의 4분의 3 정도가 매년 20일 이상 살인적인 더위에 노출된다. 지구라는 행성의 상당 부분은 생물학적으로 사람이 살기에 적합하지 않은 곳이 된다. 모든 종 가운데 최소한 6분의 1이 멸종 위험에 놓인다. 가뭄과 폭염은 전 세계의 주요 곡창지대에서 농작물을 태워 죽이며, 물가를 치솟게 하고 수천만 명의 굶주린 사람을 거리로 내몰거나 국경을 넘나들게 한다.

5도 상승: '이제 거의 끝장'이라고 수식하는 5도 상승한 세계에서는 지구상 생명체의 종말이 가까워진다. 극지방은 녹아내리고, 복잡한 인간사회는 붕괴의 고비를 넘긴 지 오래다. 자신이 살던 기후대에서 계속 살기 위해 모든 생물 종은 매년 극지방 쪽으로 62km씩, 총 5,000km를 이동해야 하는데 이렇게 빠른 속도로 움직일 수 있는 종은 없다. 이 시기 지구는 "그동안 인류가 알고 있던 모습과는 너무 달라 거의 알아볼 수 없는, 비인간적이고 폭력적인 세계"다.

6도 상승: 이번 세기 말, 최후의 티핑 포인트에 가까이 다가간다. 북극에서 적도까지 전 세계의 모든 숲이 동시에 타오른다. 불길이 활활 타오르는 바람에 밤도 낮처럼 환하다. 죽어가는 식물의 잔해가 성서에 나오는 홍수처럼 거센 장맛비에 휩쓸려 바다로 씻겨 내려간다. 생태계나 먹이사슬은 이제 실질적인 의미에서 존재하지 않는다. 생존을 위해 날마다 싸움이 벌어지고, 생태계의 승자는 사체를 먹고 사는 동물이나 세균, 곰팡이다.

마크 라이너스는 마지막으로 "우리는 여전히 스스로 지구를 구할 수 있다."라고 말한다. 인류의 멸종은 지구를 구하는 지름길일 수도 있다. 이제 지구가 아니라 인류를 구하기 위해 우리는 행동해야 한다.

파리기후협약(Paris Climate Change Accord)

2015년 12월 프랑스 파리에서 열린 제21차 유엔기후변화협약(UNFCCC) 당사국총회(COP21)에서 채택된 파리기후협약은 개발도상국을 포함한 세계 모든 국가가 참여하여 2020년 만료 예정인 교토의정서를 대체해 2020년 이후의 기후변화 대응을 담은 국제협약이다. 선진국만 온실가스 감축 의무가 있었던 1997년 교토의정서와 달리 195개 당사국 모두에게 구속력 있는 보편적인 첫 기후합의라는 점에서 역사적 의미가 있다. 다만 각국이 제출한 INDC(intended nationally determined contributions, 자발적 감축목표)에 부여하려던 국제법상의 구속력은 결국 제외됐다는 한계는 있다.

'지구 평균기온 상승을 산업화 이전 대비 2도보다 상당히 낮은 수준으로 유지키로 하고, 1.5도 이하로 제한하기 위한 노력을 추구'하는 것이 기본 골자다. 또 국가별 온실가스 감축량은 각국이 제출한 INDC(자발적 감축목표)를 그대로 인정하되 2020년부터 5년마다 상향된 목표를 제출하도록 했다. 이와 함께 정기적인 이행 상황 및 달성 경과보고를 의무화하고, 이를 점검하기 위한 국제사회의 종합적 이행 점검 시스템을 도입해 2023년에 최초로 실시한다는 원칙에 합의했다. 교토의정서가 만료되는 직후인 2021년 1월부터 적용했다.

그러나 IPCC 6차 보고서에 의하면 이미 지구는 2020년 기준으로 산업화 이전 대비 1.1도 상승했다. 아울러 지속되는 온실가스 배출로 온난화가 심화되어 예측 가능한 모든 시나리오에서 가까운 미래(2021~2040년)에 1.5도 상승할 것이다. 이는 5차 보고서의 예상에 비해 10년 이상 앞당겨진 것이다. 세계의 탄소배출량을 2030년대 중반까지 현재 대비 절반으로 줄여야 1.5도 이하 상승 유지가 가능하다.

2) 임박한 파국, 감염병과 전쟁 위기

생물다양성의 붕괴, 바이러스 숙주는 인간과 가축뿐

"녹아내린 얼음·파괴된 숲에서 '코로나29·39·49' 온다"[3](『쿠키뉴스』 2021.04.30.)에 따르면 폭염으로 2016년 8월 러시아 시베리아 야말반도의 영구동토층이 녹으면서, 75년 전 탄저균에 감염된 순록이 드러났다. 그러자 주변의 물, 흙, 풀이 감염되었고, 이어서 2,000마리의 야생순록과 마을 사람들이 탄저균에 감염되었다. 과학자들은 시베리아 동토에는 천연두로 사망한 사람이 매장되어 있어 영구동토층이 녹으면 천연두가 드러날 수 있으며, 심각한 다른 바이러스도 확산될 수 있음을 경고했다.

2003년 사스(SARS)[4], 2009년 신종플루, 2015년 메르스[5], 2020년 코로나19 팬데믹 등 감염병 위기는 주기적으로 계속되고 있다. 특히 코로나19 팬데믹은 전 세계를 3년간 멈추게 하며 감염병의 심각성을 보여주었다. 감염병은 백신 불평등의 문제점도 드러내주었다. 백신과 치료제를 개발한 제약회사는 엄청난 부를 축적했다. 백신 특허권 면제를 요구하는 목소리는 묻히고, 여전히 백신 불평등은 계속되고 있다.

감염병 위기는 계속될 수밖에 없다. 전 세계 포유류 중 인간의 비

---

[3] https://www.kukinews.com/newsView/kuk202104290250

[4] 사스: 중증급성호흡기증후군은 사스-코로나 바이러스(SARS coronavirus, SARS-CoV)가 인간의 호흡기를 침범하여 발생하는 질병이다. 2002년 11월에서 2003년 7월까지 유행하여 8,096명의 감염자가 발생하고 774명이 사망하였다.

[5] 메르스(MERS Middle East Respiratory Syndrome): 중동호흡기증후군은 코로나바이러스(MERS-CoV)에 의한 바이러스성, 급성 호흡기 감염병이다. 최종적으로 사망자는 38명이며 확진자는 186명이었다.

중은 34%이고 인간이 키우는 가축이 62%로 전체 포유류의 96%가 인간과 가축이다. 야생동물은 4%에 불과하다. 이렇게 생물다양성이 크게 줄어든 상황에서 새로운 바이러스가 출현할 때마다 숙주가 되는 것은 인간과 가축뿐이다. 지구온난화로 영구동토층이 녹으며 잠들었던 바이러스가 깨어나고, 환경 파괴로 생물다양성이 파괴되면서 감염병의 위기는 임박한 파국의 원인이 되고 있다.

삽화가 그레이엄 맥케이는 「네 번째 파도」[6]라는 카툰을 통해 인류에게 경고하고 있다. 인류에게 닥친 코로나 팬데믹이 첫 번째 파도이고 그보다 더 큰 파도가 팬데믹 후 닥친 경기침체다. 고금리와 인플레이션의 충격은 저소득층에 집중된다. 맥케이는 애초 두 개의 파도를 삽화로 그렸다. 그 후 기후위기의 심각성을 깨닫고 세 번째 파도를 그리고, 기후위기보다 더 큰 생물다양성 붕괴의 위험을 알게 되면서 네 번째 파도를 그린 것이다.

「지구생명보고서 WWF(2022)」[7] 글로벌 지구생명 지수(Living Planet Index)에 따르면 1970년부터 2018년까지 관찰된 포유류, 조류, 양서류, 파충류 및 어류의 개체군 크기가 평균 69%(해양 30%, 육상 38%, 담수 81%) 감소한 것으로 나타났다. 라틴아메리카 지역의 평균 개체군 풍부도가 가장 크게 감소(94%)했다.

---

[6] https://mackaycartoons.net/tag/waves/

[7] chrome-extension://efaidnbmnnnibpcajpcglclefindmkaj/https://www.wwfkorea.or.kr/data/file/earthlings/3554271915_fFgHEvZ2_95ea7bbf2a73a375c86bf14521020f4049998f7.pdf

아마존 열대 지역의 지구생명지수 LPI(Living Planet Index)8)[8] 감소율 94%는 전 세계 다른 지역과 비교했을 때 매우 충격적이다. 초원과 사바나, 산림, 습지가 인간에 의해 토지 용도가 변했는데, 남획과 외래종 도입 등으로 이런 결과가 나온 것으로 파악된다. 환경의 문제는 그 지역 주민에게는 생존의 문제와 연결되어 있기도 하다.

생물종의 개체군 규모의 변화는 전반적인 생태계 건강의 척도가 되기 때문에 매우 중요하다. 2020년 지구생명 보고서에는 세계적으로 열대 습지의 훼손이 가장 심각한데, 1700년대 기준으로 2000년에는 습지의 약 90%가 손실되었고 이는 같은 기간 산림 손실의 세 배 이상이다. 인간의 활동으로 땅의 75%와 바다의 66%를 심각하게 변화시킨 것이다. 현재 손실 속도로 습지가 사라지면 2050년까지 지구의 10% 미만으로 줄어들 것으로 예측하고 있다.

현재 브라질의 대통령인 룰라는 "아마존을 보호해야 세계 기후안보를 지킬 수 있다."라고 제27차 유엔기후변화협약당사국총회(COP27)에서 말했다. 뉴스 기사를 보면 룰라 대통령으로 정권 교체 후 6개월 동안 브라질 아마존 산림 벌채율이 33.6% 급감했다[9]고 한다. 이전의 보우소나루 대통령은 "아마존은 세계를 위한 생태공원이 아니다."라고 하면서 아마존 열대우림 개발 의지를 밝혔고, 실제 2019~2022년까지 보우소나루의 재임기간 동안 아마존의 삼림 벌

---

[8] 지구생명지수(LPI, Living Planet Index)는 50년에 가까운 기간에 걸쳐 자연의 건강 상태를 확인하기 위해 전 세계 포유류, 어류, 파충류, 조류 및 양서류의 풍부도(abundance) 변화를 추적하는 지표로, 조기 경보 시스템과 같은 역할을 한다.

[9] https://v.daum.net/v/20230707135702337

채는 이전 10년의 평균과 비교하여 75% 증가했다.

룰라 대통령은 특별환경보호구역으로 지정된 지역에서 불법적으로 삼림 벌채된 전체 토지의 절반을 압류하고, 2027년까지 300만 헥타르의 보호 토지를 확보하는 한편 환경 모니터링을 위한 네트워크를 강화하기로 했다. 또한 이른바 '아마존펀드'를 조성해 세계 부자 나라들이 열대우림 보호비용을 지불하도록 애쓰고 있다.

아마존이나 그 지역 주민들에게 자연을 보호하기 위해 개간을 하지 말라고 강요할 수는 없다. 그들의 생존을 위한 대책이 우선되어야 한다. 아마존과 같은 지구환경을 지키는 일은 그 지역과 해당 정부만이 아니라 인류가 함께 책임져야 하는 것이다. 특히 개발 이익을 독점했던 선진국과 부자들이 우선 해결하는 것이 ESG가 요구하는 것이다. '아마존펀드'와 같이 환경문제(E)와 경제문제(S)는 분리되어 있지 않다. 서로 연결되어 있는 문제로 보고 해결하는 것이 바로 ESG 방식이다.

전쟁의 위기는 임박한 파국

미국의 패권이 약해질수록 세계의 전쟁이 불붙고 있다. 러시아와 우크라이나 전쟁에 이은 이스라엘과 하마스 전쟁이 그 예다. 우크라이나 정치학자 코스트 본다렌코는 냉전에서 승리를 거둔 것처럼 보였던 미국의 전 지구적 전능의 시대가 지나가고 있다며 이 새로운 세계의 혼돈 속에서 신세계 질서를 찾아야 한다고 말한다.[10]

---

10) http://www.ulham.net/foreignissue/10711

경제의 위기는 전쟁의 위기를 높이고 있다. 세계 경제의 자본주의 팽창은 한계에 이르렀고, 이에 따라 유럽연합의 CBAM(탄소국경조정제도)과 미국의 IRA(인플레이션 감축법) 법안 등은 대외적으로 거역할 수 없는 기후위기를 명분으로 내세우며 자국 산업을 보호하는 방법의 일환으로 활용되고 있다.

1997년 세계무역기구(WTO)에 중국이 가입한 이후 세계는 하나의 경제 공동체로 발전했다. 그러나 이런 믿음이 성장의 한계에 부딪치며 미·중 경제 패권 전쟁으로 바뀌었다. 식량안보화, 자원안보화로 세계 경제는 국민경제 간의 경제 전쟁터가 되었고, 실제 전쟁이 벌어지고 있기도 하다. 한국의 경우 남과 북의 전쟁 위기와 대만을 둘러싼 미·중 전쟁 위기까지 지정학적 위기가 날로 심화되고 있다.

3) 임박한 파국, 빈곤과 불평등

인간사회 붕괴 원인은 국가 안, 국가 간 불평등

1972년 로마클럽[11]은 MIT 공학자들의 연구를 통해 발표한 「성장의 한계」에서 2030년이 되면 인류는 성장을 멈추고 쇠락에 들어갈 것이라고 예측했다. 로마클럽은 2022년 12월에 「성장의 한계」 50주년을 맞아 「모두를 위한 지구」를 새롭게 발표했다. 1972년 발표한 「성장의 한계」에서 예측한 방법 그대로 연구를 진행했다. 그 결과는

---

[11] 로마클럽(club of Rome): 환경 문제에 관한 대책을 논의하기 위해 세계 각국의 지식인들과 재계인사들이 모여 스위스 법인격으로 설립한 비영리단체. 이탈리아 로마에서 첫 회의를 개최했기 때문에 로마클럽이라 불린다.

1972년 「성장의 한계」의 예측이 맞았다는 것이다.

2030년이 되면 온실가스 증가세가 멈춘 뒤 하락하고, 재생에너지 가격이 석탄, 석유, 천연가스와 같은 화석에너지보다 저렴할 것으로 예측한다. 아울러 성장 역시 최고점을 찍은 후 하락할 것으로 예측한다. 이에 따른 경제전환으로 노동자의 피해가 커지고 경제 불안도 크고 깊어져 사회긴장지수가 위험 수준에 이를 것으로 본다. 2050년에는 지구 온도가 2도 이상 상승하여 국가 내, 국가와 국가 사이 불평등이 크게 악화하고, 세계 인구는 90억을 정점으로 하락하게 된다. 2100년이 되면 지구 온도는 2.5도 이상 상승하고, 아마존 열대우림은 초원지대로 변하며 곤충과 새의 멸종 속도가 빨라진다. 기후 비상사태다. ([표2]참조)

로마클럽은 그 대안으로 거대한 도약 시나리오([표3] 참조)를 제시한다. 2050년까지 지구 온도 상승을 2도 아래로 유지하기 위해서는 아래와 같이 다섯 가지 영역의 전환을 촉구한다.

첫 번째, 빈곤 해결이다. 저소득 국가의 새롭고 빠른 경제성장으

[표2] 부족한 노력, 놓친 시기 시나리오

2030년	온실가스 증가세 멈춘 후 하락. 재생에너지 석탄, 석유, 천연 가스보다 저렴 경제 전환으로 노동자 피해. 경제 불안 크고 깊어짐. 사회긴장지수 위험 수준
2050년	지구 온도 2도 이상 상승. 극심한 빈곤 겪는 사람 줄어듦 국가 안 불평등 크게 악화. 인구 90억 정점 후 하락
2100년	지구 온도 2.5도 이상 상승. 아마존 열대 우림은 초원지대로 변화 곤충과 새 멸종 속도 빨라짐. 기후 비상사태 사회붕괴 주된 원인은 국가 안, 국가 간 불평등 원인 정부지출 상당 부분 기후 대응에 사용. 제자리를 지키는 것만으로도 버거운 상황

[표3] 거대한 도약 시나리오

빈곤	저소득국가 새롭고 빠른 경제성장으로 웰빙 보장. 국제 금융 시스템 개혁으로 저소득 국가 투자 혁신 핵심 정책 목표: 저소득국가의 1인당 GDP가 연간 1만 5,000달러까지, GDP 성장률 5% 이상 보장
불평등	누진세와 부유세 도입, 노동자 권한 부여, 시민기금으로 배당금 지급. 핵심 정책 목표: 부유한 10% 사람이 국민소득의 40% 이상 가져가지 못하도록 제한
여성에 대한 권한 부여	교육, 보건의료 투자하여 젠더 권력 불균형 전환 핵심 정책 목표: 젠더 평등 달성하여 2050년까지 전 세계 인구 90억 명 이하로 안정화
식량	2050년까지 재생적이고 자연친화적인 식량 시스템 추구, 로컬푸드 장려, 비료와 화학물질 사용 감소 핵심 정책 목표: 농업용 토지 확대하지 않고 토양과 생태계 보호. 건강에 좋은 식단 식량 낭비 획기적 감축
에너지	에너지시스템 전환, 풍력과 태양광 전력생산 높임. 10년마다 온실가스 배출 절반으로 감축 에너지 사용 못하는 사람들에게 청정에너지 제공 핵심 정책 목표: 매 10년마다 온실가스 배출을 약 절반으로 감축하여 2050년까지 순 배출제로 달성

2030년: 인구 85억 정점 후 하락.
2050년: 2도 아래, 기후 혼돈, 폭염, 산불, 해수면 급상승
2100년: 지구 인구 60억, 1.5도 아래

로 웰빙을 보장하고, 국제금융 시스템 개혁으로 저소득 국가의 투자를 혁신하여 저소득 국가의 1인당 GDP가 연간 1만 5,000달러, GDP 성장률을 5% 이상 보장해야 한다는 것이다.

두 번째는 불평등 해소를 위해 누진세와 부유세를 도입하고 노동자 권한을 강화하는 한편 시민기금으로 배당금을 지급한다. 부유한 10%의 사람이 국민소득의 40% 이상 가져가지 못하도록 제한한다.

세 번째는 여성의 권한을 확대하고 교육, 보건의료 투자로 젠더 평등을 달성하여 2050년까지 전 세계 인구를 90억 명 이하로 안정화한다.

네 번째는 식량이다. 2050년까지 재생적이고 자연친화적인 식량 시스템을 추구하고, 로컬푸드 장려, 비료와 화학물질 사용 감소, 농업

용 토지를 확대하지 않고 토양과 생태계를 보호함으로써 건강에 좋은 식단을 추구하고 식량 낭비를 획기적으로 감축한다.

마지막으로 에너지 시스템 전환으로 풍력과 태양광 전력 생산을 높여 10년마다 온실가스 배출을 절반으로 감축한다. 에너지를 사용하지 못하는 사람들에게 청정에너지를 제공한다. 2050년까지 탄소배출 넷제로를 달성한다.

그러나 거대한 도약을 위한 시나리오는 첫 번째로 해결해야 할 빈곤 문제부터 난제다. 국제금융 시스템 개혁으로 저소득 국가를 포함한 전 지구인이 연간 1인당 1만 5,000달러의 수입을 보장하도록 고소득 국가와 부자가 경제적 희생을 감수해야 하는데, 이것은 거의 불가능에 가까운 시나리오다. 한마디로 로마클럽이 제시한 '거대한 도약' 시나리오는 실현되기 어렵다. 인류는 기후위기로 인한 물리적 멸종보다 빈곤과 불평등에 의한 사회 불안으로 붕괴할 가능성이 가장 크다. 빈곤과 불평등이야말로 가장 분명한 임박한 파도이다.

환경위기(E) 문제는 불평등, 빈곤 등의 사회적(S) 문제를 심화시켜 결국 인간의 파국을 예고하고 있다. 환경문제(E)와 사회문제(S)는 모두 연결되어 있고 거버넌스(G)를 추동하여 해결책으로 찾은 것이 바로 ESG다! ESG는 우리의 미래다.

4) 임박한 파국, 노동의 종말

인구 절벽 시대, 지방소멸 시대

통계청 자료에 의하면 한국은 2025년 65세 이상 인구가 20.6%가 되어 초고령사회[12]로 진입하게 된다. 5명 중 1명 이상이 65세 이상 노인이라는 뜻이다. 2017년 고령사회[13]로 진입한 후 단 8년 만에 초고령사회가 되는 세계 최단기 기록이다. 2050년에는 65세 이상 인구가 40%를 넘어 5명 중 2명 이상이 65세 이상의 노인이 될 것으로 예상한다. 2070년에는 65세 이상 인구 46.4%, 0~14세 7.5%, 15~64세 46.1%로 노령화지수[14]가 620.6%에 이르러 유소아에 비한 노년 비율이 6배가 넘어선다. 통계청 장래 인구 추계에서 한국은 2071년부터 추계가 중단되어 있다. 즉, 세계에서 유일하게 2071년 이후 인구추계가 불가능한 나라가 되었다.

세계 최저 저출생의 원인은 매우 복잡하고 다양하지만 한국 사회의 불평등이 대표적 원인으로 꼽힌다. 정규직과 비정규직의 임금과 노동조건 차이로 인한 불평등한 노동과 수도권 중심의 지역 불평등, 학력 불평등, 젠더 불평등, 자산소득 불평등 등 헤아릴 수 없는 불평등으로 고통받고 있다.

불평등은 차별을 동반한다. 한국 사회는 다양성과 포용성 부족으

---

12) 초고령사회: 65세 이상의 인구가 전체 인구의 20% 이상인 경우를 말한다.
13) 고령사회: 65세 이상의 인구가 전체 인구의 14% 이상인 경우를 말한다.
14) 노령화지수: 유소년층 인구 대비 노년층의 인구. 0세에서 14세까지의 유소년층 인구에 대한 65세 이상의 노령층 인구의 비율을 수치로 나타낸 것이다.

로 다름을 차별화하여 고통을 가중한다. 청년들은 희망의 한국을 그릴 수 없어 결혼, 출산을 포기하고 있다. 반면 노인 인구 급증에 따라 돌봄 필요 인력 급증, 생산 인력 감소와 세수 부족, 학생 수 감소, 학교 폐쇄 증가, 소비 인구 감소에 따른 경제 불황, 건강보험제도와 국민연금 등 사회 복지제도 유지 위기 등 인구 절벽에 따른 한국의 사회 위기는 상상 불가다.

한국은 세계적으로 압도적인 노인 자살률 1위 국가다. 통계청에 따르면 2020년 기준 OECD 국가 간 연령표준화 자살률(10만 명당 자살 사망자 수)이 11.3인 데 비해 한국은 24.6으로 두 배 이상 높다. 특히 노인층 자살률은 39.9로 OECD 평균 17.2명 대비 2.3배 높다. 가난은 자살의 주요 원인으로 꼽히는데, 통계청이 발표한 2021년 은퇴 후 66세 이상 노인의 상대적 빈곤율[15]은 39.3으로 한국 노인 10명 중 4명은 빈곤하다. 빈곤과 불평등은 한국 사회의 미래 희망을 소진시키고 있다.

한국의 저출생 문제 현상은 지방소멸부터 발현한다. 이미 지방과 지역은 소멸되고 있다.

2020년에는 대한민국 역사상 최초로 사망자 수가 출생자 수를 앞지른 이른바 인구의 데드크로스(Dead Cross) 현상이 발생했다. 국가적으로 인구감소와 지역 불균형이 불러온 지방소멸 문제가 국가적 어젠다가 돼 정부와 국회에서는 '인구감소지역 지원 특별법'과 '자치

---

[15] 상대적 빈곤율: 소득 불평등을 측정하는 지표로 사용되며 전체 인구에서 소득이 중위소득 50% 미만인 계층이 차지하는 비율을 의미한다.

분권 및 지역균형발전에 관한 특별법'을 시행했고, 인구감소 문제가 심각한 89개 지방자치단체를 인구감소지역으로 지정·고시해 10년간 10조 원 규모로 지방소멸대응기금 사업을 지원 중이다.

그러나 수도권과 비수도권 지역의 인구 및 소득 격차는 심화되고 있다. 지역소멸 위험이 큰 지역의 지방정부는 물리적 위험 등의 기후위기 위험에 대한 대응 능력이 상대적으로 떨어질 수밖에 없으며, 해당 지역에서 사회경제적 불평등은 더더욱 심화될 것이다. 저출생 문제의 근본적 해결책이 없는 한 한국의 인구 절벽 시대, 지방소멸 시대는 이미 시작되었다.

미·중 경제패권 전쟁과 인플레이션

중국은 2001년에 GDP 기준으로 프랑스, 영국, 독일을 차례로 추월하고 2010년 일본을 넘어 세계 2위에 등극했다. GDP 기준, 미국과 중국의 비중은 1990년대 초반 20%포인트 이상 격차가 났지만, 2021년에는 5.5%포인트 차로 좁혀졌다. 명목 GDP에서는 중국이 미국의 78%까지 추격했고, 구매력 기준으로는 이미 미국을 추월했다. 2020년 기준 140개국 이상에서 중국이 최대 교역국이며, 미국이 최대 교역국인 나라는 40개국에 불과하다. 중국의 생산력이 미국을 위협할 정도에 이르면서 미국의 중국에 대한 태도가 바뀌기 시작했다. 오바마 정권 후기인 2015년부터 표면화되었고, 트럼프 정권이 들어서면서 그러한 움직임은 행동으로 구체화했다.

미국은 중국과 기술력 격차를 유지하기 위해 중국의 첨단기술산업을 떨쳐내는 전략을 펴기 시작했다. 안보전략적인 측면에서는 반도체와 배터리를 비롯한 몇몇 첨단기술산업 부문에서 중국 기업들을 밀어내고 미국 기업 주도의 새로운 가치사슬을 만들려는 시도를 시작했다. 미국의 전략적 이해가 걸린 첨단산업 분야에서 교역관계의 큰 변화가 예상된다.

미국의 중국에 대한 각종 제재와 함께 미국과 중국의 패권전쟁이 시작되었다. 패권전쟁으로 촉발된 신냉전과 보호무역 강화로 경제의 세계화가 쇠퇴하고 세계 경제의 위기가 가속화되고 있다. 세계 경제위기는 신냉전체제를 만들어 국가별로 블록화하고 있다.

러시아-우크라이나 전쟁으로 촉발된 에너지 가격 상승, 식량 물가 상승과 미국과 중국의 경제 패권 전쟁이 불러온 세계 경제 블록화는 인플레이션으로 이어지고 있다.

경제위기가 심화되면 저소득층의 고통이 커진다

세계 경제의 변화는 수출 주도형인 한국 경제를 침체로 몰아넣고 있다. 미·중 관계가 변화하면서 한국은 더 이상 '중국 효과'를 보기 어렵다. '미·중 두 나라 중 기국 선택'이라는 전략적 판단에 따른 경제위기는 중국 패싱 우려 속에 가중되고 있다. 한국은 수출뿐만 아니라 내수경제도 위기에 빠지고 있다.

정부는 건전재정을 기치로 작은 정부를 추진하고 있다. 경제 침체로 인한 세수 감소가 심각한 상황에서 기업의 법인세와 종합부동산세를 감세하여 세수는 더욱 줄어들었다. 경제 침체 시기에는 정부에서 재정지출로 경기를 부양해야 하는데, 오히려 부자 감세로 세수를 줄이고 줄어든 재정을 지방교부금 축소와 공공서비스 축소로 대응했다. 전기세 등의 공공요금을 인상해서 소비자 물가 상승률이 높아졌고, 물가의 기조적 흐름을 보여주는 근원물가지수도 쉽게 떨어지지 않고 있다. 소득이 낮을수록 경기 침체의 부담이 더 크게 나타났다. 한국 경제가 인플레이션과 함께 침체의 길로 접어들면서 이로 인한 고통은 저소득층의 삶을 위협하고 있다.

한국은행의 자료[16]에 따르면, 2023년 한 해 정부가 한은에 빌린 일시 대출금은 총 117조 6,000억 원으로 코로나19 시기였던 2020년의 102조 원보다 많다. 한국은행에 지급한 대출 이자만 1,506억 원이다. 경제 위기 상황에도 건전재정을 외치며 정부 지출을 줄였으나 실상은 재정 부실을 악화시켰고, 경제 침체를 장기화해 국민의 고통만 가중시키고 있다.

OECD(2023) 조사에 따르면, 조사대상 27개 국가의 응답자 중 47%가 식비, 주거비, 에너지, 부채상환 등 네 가지 필수 지출 범주에 대한 지불능력에 대해 어느 정도 또는 매우 우려하고 있다고 답했다. 특히 응답자의 평균 81%가 에너지요금 지불에 대해 어느 정도 또는 매우 우려하고 있다고 답했으며, 필수식품(75%), 개인차량 연료(70%), 주택(67%), 부채 상환(62%) 등에 대해서도 우려를 표시했다. 한국 역시 응답자의 절반 이상이 에너지 요금 지불에 대한 우려를 나타내고 있다.

소득분위가 낮은 가계일수록 정기적으로 지출되는 연료비 부담은

---

[16] https://blog.naver.com/jongroyang/223315792480

소득의 감소를 의미하는데, 저소득 가구들은 난방비 지출을 위한 자금 융통이 쉽지 않다. 저소득 가구일수록 지출에서 에너지 등 필수적 재화가 차지하는 비중이 높으며, 주거비나 교통·통신비 등 공과금처럼 고정적인 지출 비중이 크다는 특징을 갖기 때문에 추가적 소비 여력도 낮다.

이러한 격차는 노동자와 노동자 외 가구에서도 확인된다. 노동자 외 가구의 경우 노동자 가구에 비해 소득 수준이 낮고, 불안정한 일자리와 소득으로 생활하는 경우가 많다. 또한 소득분위가 낮을수록 노동자 가구에 비해 노동자 외 가구의 지출 부담이 더 높게 나타나고 있다. 에너지 위기는 요금이나 소득과 같은 가격 변수만의 문제가 아니라, 기본적인 생활을 위한 필수적인 에너지 및 주거 등을 어떻게 공급하느냐의 문제이기도 하다.

한국의 연간 평균 노동시간은 1,915시간으로, OECD 국가 가운데 네 번째의 장시간 노동 국가다. 이런 상황에서 정부는 주 40시간에 추가 연장 노동시간을 12시간으로 제한해서 상한 노동시간 주 52시간을 69시간으로 늘리려 했다. 최저임금 역시 2024년 물가인상률에도 미치지 못하는 2.5%를 인상한 9,860원(209시간 기준 206만 740원)으로 최저임금이 생활임금이 되기 어려운 조건이다.

여성 노동자에 대한 노동시장의 성차별적인 구조 역시 전혀 개선되지 않고 있다. 2021년 기준으로 OECD 38개 회원국의 성별 임금 격차 평균은 11.9%인데, 성별 임금 격차 1위 국가인 한국은 31.1%이다. 이스라엘이 24.3%, 일본이 22.1%로 뒤를 잇고 있다. 한국의 노동자는 경제 침체 위기에 더하여 저임금 장시간 노동의 고통에 시달리고, 여성 노동자는 성별 임금 격차로 인한 삼중 고통에 시달리고 있다.

국민에게 교육, 의료, 주택, 돌봄 등 기본적인 공공서비스를 제공하기 위해서는 확장적인 재정정책이 필요하다. 이를 위해 기업과 고소득층에 대한 증세 역시 필요하다. 아울러 국방비와 산업·기업 부문 지출 비중을 줄이고 공공사회복지 지출 비중을 늘려야 한다. 공적 이전소득 및 사회공공서비스 확대는 노동자·자영업자·취약계층(노인, 청년, 여성 등)의 지불능력을 높여 소비를 활성화하고 내수경제의 선순환을 이룰 것이다.

노동자들의 관점에서는 공공서비스 확충으로 좋은 일자리가 늘어나고, 복지 확대 및 공적 이전소득 증가로 실질소득이 상승하며 비정규직 노동자 등 취약계층에 대한 지원도 확대될 수 있다. 정부에 이런 확장적인 재정정책 시행을 요구하고, 저소득층의 생존을 위한 기본 서비스 제공을 요구하는 것이 ESG 중 사회적 영역(S)이자 거버넌스(G) 요구다. 에너지 요구는 무조건 줄이는 것이 아니라 저소득층의 생존을 위한 냉난방 에너지는 늘려야 한다. 기후위기 극복과 반대 방향으로 보일 수 있지만, 그렇게 ESG를 분리해서 보는 것은 바람직한 방향이 아니다. 저소득층의 에너지 확보, 의식주 보장, 이를 위한 거버넌스 구성 등 환경, 사회, 거버넌스 즉 ESG를 통합적 시야로 보고 해결하는 것이 진정한 ESG가 나아가려는 방향이다.

노동자의 고통은 계속된다

대기업 노동자, 대기업 비정규직 노동자, 1차·2차·3차 하청업체 노동자, 플랫폼 노동자, 돌봄 노동자, 이주 노동자 등 파편화된 노동으로 수많은 노동자가 고통받고 있다.

당진 현대제철소에서 일하던 비정규직 노동자가 자회사(현대ITC) 전환 강요와 강제 공정조정, 강제 전환배치와 소속사 일방 전환 등으로 괴로워하다가 극단적 선택을 한 사건이 발생했다. 금속노조 현대제철비정규직지회에 따르면 현대제철은 지난 2021년 노동부와 법원의 판결에 따라 직접고용을 해야 함에도 불구하고 불법을 은폐하기 위해 인력파견 자회사(현대ITC)를 설립한 뒤 이직을 강요했다. 이에 노조는 "자회사 설립과 전적 강요는 불법을 은폐하기 위한 것으로, 이는 또 다른 파견업체를 설립하는 것뿐"이라고 주장하며 자회사 설립 저지 투쟁을 벌인 바 있다.

현대제철은 자회사 설립 후 무자비한 탄압을 자행하고, 자회사 설립에 반대하며 소속을 바꾸지 않은 노동자들에게 대기 발령을 내리는 등 심각한 고용불안에 시달리도록 괴롭혀 왔다.

식당 노동자의 폐암 문제가 사회적 충격으로 다가오고 있다. 학교 급식 노동자의 폐암 관련 산재가 승인된 2022년, 교육부는 학교 급식노동자 2만여 명에 대한 검사를 진행했다. 검사 결과 139명이 폐암 의심 진단을 받았고, 최종 31명이 폐암 확진 판정을 받았다. 이동로는 좁고, 환기는 제대로 되지 않은 채 조리 과정에서 발생하는 조리흄(조리매연)이 전체 조리장을 뒤덮고 있다.

산재 사망과 사고는 하청노동자들에게 집중되고 있다.

일례로, 발전소에서 일어난 산재 사망사고 10건 중 9건이 하청노동자에게 일어났다. 2018년 12월 11일 충남 태안화력발전소에서 일하다 컨베이어벨트에 끼여 숨진 하청 비정규직 노동자 김용균 씨(24)의 죽음은 전력발전산업의 원·하청 구조가 근본 원인임이 진상조사를 통해 밝혀졌다. 원청인 발전사와 하청업체 간 소유와 운영이 분리되면서 책임 회피 구조가 만들어졌고, 2인 1조 근무도 지켜지지 않았다. 비정규직의 고용불안과 저임금 그리고 산재 사망은 모두 위험의 외주화의 결과다.

노동자들은 산재를 당할 경우 산재처리가 지연되어 고통이 가중된다. 노동자들은 산재처리 지연 문제를 근본적으로 해결할 수 있는 방안으로 쉽고 빠른 치료를 우선 보장하는 '선보장 후평가' 제도 도입을 제안한다. 일하다 다치고 병든 노동자가 즉시 치료를 받을 수 있고 생계 걱정 없이 치료가 가능하다면 노동자들에게 너무나 높은 현재의 산재보험 문턱을 낮출 수 있다.

AI시대 노동의 종말

로봇들이 생산라인에서 일하고 한 명의 노동자가 이를 모니터하는 생산공장의 미래가 다가오고 있다. 로봇은 구매비용과 에너지 충전 비용 외 추가 비용이 필요 없다. 노동자처럼 임금을 매달 받지도 않고, 쉬거나 휴가도 가지 않고, 4대 보험을 추가로 부담할 필요도 없다. 산재 우려도 없고 노동조합을 결성하여 단체행동을 하지도 않는다. 그야말로 저비용 고효율 생산능력을 갖췄다.

『아시아경제』 2023년 6월 16일 기사[17]에 따르면 일론 머스크는 "결국 우리는 보편적 기본소득제를 도입해야 할 것이라고 본다. 그 외에는 선택의 여지가 없다."라고 말했다. 이미 2017년에 머스크는 아랍에미리트(UAE) 두바이에서 열린 세계정부정상회의(WGS)에서 "로봇이 사람보다 잘하는 일은 갈수록 늘어나고 있다. 상품과 서비스의 생산성은 극도로 좋아지고 있고 자동화로 인해 더욱 풍족해질 것"이라며 "결국 우리는 기본소득을 도입할 것"이라고 내다봤다.

세계경제포럼(WEF)은 향후 5년 이내에 전 세계 노동자의 2%에 해당하는 1,400만 개의 일자리가 사라질 것으로 예측했다. 유럽연합(EU)에서는 일명 '로봇세'를 논의하기도 했다. 로봇의 도입으로 일자리를 잃을 경우 해당 기업에 세금을 부과해 기본소득의 재원으로 활용하자는 것이다.

노동자와 노동조합은 로봇 도입을 최소화하기 위해 교섭도 하고 투쟁도 한다. 대한민국의 생산라인 중 도장 등 인체에 해로운 작업과 무거운 것을 이동시키는 업무를 제외한 나머지 분야의 로봇 도입을 최대한 막으려 한다. 그러나 로봇이 차지하는 생산공정은 점점 늘고 있다. 자동차 생산라인은 내연기관에서 전기차 라인으로 전환되는 과정에서 생산 인력이 20~30% 줄어들 것으로 예측하고 있다.

---

17) https://v.daum.net/v/20230707135702337

"어머! 이제 로봇이 배달도 하네?"

배민 로봇은 주문을 받으면 자율주행을 하며 인도와 횡단보도를 건넌다. 강남 테헤란로 풍경이다. 이 로봇의 이름은 '딜리'.

배달의민족이 자체 개발한 배달 로봇이다. 딜리는 최대 30kg까지 적재가 가능하며, 최대 시속 14km를 달릴 수 있다. 고성능 자율주행 알고리즘을 탑재하고 있다. 카메라와 라이다(LiDAR) 등의 센서를 활용해 유동인구가 많은 보행로에서 행인을 피하고 돌발상황에서도 빠르게 새로운 경로를 생성할 수 있다. 향후 업데이트를 통해 상황별 음성 안내 기능과 고마움이나 미안함 같은 감정을 표현하는 기능도 추가할 예정이라고 한다. (『쿠키뉴스』 2023.11.22.)

[그림3] 식당 음식 서빙 로봇

인도에서 로봇 배달이 가능한 이유는 개정 '지능형로봇법'이 2023년 11월 17일부터 시행되었기 때문이다. 이전까지 실외이동로봇의 보도 통행이 불가능했으나 지능형로봇법과 도로교통법이 개정·시행되면서 운행안전인증을 받은 실외이동로봇에 보행자 지위가 부여돼 보도 통행이 가능하게 되었다. 인도로 다닐 수 있는 배달 로봇은 무게 500kg 이하, 폭 80cm 이하로 제한되며 무게에 따라 시속 5~15km 이하로 이동 속도도 정해졌다. 주행 속도와 장애물 감지 능력, 통신장애 발생 시 대응 능력 등 총 16가지 항목의 안전성 시험을 모두 통과한 로봇만 보도 위 통행이 가능하다. 로봇도 사람과 마찬가지로 도로교통법을 지켜야 하고, 도로교통법을 위반하면 이를 운용하는 사업자에게 안전 운용 의무 위반으로 3만 원의 범칙금이 부과된다. 보행 면허를 받은 로봇은 차도로 다닐 수 없다.

로봇이 점점 더 많은 일자리를 차지할 것은 자명하다. 러다이트[18] 기계파괴운동이 실패했듯 생산성이 높은 로봇의 도입을 막을 방법이 없기 때문이다.

---

[18] 러다이트 운동(Luddite Movement)은 1811~1817년에 일어난 기계 파괴 운동이다. 상인과 숙련공이 주도하던 공장제 수공업은 몰락하고 소수의 자본가가 대규모의 노동자를 고용해서 제품을 대량생산하는 기계제공업의 시대가 도래했다. 생산성은 급격하게 올랐지만 부의 재분배는 제대로 이루어지지 않으면서 빈부격차는 급속도로 벌어졌다. 투표권도 없고 합법적인 집단행동도 금지된 상황 속에서 이들의 불만은 결국 비합법적인 폭력으로 터져나왔다. "기계로 인해 계속 고통을 받을 바에야 차라리 부숴버리는 게 낫다."라는 주장이 비정규직 섬유 노동자들 사이에서 힘을 걷기 시작하면서 사람들은 공장이 가동되지 않는 밤이 되면 몰래 망치로 기계를 고장내거나 공장을 불태웠고 이것이 러다이트 운동으로 이어졌다. 당시 스펜서 퍼시벌 총리 내각에서 군대를 풀어 노동자들을 탄압하고 주동자들을 모두 처형하는 등 강경하게 대응하면서 러다이트 운동은 수그러들었다. 그러나 노동자들의 불안감과 불만은 수면 아래로 내려간 것일 뿐 사라진 것은 아니었다. 노동자들은 노조 설립과 단체교섭을 인정받는 등 부분적이나마 영국 정치권과 자본가들의 양보를 이끌어냈다.

생성형 AI를 이용하는 사람도 늘어나고 있다. ESG와 관련하여 생성형 AI, 네이버 AI(CLOVA X)와 챗GPT에게 두 가지 질문을 했다.

[질문1] ESG에 대해 노동조합 간부들이 긍정적으로 생각하도록 만드는 방법은 뭘까?

CLOVA X의 답변

ESG는 환경(Environmental), 사회(Social), 지배구조(Governance)의 약자로 기업의 지속가능한 성장을 위한 비재무적인 요소를 의미합니다. 최근 기업의 사회적 책임과 지속가능한 발전에 대한 관심이 증가하면서, 많은 기업이 이를 적극적으로 추진하고 있습니다.

노동조합 간부들이 ESG에 대해 긍정적으로 생각하도록 만드는 방법은 다음과 같습니다.

1. ESG의 개념과 중요성을 설명합니다.

    ESG는 기업의 지속가능한 성장을 위한 중요한 요소로, 환경 보호, 사회적 책임, 지배구조 개선 등을 포함합니다. 노동조합 간부들이 이를 이해하고 공감할 수 있도록 설명해줍니다.

2. ESG가 노동자들에게 미치는 영향을 설명합니다.

    ESG는 기업의 생산성 향상, 노동자들의 안전과 건강 보호, 인권 보호 등에도 큰 영향을 미칩니다. 노동조합 간부들이 이를 이해하고 공감할 수 있도록 설명해줍니다.

3. ESG를 적극적으로 추진하는 기업의 사례를 소개합니다.

ESG를 적극적으로 추진하는 기업은 노동자들의 만족도가 높고, 기업의 이미지도 개선됩니다. 노동조합 간부들이 이를 참고할 수 있도록 사례를 소개해줍니다.

4. ESG를 추진하는 과정에서 노동조합의 역할을 강조합니다.

ESG를 추진하는 과정에서 노동조합은 기업의 경영진과 함께 협력하여 노동자들의 이익을 보호하고, 기업의 지속가능한 성장을 위해 노력해야 합니다. 노동조합 간부들이 이를 이해하고 공감할 수 있도록 설명해줍니다.

5. ESG를 추진하는 과정에서 노동조합의 의견을 수렴합니다.

ESG를 추진하는 과정에서 노동조합의 의견을 수렴하고, 이를 적극적으로 반영해야 합니다. 노동조합 간부들이 이를 이해하고 공감할 수 있도록 설명해줍니다.

위와 같은 방법을 통해 노동조합 간부들이 ESG에 대해 긍정적으로 생각하도록 만들 수 있습니다. 하지만, 노동조합 간부들이 ESG에 대해 부정적으로 생각하는 경우도 있을 수 있습니다. 이 경우에는 노동조합 간부들과 대화를 통해 그 이유를 파악하고, 이를 해결할 수 있는 방안을 모색해야 합니다.

챗GPT 답변

ESG(Environmental, Social, and Governance)는 기업이 환경, 사회, 거버넌스 측면에서 지속가능한 비즈니스 관행을 채택하는 것을 나타내는 개념입니다. 노동조합 간부들이 ESG에 대해 긍정적으로 생각하도록 만들기 위해서는 다음과 같은 방법들을 고려할 수 있습니다

투명성 강화: ESG 노력과 성과를 노동조합과 공유함으로써 투명성을 제고합니다. 정보를 공유함으로써, 노동자들이 회사가 지속가능한 가치를 추구하고 있다는 것을

이해할 수 있습니다.

포용적인 소통: ESG에 관한 소식이나 성과를 담은 소통 채널을 개선합니다. 노동자들에게 어떻게 ESG가 직접적으로 조직의 목표와 노동자들의 이익에 기여하는지에 대한 설명을 강조합니다.

교육 프로그램 실시: ESG에 대한 이해를 높이기 위해 교육 프로그램을 도입합니다. 노동자들에게 ESG의 중요성과 그 영향을 설명하는 워크숍이나 훈련 세션을 개최합니다.

노동자 참여 강화: 노동자들을 ESG 프로세스에 참여시키고 그들의 의견을 듣는 것이 중요합니다. 노동자들이 이러한 노력에 직접적으로 참여함으로써, ESG가 조직 내의 공동체적인 가치를 형성하는 데 도움이 될 수 있습니다.

평가 및 보상 체계 개선: ESG 성과를 조직의 성과 평가 및 보상 시스템에 통합합니다. 노동자들이 ESG 목표의 달성에 기여하는 것에 대한 보상을 받을 경우, 이는 긍정적인 동기부여로 작용할 수 있습니다.

지속가능한 사회 기부 및 봉사 활동: 조직이 지속가능한 사회 프로젝트에 참여하거나 기부하는 것을 강조합니다. 노동자들이 이러한 노력을 지원하면, 조직의 사회적 책임감을 강조할 수 있습니다.

이러한 조치들은 노동조합 간부들과 구성원들이 조직의 ESG 노력에 참여하고 긍정적으로 인식하도록 돕는 데 도움이 될 수 있습니다.

[질문2] ESG를 적극 추진하는 기업 사례를 소개시켜주고 노동조합 참여가 잘 되는 사례도 소개해주면 좋겠네.

CLOVA X의 답변

1. ESG를 적극 추진하는 기업 사례

애플(Apple)

애플은 환경 보호를 위해 다양한 노력을 기울이고 있습니다. 예를 들어, 제품 생산 과정에서 발생하는 탄소 배출량을 줄이기 위해 재생에너지를 사용하고, 제품 포장을 친환경적으로 개선하고 있습니다. 또한, 사회적 책임을 위해 다양한 사회공헌 활동을 진행하고 있습니다.

아마존(Amazon)

아마존은 환경 보호를 위해 다양한 노력을 기울이고 있습니다. 예를 들어, 제품 생산 과정에서 발생하는 탄소 배출량을 줄이기 위해 재생에너지를 사용하고, 제품 포장을 친환경적으로 개선하고 있습니다. 또한, 사회적 책임을 위해 다양한 사회공헌 활동을 진행하고 있습니다.

마이크로소프트(Microsoft)

마이크로소프트는 환경 보호를 위해 다양한 노력을 기울이고 있습니다. 예를 들어, 제품 생산 과정에서 발생하는 탄소 배출량을 줄이기 위해 재생에너지를 사용하고, 제품 포장을 친환경적으로 개선하고 있습니다. 또한, 사회적 책임을 위해 다양한 사회공헌 활동을 진행하고 있습니다.

2. 노동조합 참여가 잘 되는 기업 사례

SK하이닉스
SK하이닉스는 노동조합과 함께 ESG를 추진하고 있습니다. 노동조합은 기업의 경영진과 함께 환경보호, 사회적 책임, 지배구조 개선 등을 논의하고, 이를 적극적으로 추진하고 있습니다.

LG전자
LG전자는 노동조합과 함께 ESG를 추진하고 있습니다. 노동조합은 기업의 경영진과 함께 환경보호, 사회적 책임, 지배구조 개선 등을 논의하고, 이를 적극적으로 추진하고 있습니다.

위와 같은 기업들은 ESG를 적극적으로 추진하고, 노동조합의 참여도 잘 이루어지고 있습니다. 이러한 기업들은 노동자들의 만족도가 높고, 기업의 이미지도 개선되고 있습니다.

챗GPT 답변
(사례1) 패트라브리스(Patagonia): 패트라브리스는 환경에 대한 강력한 헌신으로 유명한 회사입니다. 회사는 지속가능한 소재 사용, 탄소 배출 감소, 재활용 프로그램 등 다양한 ESG 노력을 적극적으로 추진하고 있습니다. 노동자들은 회사의 지속가능한 가치에 자부심을 느끼고 있으며, 패트라브리스는 노동자들을 포함한 이해관계자들과의 지속적인 소통을 강조하고 있습니다.

(사례2) 바이러트(VMware): 바O 러트는 기술 기업으로서 환경, 사회, 거버넌스에 대한 다양한 노력을 기울이고 있습니다. 회사는 다양성과 포용성을 증진하기 위한 프로그램을 운영하고, 지속가능한 에너지 소비를 촉진하며, 윤리적 거버넌스 원칙을 강조하고 있습니다. 노동자들은 회사가 사회적 가치에 기여하고 있다는 데 자부심을 느끼며, 바이러트는 노동자들을 ESG 노력에 참여시키는 다양한 방법을 도입하고 있습니다. 이에는 노동자 의견 수렴을 위한 정기적인 회의와 교육 세션 등이 포함되어 있습니다.

이러한 기업들은 ESG를 중요한 가치로 채택하고 노동자 참여를 증진하여 지속가능한 비즈니스 모델을 구축하고 있습니다. 노동자들이 회사의 ESG 노력에 참여하고 긍정적으로 인식하게끔 하는 데는 투명성, 교육, 참여 기회 제공 등이 효과적인 전략으로 작용할 수 있습니다.

*이유는 알 수 없지만, 챗GPT가 소개해준 두 개의 기업은 모두 구글 등의 포털에서 검색이 되지 않았다.

　　질문을 마치는 순간 생성형 AI 둘 다 거침없이 대답했다. 기본적인 ESG에 대한 설명은 비슷했다. ESG 노동 사례의 경우, 한국어 기반인 네이버 CLOVA X는 한국적 사례를 포함했고, 챗GPT는 한국에는 알려지지 않은 해외 사례만을 제시했다. 생성형 AI는 이와 같은 정보 제공, 의견 제시, PPT 제작을 넘어 예술 분야에 해당하는 그림 그리기, 글짓기도 가능하고 미국 변호사 시험도 통과했다고 한다. 인간의 감정에 대해 반응하기도 한다. 반려동물과 다른 반려AI, 돌봄AI에 대한 기대도 커지고 있다. AI가 대체할 노동의 미래에 대한 우려와 함께 감정을 교류하는 AI에 대해 인간은 무엇이고 인간성은 어디에서 오는 것인가 하는 의문에 이르고 있다. 아픈 이를 방치하는 냉정한 인간과 나를 돌봐주는 AI 중 누가 더 인간적인가 하는 본질적 질문을 하지 않을 수 없다.

오픈AI 샘 올트먼의 해임 관련 에피소드는 시사하는 바가 크다. 챗GPT 열풍을 일으킨 오픈AI의 샘 올트먼 최고경영자(CEO)는 2023년 11월 17일 이사회에서 해임된 지 5일 만에 복귀했다. 최고경영자의 해임과 복귀에 대한 세간의 평가는 'The Money Always Wins', 즉 언제나 돈이 이긴다는 사실을 증명했다는 것이다.

올트먼 사태가 발생하기 전인 2023년 11월 14일, 일부 오픈AI 연구원들은 경영진에 AI 개발 속도가 너무 빠르다고 경고하는 서한을 보냈다고 한다. 이 서한을 통해 AGI(인간의 개입 없이도 스스로 판단하는 AI) 개발을 앞당길 수 있다는 'Q(큐스타)' 프로젝트의 존재가 알려졌다. 큐스타는 이전 AI 모델에서는 구현할 수 없던 수학 문제를 푸는 데 성공했다고 알려진 AI 모델이다.

올트먼 해임 전 오픈AI 내부에서 큐스타 시연이 이뤄졌고, 일부 연구자들이 이에 대한 우려를 표명한 것으로 알려졌다. 이 모델은 아직 외부에 공개되지 않았다. 실제 해임의 진실은 알 수 없으나 대체로 AI의 발전 속도가 인간의 컨트롤을 벗어날 수 있음을 우려한 비영리 이사진들이 샘 올트먼을 해임하여 AI의 발전 속도를 조절하는 규제 방안을 만들 때까지 AI 기술의 발전을 중단시키려 했으나 실패했다는 것이다.

오픈AI가 기술 발전을 중간시킨 동안 다른 회사에 기술력과 수익을 빼앗길 것을 우려한 95% 이상 직원들의 실력행사와 주주들의 여론에 이사회가 무릎을 꿇은 것으로 해석되고 있다. 오픈AI는 애초에 "AI 위협으로부터 인류를 보호한다."라는 목적으로 설립한 비영리기구다. 그러나 설립 목적과 달리 영리 목적으로 AI 발전을 계속 빠르게 촉진시키고 있다. AI의 발전이 인류에게 커다란 위협이 될 수 있다는 위기의식을 가진 수석과학자 일리야 수츠케버 등의 과학자들이 샘 올트먼을 해임하려 했을 것으로 추측하고 있다.

일리야 수츠케버 수석과학자는 "앞으로 5년, 10년 뒤에 세상이 어떤 모습일 것 같으세요? 인류보다 훨씬 더 똑똑한 AI가 뭘 하려고 할까요? 우리는 이 지적인 컴퓨터들이 인류에게 우호적이고 긍정적인 감정을 갖기를 바라야 할 거예요."라고 말한다.

과학자들은 AI의 놀라운 학습 능력을 보면, 인류가 파국이 다가옴을 느끼기도 전에 파국이 올 수 있다고 경고한다. 단순히 일자리를 뺏는 수준이 아니라 영화 터미네이터에서 보여준 것처럼 로봇이 지배하는 파괴된 미래가 다가올 수도 있다.

2024년 3월 21일 유엔 총회는 '지속가능한 발전을 위한 안전하고 위험이 없으며 신뢰할 수 있는 AI 기회 활용'에 관한 결의안을 표결 없이 전원 동의로 채택했다. 부적절한 AI 개발의 위험성을 경고하고 디지털 격차 해소 등을 촉구하는 것이 골자로, 이를 위해 AI의 안전한 사용에 관한 국제적인 합의안 마련이 시급하다는 내용 등이 담겼다.

이렇듯 자동화와 챗GPT 인공지능 로봇에게 빼앗길 일자리 대책이 가까운 미래의 일로 다가와 있다. 기본소득과 로봇세 부과는 잃어버

린 일자리에 대한 임금 보전과 정부의 수입 예산 확보를 넘어 재화와 서비스의 구매력 확보, 사회보장제도 실현을 위한 자본의 선순환 구조를 연속시킬 수 있음에 주목해야 한다.

ESG와 함께 생존의 길로

1) ESG는 무엇인가

ESG는 환경(Environment)의 앞 글자인 E, 사회(Social)의 S 그리고 거버넌스(Governance)의 G를 뜻한다. ESG라는 단어는 2004년 UN 사무총장인 코피 아난이 글로벌 투자자들과 함께 투자의 원칙을 세우기 위해 논의를 시작하여 유엔글로벌콤팩트(UNGC: UN Global Compact)가 발표한 「Who Cares Wins-Connecting Financial Markets to a Changing World」 보고서에서 처음 등장했다. 그리고 2006년 UN PRI[19]를 설립하여 글로벌 투자자들이 [그림4]처럼 ESG를 6대 투자원칙으로 확정하면서 세계적으로 알려졌다. 환경, 사회와

---

[19] UN PRI(United Nations Principles of Responsible Investment, 유엔책임투자원칙기구): 전 세계 기관투자자들의 책임투자 흐름을 이끌고 있는 가장 큰 이니셔티브. 글로벌 금융기관의 투자 의사결정 시 기업의 ESG 요소를 고려하여 6개 투자원칙에 따라 투자한다.

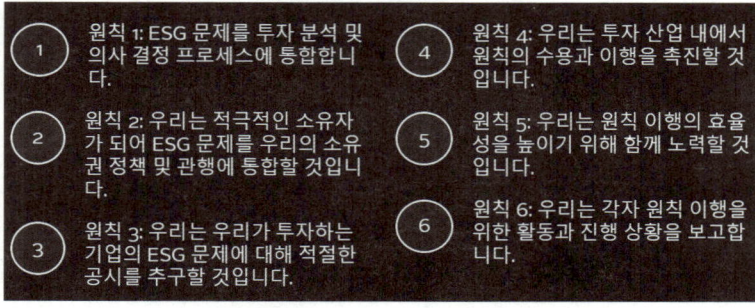

[그림4] UN PRI 6대 투자원칙, 2006

거버넌스를 고려하는 기업에 투자함으로써 환경, 사회와 거버넌스를 개선하고자 하는 것이다.

　기후위기, 전쟁위기, 식량위기, 불평등 위기, 감염병 위기 등 인류가 직면한 생존위기에 대한 해답으로 제시한 것이 바로 ESG다. 기업을 평가하여 투자 여부를 결정하고, 기업의 상품과 서비스 구매 여부를 결정하여 인류의 생존위기를 극복하는 자본주의적 해결방안이 ESG인 것이다. 재무적 성과만으로 기업의 투자 유무를 결정했던 과거의 방식을 벗어나 환경(E), 사회(S), 거버넌스(G)의 비재무적 성과를 평가하고 기업의 재무 성과와 동등한 무게로 투자 여부를 결정하는 기준으로 삼음으로써 기업을 변화시켜 환경과 사회문제 해결을 통한 지속가능한 발전을 이루려는 목적을 갖고 있다. 이렇게 시작한 ESG는 기업을 넘어 사회의 모든 영역으로 확대되고 있으며, 시대적 침로가 되고 있다.

2) 자본은 스스로 변하지 않는다

ESG가 해답이 되는 이유는 자본주의 사회에서 기업이 스스로 이윤을 넘어서 변화를 기대하는 것이 불가능하기 때문이다. 인간의 행복과 지구의 안녕을 우선하는 경제로 전환하기 위해서는 용기가 필요하다. 이런 경제 시스템과 정치적 정책 문제를 해결하는 통합적 관점이 ESG다. ESG에 따라 운영하는 기업의 상품은 소비자들이 선호하고, 소비자들은 이를 지지하는 방향으로 정치인이 움직이도록 한다. 투자자는 이런 관점으로 투자하여 기업을 더욱 ESG 관점으로 운영하게 한다. 그래서 ESG는 힘이 있고 기후위기와 사회적 위기를 극복할 해답이 되고 있다. ESG가 길이다.

2023년 9월 18일부터 전경련(전국경제인연합회)은 한경협(한국경제인협회)으로 명칭을 변경했다. 2016년 국정농단 사태로 삼성, SK, 현대차그룹, LG가 전경련을 탈퇴한 지 7년 만이다. 그런데 부활하는 전경련(한경협)의 신임 회장이 풍산그룹 회장이 선출되어 한경협에 대한 우려를 낳고 있다. 풍산그룹은 노동자 정리해고의 악명을 쌓아왔던 곳이기 때문이다. 대법원의 부당해고 원심 확정에 따라 일터로 복직한 지 13일 만에 공장이 전소되었고, 부산에 있던 공장을 경기도 화성으로 이전하며 희망 퇴직을 강요했다. 부산에서 화성공장으로 이전한 노동자들은 아직도 부산과 화성을 오가며 가족과 떨어져 고통스럽게 살아가고 있다. 한경협이 이전의 전경련과 다른 모습으로 바뀌리라는 기대를 하기 어려운 이유다.

자본은 스스로 변하지 않는다. 그래서 필요한 것이 ESG다. 기업이 스스로 바꿀 것을 기대하기보다는 ESG를 통해 투자 기업을 선정하고 ESG경영을 하는 기업의 상품을 구매하여 환경(E), 사회(S), 거버넌스(G) ESG경영으로 기업을 이끄는 것이다. 그래서 ESG는 자본주의 사회에서 인류가 직면한 위기를 극복하는 실현 가능한 해법이다.

PART 2
ESG경영과 노동이슈

강충호

- 아주대학교 융합ESG학과 특임교수(현)
- 경기도 지속가능발전위원회 공동위원장(현)
- 국가표준 ESG전문위원회 대표위원(현)
- (사)ESG코리아 부이사장/경기네트워크 공동대표(현)
- ISO26000 전문가포럼 공동대표(현)
- 한국철도공사 상생협력실장(전)
- 국토교통부 장관 정책보좌관(전)
- 국제노동기구(ILO) 비상임이사(전)
- 한국노총 국제국장/홍보선전본부장(전)
- 영국 리즈(Leeds)대학교 산업경영학 박사(2002년)

"ESG 노동이슈의 본질과 중요성에 대한 체계적인 이해를 바탕으로
적극 대응해나가야"

인권의 주요 항목인 노동기본권을 비롯한 노동이슈의 본질과 중요성에 대해서 체계적인 이해를 바탕으로 기업은 ESG경영과 관련된 계획, 실행, 평가 등 모든 활동 과정에서 노동이슈를 살펴보고 국제기준과 국내 법규에 저촉되거나 미비한 부분이 있다면 적극적으로 개선해나가야 할 것이다.

머리말

    환경(Environment), 사회(Social), 거버넌스(Governance)를 의미하는 ESG는 기후위기와 사회적 불평등, 전쟁 등으로 위협받는 지구촌의 생존과 지속가능한 발전을 도모하기 위해 기업을 비롯해 우리 사회를 구성하는 모든 조직과 개인들이 추구해야 할 가치체계이자 실천 목표라 할 수 있다. 오늘날 ESG는 기업의 사회적 책임(Corporate Social Responsibility, CSR)처럼 이행하면 좋지만 이행하지 않아도 특별한 불이익을 받지 않는 자선적 혹은 윤리적인 규범이 아니다. 기업의 생존과 지속적인 발전을 위해서는 반드시 이행해야 할 일종의 사회규범으로 작용하고 있다.

    2006년, 투자결정 과정에 ESG를 반영하도록 한 UN 책임투자원칙(PRI)이 제정되면서 전 세계적으로 ESG 열풍을 불러왔다. 실제로 세계 최대 투자사인 블랙록(Black Rock)과 스웨덴의 AP7, 우리나라의 국민연금 등 각국의 연기금을 비롯한 많은 투자기관이 ESG 요소의 이행여부를 투자에 반영하고 있다.

그 결과, 기업 운용 자금의 공급원이라 할 수 있는 투자사들이 ESG 경영을 제대로 이행하지 않는 기업에 대해 더 이상 신규 투자를 하지 않음은 물론, ESG 이행 노력을 게을리한 경영진을 퇴출하고 투자한 자금도 회수하고 있다. 예를 들어 블랙록은 2020년에 매출 25% 이상을 석탄 생산으로부터 얻는 기업에는 더 이상 투자하지 않을 것이라는 방침을 밝힌 바 있으며, 기후변화 대응 노력이 부족한 53개 투자기업의 이사 선임에 반대표를 행사했다.

스웨덴의 공적연기금인 AP7은 2017년 포스코 터키 합작법인에서 노동조합 설립을 이유로 80명을 해고하자 노동권을 침해했다는 이유로 포스코에 대한 투자철수 결정을 내렸다. 한국조선해양에 대해서도 한국에서의 인권 침해를 이유로 투자대상에서 제외시켰다. 노르웨이 공적연기금인 GPFG는 대한해운이 방글라데시와 파키스탄에서 운영하고 있는 작업장 환경이 극도로 열악하고 선박 해체작업 과정에서 심각한 환경피해를 초래한다는 이유로 투자대상에서 제외하는가 하면, 한국전력도 자회사들의 석탄발전 비중이 80%가 넘는다는 이유로 GPFG의 투자대상에서 배제되는 부적합 판정을 받았다.[20]

사정이 이러한데도 우리나라 기업들의 ESG경영 수준은 여전히 미흡한 실정이다. 특히 '환경(E)' 영역에 집중되면서 인권과 삶을 개선시키는 '사회(S)' 영역과 이를 추동하는 '거버넌스(G)'에 대해서는 상대적으로 소홀한 것 같다. 하지만 최근 코로나19 사태 이후 노동자들의

---

[20] 『IMPACT ON』(2021.03.15.), 'ESG 안 하는 기업은 투자도 없다 … 국내 기업 23곳 큰손 블랙리스트 올라'

환경과 건강 및 안전이 큰 이슈로 부각되었고, 인사(HR) 정책과 제도를 통한 인재 확보가 비즈니스 성장의 중요한 요소로 인식되고 있다. 기업의 지속적인 성장을 위해 기술혁신을 통한 효율성 제고 및 프로세스 혁신을 이루기 위해서는 기술을 보유한 '인적자원'에 대한 관리(HRM)와 '노동 이슈'가 기업경영의 핵심적인 이슈이기 때문이다.

그런 가운데, EU가 역내 기업을 비롯해 유럽 시장에 진출하는 기업들을 대상으로 2024년부터 시행할 예정인 '공급망 실사'(due diligence)의 대상인 '인권' 항목에 노동자들의 결사의 자유를 비롯한 노동기본권이 포함되어 있어서 자칫 우리 기업들이 큰 불이익을 겪을 수 있다는 우려마저 제기되고 있다.

뒤에서 다시 살피겠지만 ESG를 평가하는 글로벌 평가기관의 기준과 국제 ESG공시 기준의 대표격인 GRI(Global Reporting Initiative)도 노동이슈를 사회(Social) 항목의 가장 중요한 기준으로 분류하고 있는 마당에, 노동이슈를 배제하는 것은 자칫 'ESG 워싱(Washing)'으로 비난받을 가능성이 없지 않다. 더욱이 유럽에서 '위장 환경주의'를 식별하기 위한 'green taxonomy'를 제정 시행한 데 이어 사회 부문의 'ESG 워싱'을 식별하기 위한 'social taxonomy'의 제정 및 시행을 추진하고 있는 시대 흐름에 비춰볼 때 글로벌 시장에서 경쟁하고 있는 국내 기업들에게 현실적인 리스크로 작용할 가능성이 제기되고 있다. ESG를 준비하고 대응하는 과정에서 '인권'의 핵심 요소라 할 수 있는 '노동기본권'을 비롯한 '노동이슈'를 제대로 다루지 않는 것은 큰 허점이 아닐 수 없다.

ESG와 사회책임

1) ESG의 사회 영역

ESG에서 S(Social)가 무엇을 의미하는지에 대해 여러 의견들이 있는 것 같다. 혹자는 '사회적 가치'(social value) 혹은 '사회 이슈'(social issue)[21]라고 해석한다. 경영계 일각에서는 '사회 공헌'(social contribution)을 의미하는 것이라고 주장하기도 한다. 하지만 ESG의 S(Social)는 기업을 비롯한 모든 조직의 '사회적 책임'(Social Responsibility)을 의미한다는 것이 국제적으로 통용되는 보편적 인식이다. 여기서 '책임'이란 어떤 조직이 특정한 역할이나 일을 수행하는 과정에서 요구되거나 준수해야 하는 의무를 말하며, 이행하지 않을 경우 일정한 불이익이 수반되는 개념이다. 불이익의 수준은 준수해

---

[21] 김영기(2023), '노사가 함께 ESG로 지속 가능한 사회를 만들자', 『계간 노사공 포럼』 통권 60호

야 하는 내용, 기준이 되는 규범의 성격이나 강제력에 따라 달라지겠지만, 이행하면 좋고 안 해도 상관없는 사회공헌과 같은 자선행위와는 분명히 구별된다 할 것이다.

이러한 '사회적 책임'의 구체적인 내용과 이행방안 등에 대해서는 국제표준화기구(ISO)가 기업을 비롯한 모든 조직의 사회적 책임에 관한 가장 포괄적인 규범으로 개발한 ISO26000(Guidance on Social Responsibility)에서 상세하게 설명하고 있다. 물론 ISO26000은 국제규범이지만 국내법과 같은 효력이나 법적인 강제력을 갖는 국제법은 아니다. 제3자에 의한 인증을 통해 이행을 담보하는 경영시스템 표준(management system standard, MSS)도 아닌 자발적인 이행을 권고하고 안내하는 지침 표준(guidance standard)이기 때문에 실효성에 한계는 있다. 하지만, 조직의 역할과 활동에 대한 사회적 요구와 기대를 고려하고, 지속가능한 발전에 기여하려는 의지와 행동을 의미하는 '사회적 책임'을 법률이나 규제를 통해 강제하고 불이행 시 처벌이나 불이익을 부과하기보다는 해당 조직이 그 필요성과 의의를 스스로 인식하도록 도와주고 자발적으로 이행하도록 독려하는 것이 바람직하다는 점에서 지침(guidance) 수준의 규범이 적절하다는 공감대를 바탕으로 ISO26000이 개발되었다.[22]

---

[22] 덴마크(DS49001)를 비롯한 유럽의 일부 국가에서는 ISO26000을 토대로 CSR 혹은 SR에 관한 국가표준을 경영시스템표준(MSS)으로 제정하여 제3자에 의한 인증(Certification) 시스템으로 운영하고 있지만, 국제적으로 CSR의 이행을 촉진하고 이를 사회적으로 담보하기 위한 더욱 일반적인 방식은 자기선언(Self Declaration)과 자발적인 보고(Reporting)이다.

2005년부터 개발이 시작되어 필자를 포함해 전 세계 80여 개국 400여 명 전문가들의 5년여에 걸친 치열한 작업을 통해 탄생한 ISO26000은 공공과 민간, 소재지나 규모 등을 불문하고 기업을 넘어 모든 조직을 적용 대상으로 하는 가장 포괄적인 국제규범으로, ESG 사회 영역의 목표와 이행 방안에 중요한 기준과 지침을 제공하고 있다.

먼저, ISO26000에서는 조직의 사회적 책임을 "투명하고 윤리적인 행동을 통해 사회와 환경에 영향을 미칠 수 있는 조직의 결정과 활동에 대한 책임"으로 정의함으로써, 직접적인 영향을 미치는 '활동'뿐만 아니라, 그러한 활동을 낳게 된 '결정'까지도 책임의 범주에 포함하고 있다. 여기서 핵심적인 개념이 되는 '투명하고 윤리적인 행동'에 대해서는 1)지속가능한 발전과 사회의 건강과 복지에 기여하는 행동 2)이해관계자의 기대를 고려하는 행동 3)적용가능한 법에 부합하고 국제적인 행동규범과 일치하는 행동 4)조직 전반에 걸쳐 통합되며, 영향력 범위 내에서 이루어지는 조직의 활동에서 실행되는 행동 등을 들고 있다.[23]

사회적 책임의 구체적인 범주에 대해서는 [그림1]과 같이 거버넌스(governance), 인권(human rights), 노동관행(labour practices), 환경(environment), 소비자 이슈(consumer issues), 공정운영 관행(fair operation practices), 지역사회 참여 및 발전(community involvement and development) 등 7대 분야(핵심 주제)에 걸친 주요 이슈 37가지

---

[23] ISO26000:2010 Guidance on social responsibility (KS A ISO26000, 2021년 개정판) (https://e-ks.kr/streamdocs/view/sd;streamdocsId=72059218908011285)

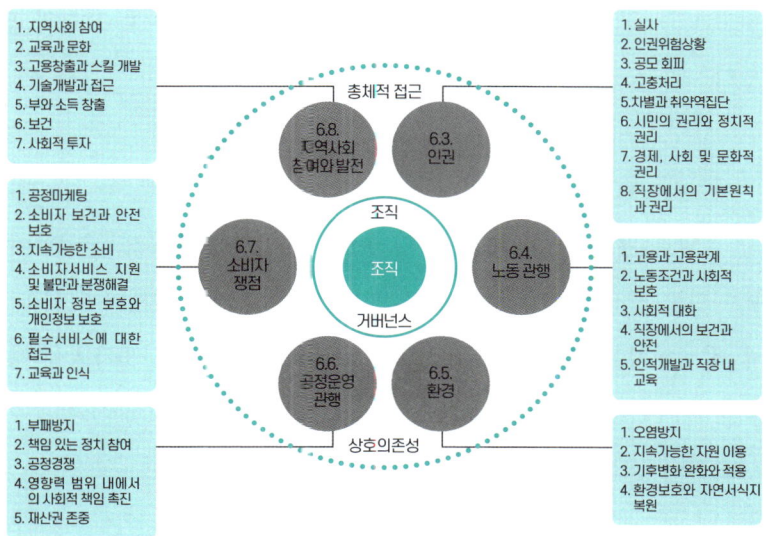

[그림1] ISO26000의 핵심 주제와 이슈

를 열거하고, 각 이슈별로 조직이 준수해야 할 기준(기대사항)들을 상세하게 규정하고 있다.

이 가운데 환경과 거버넌스를 제외한 나머지 다섯 가지 주제를 살펴보면, 우선 인권과 관련해 기업은 자사와 공급망에서 인권을 존중하고 보호해야 한다. 특히 결사의 자유와 강제노동 금지, 차별대우 금지, 아동노동 금지 등 4대 노동기본권이 인권과 관련된 주요 이슈다. 소비자 이슈는 제품 또는 서비스의 안전성, 소비자 건강에 대한 책임 그리고 제품에 대한 정보 공개와 보상기준과 절차 등의 이슈를 포괄하고 있으며, 지역사회 참여 및 발전과 관련해서는 기업의 사회적 투자와 기부 등 지역사회 발전을 위한 프로젝트와 사회적 공헌이 핵심적인 이슈다. 공정운영 관행은 최근 ESG에서 가장 핫한 이슈로 부상하고 있는 공급망 관리와 뇌물공여와 같은 반부패 이슈를 포함하고 있다.

이처럼 ESG의 '사회' 영역은 다양한 이슈를 포괄할 뿐 아니라, 최근 발발한 우크라이나 전쟁과 팔레스타인 전쟁을 비롯해 끊임없이 이어지는 전쟁과 불특정 다수를 대상으로 한 묻지마 범죄로 인해 더욱 절실해지고 있는 '인권'과 '안전' 그리고 성차별과 인종차별을 반대하고 사회통합을 이루기 위한 'DE&I'(다양성, 형평성, 포용성) 이슈의 중요성이 강조되면서 ESG에서 가장 중요한 요소로 부각되고 있다.

2) CSR과 ESG

ISO26000의 개발과정에서도 언급했듯이 모든 조직의 사회적 책임(SR)의 출발점은 기업의 사회적 책임(CSR)이다. 현대 자본주의 사회의 핵심조직이라 할 수 있는 기업에게 있어서 CSR은 기업 자신과 사회 전체의 지속가능한 발전을 위해 재무적인 분야를 넘어서 비재무적 분야에서 추구해야 할 가치와 노력을 의미하는 바, 이는 곧 ESG와 일맥상통하는 개념이 된다.

CSR은 미국의 아치 캐럴(Archie Carroll) 교수가 정립한 'CSR 피라미드' 모형에서 설명되고 있는 것처럼 경제적 책임, 법률적 책임, 윤리적 책임, 자선적 책임 등을 모두 포괄하는 개념으로 볼 수 있다. ([그림2] 참조) 이는 기업의 경제적 성과와 사회적 성과가 대립되는 것이 아니라 상호 선순환할 수 있다는 인식에 근거하고 있다. 최근에는 경영자의 경영윤리보다는 사회적으로 유익하고 책임 있는 활동에 비중을 두는 경향이다. 그런 맥락에서 CSR의 한 부분인 사회공헌 활동 위주의 CSR에 대해서는 인권과 노동기본권 존중, 환경보호를 위한 환경중시경영, 기업활동의 다국적화 및 아웃소싱 확대에 따른 공급망에 대한 책임, 투명경영 듯 윤리경영, 사회책임투자운동 등 광범위한 영역을 지닌 포괄적인 개념인 CSR을 '희석'(washing)시킨다는 비판이 제기되기도 한다.

한편, 최근 ESG가 시대적 과제로 대두되면서 경영계나 학계 일각에서는 CSR의 시대가 끝나고 ESG의 시대가 도래했다는 이야기가 많다. 하지만 CSR과 ESG는 기업의 윤리와 지속가능성 그리고 사회적 영향에 관련된 논의를 배경으로 한다는 공통점을 갖는 만큼, CSR과 ESG의 관계를 단절이나 대체로 볼 것이 아니라 진화와 계승으로 보는 것이 합리적 인식일 것이다. CSR과 ESG 모두 현대적 기업이

[그림2] 아치 캐럴(Archie Carroll)의 'CSR 피라미드' 모형

진화한 결과물로 서로 대립하고 갈등하는 개념이라기보다는 서로 의존하고 상호 작용하면서 보완하는 개념으로 이해해야 할 것이다. 이처럼 ESG가 CSR에서 진화되고 보완된 측면이 있음에도 불구하고, 두 개념 사이에는 다음과 같은 차이점이 존재한다는 것도 분명하게 인식할 필요가 있다.

요컨대 CSR이 넓은 의미에서 기업의 사회적 책임과 관련된 가치와 윤리를 반영하고 있다면, ESG는 투자자가 환경·사회·지배구

[표1] CSR과 ESG의 차이점

구분	CSR	ESG
개념	사회·환경·경제에 영향을 미치는 기업의 행위를 책임 있게 관리하고, 기업이 대중의 기대에 맞게 사업 모델을 정비하며 새롭게 개발하는 것을 의미	환경·사회·지배구조에 관련된 요소를 기업이 얼마나 목적의식적으로 다루는지 평가하는 것을 의미
특징 및 강조점	가치 지향적 정책 - 기업 내부에 중점을 두며 기업 가치와 사회에 긍정적인 영향을 미치고자 하는 의도를 중시	실리 지향적 수단 - 기업 외부의 보고와 투자 기준에 더 많은 중점을 두며, 주주와 투자자의 관심을 중시
측정 방법	질적인 측면에 대한 정성적 요소 평가	양적인 측면에 대해 표준화된 방법과 지표를 사용해 성과 측정
기업에 주는 잠재적 혜택	기업의 평판을 향상하고 브랜드 가치를 제고하며, 종업원의 참여와 충성도를 높이고, 소비자 및 지역사회와의 관계를 개선함으로써 기업이 얻을 수 있는 간접적인 혜택	투자를 유치하고, 당국의 규제와 법률적 개입을 줄이며, 재무 성과를 개선하고, 타사에 대해 경쟁 우위를 확보함으로써 기업이 얻을 수 있는 직접적인 혜택
불이행에 따른 리스크	기업이 내세우는 가치와 실제 사업관행에서 차이와 충돌이 발생할 경우 불성실하고 위선적이라는 사회적 비판	기업에 요구되는 엄청난 양의 데이터 수집과 보고로 인해 기업의 사업 관행에 추가적인 부담으로 작용하면서 리스크를 가중시키는 요인
향후 전망	기업의 목표 및 핵심 역량에 부합하는, 전략적이고 통합적인 접근법으로 진화	기업에 대한 투자 결정과 리스크 관리 전략의 핵심 요소로 정교하고 복잡하게 발전

* 자료 출처: 윤효원(2024), '글로벌 노사관계 쟁점으로 떠오른 CSR과 ESG 상관관계', 『매일노동뉴스』(2024.1.4.) 기사를 [표]로 편집

조라는 세 가지 영역에서 기업의 리스크를 평가하는 데 특별한 초점을 맞춘다. 아울러 CSR이 기업의 자기 선택권(choice)에 기초해 있다면, 상대적으로 ESG는 제도적 준수(compliance)라는 규제의 틀을 갖게 된다. CSR이 목적지향적(goal-oriented)이라면, ESG는 목적을 실현하는 틀과 기준 그리고 평가와 질문이라는 수단지향적(tool-oriented) 성격이 강하다. 이는 ESG의 실사(due diligence)에 대한 강조에서 잘 드러난다. 그런 점에서 두 개념 모두 현대적 기업의 지속가능한 사업과 거버넌스에 필수적이지만 서로 다른 목적과 이해관계자를 대상으로 하고 있다. ([표1] 참조)

노동기본권과 노동관행
(Labour practices)

1) 인권으로서의 노동기본권

　ESG에 포함되어 있는 노동 관련 여러 이슈 중에서 가장 중요한 것은 인권으로 분류되는 '노동기본권'에 관한 내용일 것이다. 노동기본권이 인권 항목으로 분류되게 된 것은 '인권'을 가장 보편적(universal)이고 박탈할 수 없는(inalienable) 권리로 규정하고 있는 'UN 세계인권선언'(Universal Declaration on Human Rights)에서 노동기본권을 주요 항목으로 포함하면서부터였다. 1948년 제3차 UN총회에서 채택된 세계인권선언 제23조는 아래와 같이 결사의 자유를 비롯한 노동기본권에 관한 내용을 담고 있다.

세계인권선언 제23조

1. 모든 사람은 근로의 권리, 자유로운 직업 선택권, 공정하고 유리(just and favorable)한 노동조건에 관한 권리 및 실업으로부터 보호받을 권리를 가진다.

2. 모든 사람은 어떠한 차별도 받지 않고 동등한 노동에 대해 동등한 보수를 받을 권리를 가진다.

3. 모든 노동자는 자신과 가족에게 인간적 존엄에 합당한 생활을 보장하며, 필요할 경우 다른 사회적 보호의 수단에 의해 보완되는, 존정하고 유리한 보수를 받을 권리를 가진다.

4. 모든 사람은 자신의 이익을 보호하기 위해 노동조합을 결성하고, 가입할 권리를 가진다.

세계인권선언에서 천부인권으로 규정한 노동기본권은 1966년 UN에서 제정된 인권에 관한 두 개의 국제규약-'인권, 경제적·사회적 및 문화적 권리에 관한 국제규약'(International Covenant on Economic, Social and Cultural Rights)과 '시민적 및 정치적 권리에 관한 국제규약'(International Covenant on Civil and Political Rights)-에서 재확인되고 있다.

이러한 노동기본권은 이후 노동에 관한 UN전문기구 국제노동기구(ILO)가 세계인권선언 채택 50주년인 1998년에 채택한 '노동의 기본원칙과 권리에 관한 ILO 선언'(ILO Declaration on Fundamental Principles and Rights at Work)을 통해서 아래와 같이 4개 분야로 구체화되었다. 이 선언을 통해 ILO는 4개 분야의 8개 협약을 ILO의 회원국이라면 비준 여부와 상관없이 반드시 이행해야 하는 '기본협약'(Fundamental Conventions)으로 규정해 매년 개최되는 총회에서 각국의 이행실태를 보고 및 점검하고 있다.

① 결사의 자유 및 단체교섭권 인정

- 관련 ILO 협약: 결사의 자유 및 단결권 보호에 관한 협약(87호), 단결권 및 단체교섭권 원칙의 적용에 관한 협약(98호)
- 노동자와 사용자는 어떠한 차이도 없이 자신의 규칙에 따라 조직 설립 및 사전 승인 없이 스스로 선택한 조직에 가입할 권리 인정.
- 노동자가 결성 또는 참여한 대표 조직은 단체교섭의 목적을 위해 인정되어야 할 것이며, 고용 협약 및 조건은 노동자가 선택한 자발적 단체교섭을 통해 결정될 수 있음.
- 노동자 대표는 자신의 업무와 역할을 효과적으로 할 수 있도록 필요한 시설과 정보를 제공받아야 함.
- 단체협약에는 분쟁 해결을 위한 조항 포함, 노동자 대표에게 의미 있는 협상에 필요한 정보 제공.

② 강제노동 금지

- 관련 ILO 협약: 강제노동에 관한 협약(29호), 강제노동의 폐지에

관한 협약(105호)
- 강제노동 또는 의무노동에 관여하거나 그로 인해 이득을 취하지 않아야 함.
- 불이익 위협을 받거나 자발적 노동을 하지 않는 사람에게 일이나 서비스를 요구하지 않아야 할 것임.
- 재소자가 유죄판결을 받지 않았거나, 재소자의 노동이 공권력의 감독 및 통제 아래 있지 않을 경우, 재소노동에 관여 혹은 이용하거나 그로부터 이익을 얻지 않아야 할 것임.

③ 아동노동 금지
- 관련 ILO 협약: 취업의 최저연령에 관한 협약(138호), 가혹한 형태의 아동노동 철폐에 관한 협약(182호)
- 어떤 형태의 아동노동 이용에 관여하거나 이를 통해 이익을 얻지 않아야 할 것임.
- 조직의 운영이나 영향권 내에서 아동노동이 행해지고 있다면, 조직은 가능한 한 해당 아동이 노동을 하지 않도록 할 뿐만 아니라, 교육을 포함한 적절한 대안을 제공해야 할 것임.
- 아동에게 해를 주지 않거나, 학교 출석이나 아동의 발달에 필요한 다른 활동(ex. 여가활동)을 방해하지 않는 가벼운 노동은 아동노동으로 간주되지 않음.
- 최저고용연령은 국제노동기준으로 규정됨. 선진국 15세/개도국 14세(위험한 일 18세, 가벼운 일 13세/12세)

④ 차별대우 금지

- 관련 ILO 협약: 동일가치노동에 대한 남녀노동자의 동등 보수에 관한 협약(100호), 고용과 직업에 있어서 차별대우에 관한 협약(111호)
  - 조직의 고용정책이 인종, 피부색, 성별, 종교, 출신국가, 사회적 신분, 정치적 견해, 나이, 장애, 결혼 여부, 가족사항, 성 정체성, HIV/AIDS 감염 여부 등에 따른 차별이 없다는 것을 보장.
  - 고용정책 및 관행, 수입, 고용조건, 훈련 및 승진에 대한 접근성, 고용 종료는 직무요건만으로 결정.
  - 작업장에서 괴롭힘 예방 조치 시행.
- 평등한 기회 및 비차별을 촉진하는 정책 및 활동의 영향을 정기적으로 평가.
- 취약집단의 보호 및 발전을 가능하게 하는 긍정적 조치 강구: 장애인의 생계를 돕도록 작업장 조성, 청년 및 고령 노동자의 고용 촉진, 여성의 평등한 고용기회 및 고위직의 균형 잡힌 여성 대표제 등.

[표2] 유엔글로벌콤팩트 10개 조항

범주	유엔글로벌콤팩트
사회	인권-원칙 1. 국제적으로 선포된 인권 보호의 지지와 존중 인권-원칙 2. 인권 침해에 연루되지 말 것 노동-원칙 3. 결사의 자유와 단체교섭권의 실질적 인정 노동-원칙 4. 강제노동 금지 노동-원칙 5. 아동노동 금지 노동-원칙 6. 차별 금지
환경	환경-원칙 7. 환경문제에 대한 예방적 접근 환경-원칙 8. 보다 많은 환경 책임을 부담 환경-원칙 9. 환경 친화적 기술의 개발과 확산
거버넌스	반부패-원칙 10. 갈취와 뇌물을 포함한 모든 형태의 부패 반대

노동기본권에 관한 이들 4개 항목은 기업의 사회적 책임(CSR) 이행을 촉진함으로써 지구촌의 지속가능한 발전을 도모하고자 2000년에 코피 아난(Kofi Annan) 당시 유엔 사무총장의 주도로 출범한 '유엔글로벌콤팩트'(UN Global Compact)의 10개 항목에 포함된 네 개의 노동조항을 구성하고 있다.[24]

노동기본권에 관한 4개 항목은 기업을 비롯한 모든 조직의 사회적 책임 이행을 촉진함으로써 지속가능한 발전을 달성하도록 제정된 '사회책임에 관한 국제표준'(ISO26000)의 일곱 가지 주제 중 하나인 '인권' 조항에도 그대로 포함되어 노동기본권이 가장 존중되어야 하는 보편적인 '인권'임을 재차 확인할 수 있다. ([표2] 참조)

한편, 2022년에 개최된 제110차 ILO총회에서는 '건강하고 안전한 일터'에서 일할 권리를 노동기본권에 추가하기로 함에 따라 노동기본권에 관한 ILO 기본협약은 기존의 4개 분야 8개 기본협약에다 산업안전보건에 관한 다음의 두 가지 협약이 추가되었다.

---

[24] '유엔글로벌콤팩트'의 4대 기둥인 인권, 노동, 환경, 반부패라는 실천적 목표는 UN과 관련 전문기구가 채택한 국제기준을 토대로 한다. 인권은 '세계인권선언'(Universal Declaration of Human Rights), 노동은 '노동의 기본원칙과 권리에 관한 ILO 선언'(ILO Declaration on Fundamental Principles and Rights at Work), 환경은 '환경과 개발에 관한 리우선언'(Rio Declaration on Environment and Development), 반부패는 '유엔반부패협약'(UN Convention Against Corruption)에 기반하고 있다.

⑤ 건강하고 안전한 일터
- 관련 ILO 협약: 산업안전보건 협약(155호), 산업안전보건 증진체계 협약(187호)

2) ISO26000의 노동관행

노동관행은 고용계약과 고용조건, 노동시간과 휴게제도, 노동자의 건강과 안전, 작업환경과 노동조건, 노사관계와 사회적 대화, 인력개발과 교육훈련 등 노동기본권을 제외하고 고용 및 노동을 둘러싼 제반 사항에 대한 규칙과 규범을 의미한다. 노동관행의 세부적인 사항에 대해서는 사회책임에 관한 국제표준인 ISO26000에서 다음과 같이 다섯 가지 항목으로 설명하고 있다.

① 고용 및 고용관계(Employment and employment relationships)
- 모든 노동은 법적으로 인정된 피고용인 혹은 자영업자에 의해 수행되어야 하며, 고용관계 위장을 통한 고용주의 법적 의무를 회피하지 않아야 함.
- 안정된 고용의 중요성을 인정하고, 일시적 노동이나 임시직의 과도한 사용을 피할 수 있는 적극적인 인력운용 계획을 마련.
- 고용에 영향을 주는 조직운영 변화 시 관련 정보를 제공하고, 부정적인 영향의 최소화를 위해 노동자 대표와 협의.
- 모든 노동자에게 평등한 기회를 보장하며, 직·간접적인 차별을 금지하고, 자의적이고 차별적인 해고 관행을 철폐. 노동자의 개

인정보 및 프라이버시 보호.
- 법을 지키고 고용주로서의 책임을 준수하는 조직이 한해 근로계약이나 하도급계약을 체결.
- 사업 파트너, 공급자, 하도급 계약자에 대한 불공정, 착취, 폭력적 노동관행으로부터 이득을 추구하지 않아야 하고, 자신의 영향권 내에 있는 조직이 책임 있는 노동관행을 따르도록 권장(계약의무 설정, 방문 및 감독, 실사 등).
- 사업체가 소재한 현지 국가의 국민이나 주민을 고용하고, 직업능력 개발 및 진급과 승진 확대를 위해 노력.

② 노동조건과 사회적 보호(Conditions of work and social protection)
- 노동조건이 국내 법규와 국제노동기준에 부합한다는 것을 보장하고, 단체협약 등 법적 구속력이 있는 수단을 통해 더 높은 수준의 규정을 준수.
- 국내 입법 미비 시 ILO가 정한 국제노동기준에 정의된 최소한도의 규정을 준수.
- 임금, 노동시간, 주휴, 휴가, 보건 및 안전, 모성보호, 일과 가정의 양립 등에 관해 양질의 노동조건을 제공하고, 국가적 또는 종교적 전통 및 관습 준수를 허용.
- 일과 삶의 균형(work-life balance)을 가능한 한 최대로 허용하고, 지역 내 유사한 사용자가 제공하는 노동조건과 비교가능한 노동조건을 모든 노동자에게 제공.
- 국내 법규 또는 단체협약에 따른 보수를 제공하고, 동일노동 동

일임금 원칙 및 임금의 직접지불 원칙을 준수.
- 적어도 노동자와 가족의 필요에 상응하는 임금을 지불하고, 노동자 대표나 노동조합과의 단체교섭을 통해서 임금 및 노동조건을 결정.
• 노동자를 위한 사회적 보호 규정을 준수하고, 가족에 대한 노동자의 책임을 존중.
- 법규나 단체협약으로 정해진 노동시간을 준수하고, 주휴·유급 연차휴가 및 연장근로수당을 제공, 육아휴가 및 보육시설 제공.

③ 사회적 대화(Social dialogue)

• 국제적 수준을 포함하는 사회적 대화 기구 조직과 적용 가능한 단체교섭구조의 중요성을 인정하고, 국제적으로 공인된 결사의 자유 및 단체교섭권 행사를 제한하도록 정부를 부추기는 행위 금지.
• 노동자가 자신의 이해 증진 및 단체교섭을 위해 조직을 결성하거나 가입할 권리를 항상 존중.
- 해고 또는 차별 방법으로 보복, 협박, 공포 분위기 조성 등 직·간접적 위협을 통해 노동자의 단결권과 단체교섭권 침해 금지.
• 조직운영 변화가 고용에 영향을 미치게 될 경우, 부정적 영향 최소화를 위해 정부 당국 및 노동자 대표에게 합당한 안내 제공.
- 적법하게 선임된 노동자 대표에게 조직의 의사결정권자, 작업장, 노동자 등 역할 수행에 필요한 시설, 재정 및 활동에 대한 정보 접근권 보장.

④ 직장에서의 보건과 안전(Health and safety at work)

- 안전보건 기준과 조직의 성과 간 상관관계에 기초한 산업안전보건 정책을 개발하고 유지.
- 일련의 작업 절차 및 개인보호장비 등과 같은 보건 및 안전관리 원칙을 이해하고 적용.
- 조직의 활동과 관련된 보건 및 안전 리스크를 분석하고 통제하며, 노동자의 안전관행 준수 요구사항에 대해 소통하고, 적절한 절차 준수를 보장.
- 개인보호장비 등 비상 대비, 업무상 부상·질병·사고 예방에 필요한 안전장비 제공, 모든 보건 및 안전사고를 기록, 조사함으로써 위험을 경감하고 제거.
- 장애인, 남녀 혹은 청소년 등 대상에 따라 산업안전보건 리스크가 다르게 영향을 미칠 수 있는 상황을 파악하고 구체적인 대응방안을 마련.
- 하청업체 종사자나 파트타임 및 임시직 노동자에게도 동등한 산업안전보건 보호를 제공.
- 스트레스 및 질병을 유발하는 심리사회적인 위험을 제거하기 위해 노력하고, 전 직원에게 적절한 훈련을 제공.
- 작업장의 산업안전보건 조치가 노동자에게 금전 지출을 수반해서는 안 된다는 원칙 준수.
- 노동자의 참여와 권리를 인정하고 존중하는 산업안전보건 및 환경 시스템을 채택, 운용.
- 산업안전보건에 관한 자유로운 문의, 상담, 고발, 의험작업 거부,

외부 자문, 사고조사 참여 등.

⑤ 인적개발과 직장 내 훈련(Human development and training in the workplace)
- 근무경력을 불문하고 모든 노동자에게 동등한 능력개발, 훈련 및 승진 기회에 대한 접근 제공, 정리해고 대상 노동자의 재취업 및 훈련과 상담 지원.
- 보건과 복지 증진을 위한 노사 공동 프로그램 수립.

ESG의 노동이슈

1) UN SDG의 노동이슈

　UN이 지구촌과 전 세계 인류의 지속가능한 발전을 도모하기 위해 2015년 제70차 총회에서 193개국의 만장일치로 채택한 지속가능발전목표(Sustainable Development Goals, SDGs)[25]는 2030년까지 모든 국가가 이행해야 할 공동의 과제다. "한 사람도 소외시키지 않는다." (Leave No One Behind)라는 슬로건 하에 제정된 지속가능발전목표는 사람(People), 번영(Prosperity), 지구환경(Planet), 평화(Peace), 파트너십(Partnership)이라는 5개 범주의 17개 목표로 이루어져 있다. 이를 주제별로 분류하면 1)인류의 보편적 문제(빈곤, 질병, 교육, 성평등,

---

[25] 「우리 세계의 전환: 지속가능발전을 위한 2030 의제」(Transforming our World: the 2030 Agenda for Sustainable Development)라는 문서는 서문, 선언, 지속가능발전목표, 이행수단, 후속조치 및 평가 등 총 91항으로 구성되어 있는데, 지속가능발전목표는 17개 목표(Goals), 169개 세부목표(Targets), 231개 지표(Indicators)로 이루어져 있다.

난민, 분쟁), 2)지구환경 문제(기후변화, 에너지, 환경오염, 물, 생물다양성), 3)경제사회 문제(기술, 주거, 노사, 고용, 생산 소비, 사회구조, 법, 대내외 경제) 등이다. 169개의 세부목표 중에서 노동과 관련된 내용을 발췌하면 다음과 같다.

◆ **Goal⑧ 모두를 위한 지속적·포용적·지속가능한 경제성장, 생산적인 완전고용과 양질의 일자리 증진**

- 2030년까지 장애인 및 청년을 포함해 모든 여성, 남성을 위한 생산적 완전고용과 양질의 일자리 창출 및 동일가치노동에 대한 동일임금을 달성한다.
- 2020년까지 교육 및 훈련에 참여하고 있지 않거나 실업 상태인 청년의 비율을 대폭 줄인다.
- 강제노동과 현대판 노예제 및 인신매매를 근절하고, 소년병 징집 및 동원을 포함해 가장 가혹한 형태의 아동노동의 금지와 종식을 보장하기 위해 즉각적이고 효과적인 조치를 취하고, 2025년까지 모든 형태의 아동노동을 없앤다.
- 이주노동자 특히 여성 이주자와 불안정한 고용 상태에 있는 노동자를 포함한 모든 노동자의 권리를 보호하고, 안전하고 안정적인 노동환경 조성을 확대한다.
- 2030년까지 지역의 고유한 문화와 특산품을 알리고 일자리 창출에 기여하는 지속가능한 관광을 진흥하는 정책을 개발하고 이행한다.
- 2020년까지 청년 고용을 위한 글로벌 전략을 개발하고 운용하며 국제노동기구(ILO) 세계고용협약(Global Jobs Pact)을 이행한다.

◈ Goal⑤ 성평등(gender equality) 달성 및 여성역량 강화(empower)

- 모든 곳에서 여성 및 여아를 대상으로 하는 모든 형태의 차별을 없앤다.
- 여성차별 금지, 동등한 기회 제공, 여성 참여 확대, 여성의 역량 강화, 성평등을 의무화할 수 있는 법안 제정 등.
- UN의 여성경쟁력 강화 원칙(Women's Empowerment Principles, WEP)과 유럽의원회(EC)의 이사회 내 여성임원 비율 제고 서약서(Women on the Board Pledge for Europe) 등을 통해 여성의 권익 신장과 기회균등을 높이고자 함.
- 국가별 상황에 맞춰 공공서비스, 사회기반시설, 사회보호정책, 가정 내 책임 공유 촉진을 통해 무급 돌봄노동 및 가사노동에 가치를 부여하고 중요성을 인식한다.

◈ Goal⑩ 국내 및 국가 간 불평등 감소

- 2030년까지 전체 인구 중 소득 수준 하위 40%의 소득 증가율을 국가 전체 평균 이상까지 점진적으로 달성하고 유지하도록 한다.
- 2030년까지 연령, 성별, 장애 여부, 인종, 민족, 출신, 종교, 경제 및 기타 지위와 관계없이 모든 사람의 사회적·경제적·정치적 포용을 증진하고 확대한다.
- 차별적인 법규, 정책, 관례를 철폐하고 이와 관련한 적절한 법, 정책, 활동을 증진하는 등의 노력을 포함해 평등한 기회를 보장하고 결과의 불평등을 감소한다.
- 재정정책, 임금정책, 사회보호정책과 같은 정책을 도입하고 점진

적으로 더 높은 수준의 평등을 달성한다.

2) ESG 보고와 평가의 노동 지표

(1) K-ESG 가이드라인

ESG에 대한 높은 관심을 반영하듯 전 세계 600개 이상의 ESG 평가 및 등급이 존재한다. 각 평가기관들은 주요 고객사 및 이해에 따라 상이한 평가 프로세스와 평가지표를 가지고 있어 적지 않은 혼란이 야기되고 있다. 이런 가운데 ESG 평가에 대응하는 우리 기업들 특히 중소기업들의 어려움과 부담이 가중되고 있다. 한국 정부는 국내외 주요 13개 평가기준과 공시기준을 분석해 공통적이고 핵심적인 사항을 중심으로 공시항목을 정하고 이에 대한 평가기준을 제시한 K-ESG 가이드라인을 2021년 말에 제정했다.[26]

K-ESG 가이드라인에 따르면 노동은 '노동' 범주에 해당하는 6개 지표(신규 채용 및 고용유지, 정규직 비율, 자발적 이직률, 교육훈련, 복리후생비, 결사의 자유 보장), '다양성 및 양성평등' 범주의 3개 지표(여성 구성원 비율, 여성 급여 비율, 장애인 고용률), '산업안전' 범주의 2개 지표(안전보건 추진체계, 산업재해율), '인권' 범주의 2개 지표(인권정책 수립, 인권리스크 평가) 등 총 13개 지표로 구성되는데, 이는 사회영역 22개 지

---

[26] K-ESG 가이드라인 제정을 주도한 산업통상자원부에서는 가이드라인을 제정한 목적에 대해 ①시장혼란 해소, ②시장 신뢰도 제고, ③기업부담 축소 등 세 가지를 들고 있다. (산업통상자원부 지속가능경영지원센터 홈페이지, http://www.k-esg.or.kr/sub/?p=sub_04_01_01)

표 중 절반 이상이다. 중견·중소기업에 적용하는 K-ESG 가이드라인에서는 정규직 비율, 결사의 자유 보장, 다양성 및 양성평등 3개 지표, 산업안전 2개 지표 등 총 7개 지표가 노동 평가지표로 사회영역 9개 지표 중 대다수를 차지하고 있다.

(2) ESG 모범규준

한국ESG기준원(KCGS)[27]이 2022년에 발간한 「ESG 모범규준」에서는 기업들이 이행해야 할 노동관행에 대해 다음과 같이 9개 항목을 제시하고 핵심사항을 안내한다.

- 공정한 고용과 차별 없는 고용 및 합리적인 성과 평가와 보수
- 기업은 다양성을 고려해 고용을 증진하고 유치한 인재를 유지할 수 있도록 노력해야 한다. 또한 공정한 성과관리 체계를 마련해 적정한 임금을 보장해야 한다.

- 노동기본권 보장 및 건전한 노사관계 형성
- 기업은 헌법에서 정한 노동3권과 국제노동기구(ILO)에서 규정한 노동자의 기본적 권리를 존중하고 보장해야 하며, 노사 간 성실하고 효과적인 대화를 통해 건전한 노사관계를 형성해야 한다.

---

[27] 한국거래소 산하기관으로 2002년에 설립된 '한국기업지배구조원'은 2003년부터 국내 상장기업의 지배구조에 관한 평가를 시작으로 2011년부터는 ESG 전반에 관한 평가로 확대, 시행하여 매년 10월경에 등급을 발표하고 있는데, 2022년 9월에 '한국ESG기준원'으로 기관의 명칭을 변경하였다.

[표3] 한국ESG기준원 노동관행 평가 가이드라인

구분	가이드라인
1. 공정한 고용과 차별없는 고용	성별, 장애, 성적 지향, 연령, 인종, 출신지역, 학력 등을 이유로 채용 승진 등의 과정에서 차별없는 동등한 대우
2. 합리적인 성과 평가와 보수	모든 노동자에게 합리적 보수체계 수립, 적정임금 지급
3. 노동기본권 보장	ILO에서 규정한 결사의 자유 및 노동조합 등 노동자 단체 가입의 자유 인정
4. 건전한 노사관계 형성	노동자 대표조직과 성실한 단체교섭 진행
5. 노동자 역량 개발 및 지원	노동자에게 다양한 교육·훈련 기회 제공, 성별 고용형태 등에서 발생하는 격차 해소를 위한 노력
6. 안전보건 거버넌스 구축	노동자의 건강과 안전을 제도적으로 보호, 산업재해 및 건강장해를 예방하기 위한 대책 마련
7. 안전보건 시스템	안전사고 및 보건 위험 분석 통제
8. 안전보건 성과지표	노동자의 재해 예방을 위한 적극적인 조치, 위험요인 조사, 안전보건 프로그램 마련
9. 일과 생활의 균형 지원	장시간 노동관행 및 조직문화 타파, 일과 생활의 균형 보장

- 노동자 역량개발 및 지원
- 기업은 노동자에게 다양한 학습과 성장의 기회를 제공해 개인의 역량 강화와 삶의 질 향상에 기여해야 한다. (적정한 예산과 인력 투입)

- 안전보건 거버넌스(안전보건 시스템, 안전보건 성과지표) 구축
- 기업은 자사 및 협력사 노동자에게 안전하고 건강하게 일할 수 있는 근무환경을 제공해야 한다.

- 일과 생활의 균형 지원
- 기업은 일하는 방식과 문화를 개선해 노동자가 일과 생활의 균

형을 갖추고 양질의 삶을 누릴 수 있도록 보장해야 한다.

(3) GRI(Global Reporting Initiative)의 노동지표

1997년에 설립된 GRI는 기업이 사회적, 환경적, 경제적 측면에서의 지속가능성에 대한 정보를 투명하게 보고하고 평가할 수 있도록 지침을 제공하는 국제적인 비영리 기구다. 이해관계자들의 참여를 통해 기업의 지속가능보고서 가이드라인을 개발, 보급하고 있다. 2000년에 첫 번째 가이드라인(G1)을 발표했고, 2016년에 GRI 표준(Standards)을 정립했다. GRI 표준은 경제, 환경, 사회 부문으로 나눠 기업이나 기관의 지속가능성 평가 지표를 제시한다.

전 세계적으로 1만 5,000여 개가 넘는 조직이 GRI 가이드라인에 따라 지속가능경영 보고서를 발간하고 있다. 2021년에 한 차례 개정된 GRI 표준의 사회 분야 주요 내용은 노동관행과 양질의 고용(고용, 노사관계, 산업안전/보건, 교육/훈련, 다양성과 균등기회), 인권(전략관리, 차별대책, 결사와 단체교섭의 자유, 아동노동, 강제노동, 보안관행, 원주민 관리), 제품책임 등 모두 19개 토픽을 포함하고 있다. [표4]에서 확인할 수 있듯이 인권과 공급망 이슈에 노동요소가 포함되어 있는 것을 감안한다면 사회 분야에서 노동과 관련된 토픽이나 지표는 전체의 절반 이상이다.[28]

---

[28] GRI 표준(Standards)은 Universal Standards, Sector Standards, Topic Standards의 세 부분으로 구성되어 있는데, 일반, 경제, 환경, 사회 등 4개 분야에 걸쳐서 40여 개의 지표가 제시되고 있는 Topic standards에서 사회분야의 지표가 19개로서 전체의 절반 정도를 차지하고 있을 정도로 중시되고 있다.

[표4] GRI의 사회 부문 토픽과 핵심지표들

토픽		핵심지표들
사회	401 고용	신규채용 및 이직, 비정규직 노동자에게 제공되지 않는 정규직 노동자의 복리후생, 육아휴직
	402 노사관계	운영상의 변화와 관련한 최소 공지기간
	403 산업보건 및 안전	작업장 보건 및 안전관리 시스템, 위해 인식·위험 평가 및 사고 조사, 작업장 보건 서비스, 작업장 보건 및 안전 관련 노동자 참여·자문 및 커뮤니케이션, 작업장 보건 및 안전 관련 노동자 교육, 노동자 건강 증진, 작업장 보건 및 안전 영향의 예방 및 완화, 작업장 보건 및 안전관리 시스템의 적용 대상 노동자, 업무 관련 부상, 업무 관련 질병
	404 훈련 및 교육	직원 1인당 평균 교육시간, 직원 역량 강화 및 전환 지원 프로그램, 정기적 성과 및 경력 개발 검토를 받는 직원의 비율
	405 다양성 및 기회균등	경영 조직 및 직원의 다양성, 남성 대비 여성의 기본급 및 보상 비율
	406 차별금지	차별 사건 및 이에 대한 시정조치
	407 결사 및 단체교섭의 자유	단결 및 단체교섭의 자유가 훼손될 위험이 있는 사업장 및 공급업체
	408 아동노동	아동노동 발생 위험이 높은 사업장 및 공급업체
	409 강제노동	강제노동 발생 위험이 높은 사업장 및 공급업체

이러한 지표들은 앞에서 살펴보았던 CSR, UNGC, ISO26000, UN SDGs 등에서 똑같이 다루고 있는 내용이다. 즉 ESG 평가에서 노동이슈에 대한 대응은 새롭게 무엇인가를 해야 하는 것이 아니라 이미 여러 가이드라인에서 다루어져 왔던 사항을 재점검하는 과정이라고 이해하면 될 것이다.

3) 정의로운 전환과 노동이사제

지금까지 살펴보았듯이 ESG의 노동이슈는 주로 사회(S) 영역에서 다뤄지고 있는데, 환경(E)과 거버넌스(G) 영역에서도 간과할 수 없는 노동이슈들이 있다. 먼저 환경영역의 노동이슈 중에서 가장 중요한 것은 저탄소 경제구조를 구축하고 산업구조를 친환경적으로 재편하는 과정에서 필연적으로 발생하는 고용(일자리) 문제일 것이다. 이와 관련해 국제노총(International Trade Union Confederation, ITUC)을 중심으로 하는 국제노동계에서는 일찍이 '정의로운 전환'(Just Transition)이라는 개념을 제기해 왔다.

미국의 화학산업 노동자이자 노동운동가였던 토니 마조치(Tony Mazzocchi, 1926~2002)가 1980년대에 독성화학물질을 생산하는 공장의 노동자들이 안전하고 깨끗한 산업으로 전직할 수 있도록 지원할 것을 요구하면서 시작된 '정의로운 전환' 요구는 1990년대 캐나다노총에 의해 지속가능성을 추구하는 노동운동 전략으로 발전했고 2000년대 들어 국제노총(ITUC)이 기후변화에 대한 국제노동운동의 전략으로 채택했다.[29]

정의로운 전환(Just Transition)은 유해하거나 지속가능하지 않은 산업과 일자리를 친환경적이고 사회적으로 유용한 산업과 일자리로 전환해야 하며, 그 방법과 결과 모두가 노동자와 지역사회에 피해를 주지 않아야 한다는 개념이다. 이를 위해서는 산업구조 개편 과정에서 일자리를 잃거나 전직해야 하는 노동자들이 새로운 녹색 일자리를 찾고 적응할 수 있도록 적극적인 고용정책과 교육훈련이 반드시 이루어

---

[29] 김현우(2014), 『정의로운 전환』, 나름북스

져야 할 것이다. 고용문제에 대한 대안이나 대책 없이 에너지정책 전환과 산업구조 재편을 추구한다면 우리 사회의 지속가능한 발전은커녕 사회통합과 서민대중의 생존을 위협할 수도 있기 때문이다.

ESG의 환경(E) 영역에서 중요한 노동이슈가 '정의로운 전환'이라면, 거버넌스(G) 영역에서 가장 중요한 노동이슈는 '노동이사제'라 할 수 있을 것이다. 기업 경영에 대한 노동자 참여를 보장하기 위한 제도 중 하나인 노동이사제는 기업 이사회에 노동자 대표를 포함시켜 이사회 구성의 다양성을 높이고 폭넓은 시각에서 더 나은 의사결정을 할 수 있도록 하려는 제도다. 이를 통해 노동자의 권익을 존중하는 기업의 조직문화를 실현하고, 노동자와 경영진의 협력을 강화함으로써 상생과 협력적 노사관계를 실현하는 수단으로서도 중요한 의미를 갖는다. 하지만 노사관계가 대립적이거나 이해관계가 충돌하는 사안을 다룰 경우, 노사간 의견대립으로 의사결정이 지연되거나 잘못된 의사결정으로 기업 경영에 부정적인 영향을 초래할 수 있다는 우려 때문에 경영계는 대체로 반대하는 제도이기도 하다.[30]

노동이사제는 독일, 프랑스, 스웨덴 등 유럽 19개국에서 노동자의 경영참가제도로서 운용 중이다. 근거 법률의 존재 여부, 노동이사를

---

30) 경영계가 노동이사제를 반대하는 주요한 논거로서 '경영권 침해'가 주로 언급되지만, 기업 경영에 있어서 사업주의 배타적인 권리를 의미하는 경영권은 법률적으로 확립된 기본권이 아닐뿐더러, 기업의 주인을 '주주'만이 아닌 주주를 포함한 '이해관계자'로 확대하고 있는 이해관계자 자본주의에서 사업주가 기업 경영에 관한 '전권'을 행사하는 것은 바람직하지도 않고 현실적이지도 않다는 점에서 '경영권'에 대한 논거는 설득력을 갖기가 어렵다.

둘 수 있는 기업의 규모 및 성격(공기업 혹은 민간기업), 노동이사의 비율이나 숫자, 노동자 대표의 이사회 참여 정도 등 세부적인 내용은 각 나라가 처한 상황에 따라 다르지만, 노동자를 기업의 중요한 지분을 갖고 있는 이해당사자로 인식한다는 이해관계자 자본주의적 인식에 바탕을 두고 있다는 공통점을 지닌다.

노동이사제가 우리나라에 처음 도입된 것은 서울시에서 2016년 '서울특별시 노동자이사제 운영에 관한 조례'를 제정하면서 서울시 산하 100명 이상 투자·출연기관에 비상임 '노동자이사'를 두도록 의무화한 때부터다. 서울시는 2019년에 조례 개정을 통해 '노동자이사'를 '노동자이사'로 명칭을 변경했다. 서울시에 이어 경기도(2019년), 광주, 인천, 경남, 울산, 부산, 전남, 충남 등 여러 지방정부도 노동이사제를 도입했다. 2022년 6월 말 현재 전국 12개 지자체(광역 9곳, 기초 3곳) 산하 37개 공공기관에서 104명의 노동이사가 활동 중이다.

중앙정부 차원의 노동이사제 도입은 2022년 초 노동이사제 도입을 위한 '공공기관운영법' 개정(안)이 국회를 통과함으로써 실현되었다. 2022년 8월부터 중앙정부 산하 공공기관 88개(공기업 36개, 준정부기관 52개)를 대상으로 도입된 노동이사제는 노동자 대표나 노동자 과반수의 동의를 받은 비상임이사 후보 2명 중에서 1명을 기관장이 선임하도록 하고 있다. 노동이사로 추천받을 수 있는 대상은 3년 이상 재직한 노동자로 한정하고, 임기 2년(1년 단위 연임 가능)의 노동이사로 선임되면 노조원 자격을 상실한다.

맺음말: 관심 · 개입

　기후위기와 사회적 불평등 그리고 지구촌 어디선가 끊임없이 발생하는 국제분쟁과 전쟁 등 인류의 생존과 우리 사회의 지속가능한 발전에 대한 위협이 날로 심화되는 가운데, 이를 극복하기 위한 실천적인 규범으로 등장한 것이 ESG다. 환경, 사회, 거버넌스 등 ESG를 구성하는 각 영역에는 다양한 이슈들이 있으며, 이들 각 이슈는 나름의 의미와 중요성을 지니고 있다. 그런데 ESG 열풍이 불고 있는 우리나라에서는 ESG에 대한 총체적인 인식과 체계적인 이행 노력보다는 당장 눈에 보이는 계량적 성과에 집중하거나 형식적인 보여주기식 접근에 그치는 위장(washing)적 행태를 보이는 사례도 적지 않은 것 같다.

　GRI 표준과 ISO26000 등 ESG와 관련된 국제표준, 평가지표, 법·제도 사례 등을 살펴보면, ESG 중에서 사회(S) 영역의 비중과 중요성이 환경(E)이나 거버넌스(G)에 결코 뒤지지 않을 뿐 아니라, 시대적 상황과 사회적 이슈에 따라서는 가장 중요한 영역으로서 합당한 인식과 대응 노력이 필요하다는 것을 알 수 있다. 이러한 흐름은 ESG를 자본투자의 원칙으로 정착시킨 UN PRI(Principles for Responsible Investment)의 새로운 버전이라 할 수 있는 'UN PRI 어드밴스'(Advance) 출범(2022년 12월)으로 이어졌다.

ESG 중 '사회'(Social) 영역에 대한 조치를 강화하기 위해 기관투자자들이 함께 협력해 인권 및 사회적 문제에 적극 개입하고 대응하는 스튜어드십 이니셔티브라 할 수 있는 'UN PRI 어드밴스'에 서명한 220명의 투자자들은 세계인권선언을 비롯한 국제규범에 규정된 인권 존중에 대한 책임과 인권 보호의 중요성을 인식하고, 다양한 활동에 대한 지원 의사를 밝히고 있다. 이들은 ESG의 'E(환경)'가 아닌 사회문제와 공동체의 권리 등 'S(사회)'와 관련된 부분을 챙겨야 한다고 강조하면서, 어드밴스를 통해 기업들의 ESG경영에 대한 감독을 강화하고 있는 것이다.[31]

이와 함께 유럽에서 공급망의 인권과 환경에 관한 전면적인 실사(due diligence)를 앞둔 시점에서 노동을 포함한 ESG 주요 이슈와 관련된 사안에 대해서는 공급망 차원에서 관리가 필요하다고 보고 협력사에 ESG경영을 촉구하는 움직임도 확산되고 있다. 글로벌 생

---

[31] 미국의 톰슨로이터재단 등의 ESG 워킹그룹이 펴낸 보고서 「Amplifying the S in ESG Investor Myths Buster」(2021)에서는 ESG에 있어서 'S'가 'E'에 비해 재무적 중요성이 덜하다는 등 'S'에 관한 네 가지 오해를 반박하면서, 'S'가 기업들의 재무적 리스크의 핵심이라고 지적하고 있다. (사회적가치연구원(2022), 『ESG경영 실무를 위한 Social - S in ESG』)

산망 운영 과정에서 발생한 강제노동 등의 노동이슈가 원청기업의 ESG 평가에 중대한 영향을 미칠 수 있기 때문이다. 인권의 주요 항목인 노동기본권을 비롯한 노동이슈의 본질과 중요성에 대해 체계적인 이해를 바탕으로 철저한 준비와 대응이 시급한 만큼, 기업은 ESG 경영과 관련된 계획, 실행, 평가, 환류 등 모든 활동 과정에서 노동이슈를 살펴보고 국제기준이나 국내 법규에 저촉되거나 미비된 부분이 있다면 적극적인 개선 노력을 해나가야 할 것이다.

이를 위해서는 무엇보다 기업 차원, 가치사슬 차원 및 사회적 차원의 환경 조성이 필요하다. ESG의 내용적 근거가 되는 국제기준들이 노동자의 권리와 이익을 강조하고 있음에도 불구하고 우리 현실에서는 그러한 내용들이 쉽게 간과되거나 무시되고 있다. 또한 ESG를 이행하는 과정에서도 기업의 가장 중요한 이해관계자인 노동자들을 대변하는 노동조합의 참여가 제대로 보장되지 않고 있는 가운데, 노동조합이나 노동자들도 ESG에 그다지 관심을 두지 않는 상황이다. 이러한 노동 배제와 외면을 어떻게 극복할 것인가가 지속가능한 발전을 위한 ESG의 올바른 이행을 담보하는 핵심적인 관건이라 할 수 있을 것이다.

참고 문헌

- 강충호(2019), 「지속가능한 발전을 위한 노·사·정의 사회적 책임」, 『국제노동』 2019년 여름호(통권 제239호), (사)한국ILO협회
- 강충호·박정우(2018), 「ISO26000 사회적책임(SR) 국제표준 제정과 이후 동향」, Issue Report, 국가기술표준원/한국표준협회
- 권순원·강충호·이장원·느광표(2008), 「ISO26000이 우리나라의 노사정 조직과 노사관계에 미칠 영향과 대응 방안에 관한 연구」 보고서, 기술표준원
- 김선민(2026), 「UN의 지속가능발전목표(SDGs)와 ESG 이슈」, CGS Report, 2016년 6권 2호, 한국기업지배구조원(한국ESG기준원)
- 김영기(2023), 「노사가 함께 ESG로 지속 가능한 사회를 만들자」, 『계간 노사공 포럼』 통권 60호(2023년 가을호), (사)노사공포럼
- 김현우(2014), 『정의로운 전환』, 나름북스
- 사회적가치연구원(2022), 「ESG경영 실무를 위한 Social - S in ESG」, 파라프로젝트 (https://www.cses.re.kr/publishedData/reportView.do?boardSeq=1152)
- 송관철(2021), 「ESG와 노동」, KLSI Issue Report, 제148호(2021-7호), 한국노동사회연구소 ***---------(2022), 「ESG 노동생태계 조성 방안」, KLSI Issue Report, 제170호(2022-9호), 한국노동사회연구소
- 윤효원(2024), 「글로벌 노사관계 쟁점으로 떠오른 CSR과 ESG 상관관계」, 매일노동뉴스 (2024.1.4.)
- 이승협(2020), 『기업과 노동의 사회적 책임: CSR에서 ISO26000을 넘어 기업 인권으로』, 집문당
- 이장원, 이민동(2022), 『ESG경영과 노동』, 한국노동연구원
- 임성택(2021), 「ESG와 노사관계」, 『월간 노동법률』 2021년 6월호
- 지식경제부 기술표준원/한국표준협회(2011), 'ISO26000 이행가이드'
- 한겨레21(2009), "'기업의 사회적 책임' 발 빼는 정부 속내", 2009년 9월호.
- MPACT ON(2021), 'ESG 안 하는 기업은 투자도 없다.…국내 기업 23곳 큰손 블랙리스트 올라', 2021.3.15.
- ISO26000:2010 Guidance on social responsibility (KS A ISO26000)(https://e-ks.kr/streamdocs/view/sd;streamdocsId=72059218908011285)

PART 3
정의로운 전환과 노동조합의 과제

이문호

- 독일 괴팅겐대 사회학과 석사/박사
- 워크인조직혁신연구소 소장(현)
- 고대 노동대학원 겸임교수
- 민주노총/한국노총 자문위원
- '한국판 뉴딜' 국정 자문위원
- '지역상생일자리' 자문위원

"기후 정의와 분배 정의는 동전의 양면과 같다"

노조의 권력 자원 확대는 기업 차원에서도 일어나야 한다. 무엇보다 노조의 경영 참여가 핵심이다. 최근 경영전략으로 많이 논의되는 ESG와 RE100 등이 기회가 될 수 있다. 물론 경영의 지속가능성을 목적으로 하는 것이지만, 노동과 사회 및 환경의 지속가능성도 평가 기준으로 들어가 있으므로 '정의로운 전환'과 연계하여 노조가 활용할 명분과 공간이 있기 때문이다.

거꾸로 가는 기후정책

　자본주의적 산업화가 이제 막다른 골목에 다다른 듯하다. 그동안 크고 작은 위기가 수없이 겪쳤으나 그때마다 자본주의는 탁월한 위기관리 능력을 뽐내면서 위기를 재성장의 기회로 만들곤 했다. 더불어 '시장경제'의 유연성과 '계획경제'의 경직성이 대비되었고, 소련과 동구권의 몰락을 바라보면서 '역사의 종언'(Fukuyama, 1992)을 선언하기도 했다.

　인류의 미래는 자본주의의 손 안에서 설계될 것이라고 믿었다. 그러나 이제 이 믿음에 심각한 균열이 일어나고 있다. 위기 때마다 자본주의에 대한 회의적 전망이 등장하지 않은 건 아니지만, 그리고 매번 그 전망이 맞지 않은 것도 사실이지만, 이번엔 양상이 다른 것 같다. 경제나 사회 문제를 넘어 기후위기, 지구의 존폐 위기, 인류생존의 문제이기 때문이다. 이보다 더 큰 문제가 어딨겠는가? 어느 노조 활동가는 이렇게 말한다. '임단협이 먹고사는 문제라면 탄소중립은 죽고 사는 문제"(박인화, 2022)라고. 그만큼 과거와는 비교가 안 될 정도로 문제가 심각하고 본질적이라는 이야기다.

산업화 이후 지구의 생태학적 문제는 사실 지속적으로 제기되어 왔다. 그중에서도 2차 세계대전 이후 가장 먼저 국제적 반향을 일으킨 것은 1970년 초 로마클럽(Club of Rome)의 「성장의 한계」라는 보고서였다(Meadows 외, 1972). 이 보고서의 저자들은 산업화로 인한 자원의 고갈, 환경오염 등으로 성장이 한계에 도달했다고 경고했다.

1980년대 들어 환경 문제는 정치화된다. 환경운동은 '신사회운동'의 핵심 부분으로 포진되고, 서구의 많은 나라에서 '녹색정당'이 창당된다. 독일의 사회학자 벡(Beck, 1986)은 '계급사회'로 지칭됐던 산업사회는 계급을 넘어 전 사회구성원을 위협하는 환경 파괴적 '위험사회'를 초래했다고 비판하면서 이를 치유할 '성찰적 현대화'를 주창했다. 그러나 1980년대 이후의 특징은 무엇보다 기후운동이 환경운동의 전면에 나서면서 문제의식이 더욱 급진화된다는 데 있다. 기후운동은 자원고갈이나 환경오염을 넘어 지구의 생태계와 인류의 지속가능성에 대해 묻는다. 다시 말해, 지구의 생태학적 위기를 핵심의제로 삼으면서 인류의 생존을 위해 조속한 '탈탄소화' 이외의 다른 어떤 대안이나 타협을 거부한다.

이렇게 보면, 지금 우리가 겪고 있는 환경과 기후 문제는 이미 반세기가 넘게 논의돼온 셈이다. 그리고 사회적·경제적·정치적으로 포괄적인 혁신이 필요하다는 데 국제사회의 동의도 있었다. 그런데 문제가 해결되기는커녕 더 심화되었다. 전 세계적으로 온실가스 배출량은 크게 줄어들지 않았고 국가적으로는 오히려 더 늘어나는 곳도 있다. 폭우와 가뭄, 한파 등의 이상기후와 이로 인한 전염병, 해양의 산성화와 해수면의 상승, 생물 다양성의 감소 등 기후변화로 인한 문제는 점점 더 심각해지고 있다.

2015년 국제사회는 유엔의 '어젠다 2030'과 17개의 '지속가능한 발전목표(SDGs)'에 동의했다. 그러나 절반의 시기가 지난 2023년의 이행 보고서를 보면 미래는 암울하다. 보고서는, 이대로 간다면 2030년까지 17개 목표 중 어느 것도 달성하기 어려울 것으로 진단했다(UN, 2023). 특단의 조치가 필요하다는 얘기다.

우리는 어떤가? 국제사회는 최소한 특단의 조치에 대해 고민이라도 하는데 우리는 그런 모습도 보이지 않는다. 오히려 탈탄소화에 역행하고 있다. 현재 한국의 1인당 온실가스 배출량은 세계 최고 수준이다. 전체 전력거래량 중 신재생에너지가 차지하는 비중은 10%에도 못 미친다. 그럼에도 현 정부는 2030년 재생에너지 목표를 30.2%에서 21.6%로 줄였다. 한국은 지금 이 시기에 재생에너지 목표를 줄인 유일한 나라다. 이에 따라 2024년 신재생에너지 예산도 대폭 깎였다. 신재생에너지 기업과 에너지전환 지역의 주민을 지원하기 위한 녹색혁신금융사업도 폐지되었다. 그 대신 위험의 잠재력이 가장 큰 원자력 비중을 크게 늘렸다.

국내 금융기관의 투자 동향도 에너지전환과 반대로 간다. 2016~21년 사이 국내 재생에너지와 석탄 투자 누적 금액은 각 30조 2,000억 원과 31조 1,000억 원으로 석탄이 더 많았다. 같은 기간 국제 자본의 누적 투자 동향은 재생에너지 투자 규모가 석탄보다 2.6배 더 많았다(『매일노동뉴스』, 2023.06.22.). 우리는 분명히 거꾸로 가고 있다.

어떻게 해야 할까? 이 질문에 노동조합은 과연 어떤 답을 갖고 있을까? 이 글은 기후위기 시대에 노동조합의 문제와 과제를 논의해보는 것이 목적이다. 이를 위해 먼저 최근 노동조합의 대응전략으로 많이 회자되는 '정의로운 전환'이 무엇인지 살펴보고(2절), 노조의 정책적 과제에 대해 논의한 후(3절), 요약과 전망으로 맺는다(4절).

노조의 딜레마와 정의로운 전환

1) 노조의 딜레마

기후위기에 대응하기 위해서는 에너지와 산업의 전환이 일어나야 한다. 그리고 그에 따른 사회, 경제 및 정치적 주체들의 역할과 책임이 요구된다. 그런데 여기서 한 가지 흥미로운 일이 목격된다. 정부나 기업 또는 소비자에 대해서는 많은 요구가 있으나, 노동조합에 대해서는 그렇지 않다는 것이다.

지금의 전환은 시장이 아니라 정부의 정책적 결정에 따라 이루어지는 것이기 때문에 국가에 대한 요구가 많은 것은 당연하다. 특히 전환비용에 대한 지원이 주요 요구사항으로 떠오른다. 기업에도 분명한 역할과 책임을 요구한다. ESG경영, RE100 등 새로운 경영전략에 대한 논의가 활성화되고 있는 것이 이를 말해준다. 소비자들의 역할도 얘기된다. '착한 소비', 일회용품 또는 플라스틱 용품 사용 자제,

식생활 개선 등 소비방식의 변화를 촉구한다. 그런데 노동자에게는 어떤 역할과 책임이 주어지는가? 잘 보이지 않는다.

이는 전환시대에 노동이 사회적 주체자로서의 위치를 상실할 위기에 놓였다는 것을 말해준다. 지난 산업사회에서 노동자는 확고한 사회계급의 한 축으로 자리 잡았고, 노조는 이들의 이해를 대변하는 사회적 주체자로서 임금과 노동조건, 노동인권 개선 등 분명한 미션을 수행했다. 그런데 지금 산업전환 시기에 어떤 역할을 해야 할지 불투명하다. 인류의 생존을 위한 산업전환은 피할 수 없는데, 여기에 노조의 역할과 책임이 주어지지 않는다면 사회적 변혁의 주체로서의 위상은 무너지게 된다. 노동의 위기다.

이러한 위기에는 물론 노동배제적인 정부의 노동정책도 한몫을 한다. 하지만 근본적으로 노조 자신을 성찰해야 할 부분이 있다. 사실 노조는 그동안 기후대응과 산업전환에 적극적인 태도를 보이지 않았다. 이 때문에 시민사회로부터 비판도 많았다. 즉 노조의 위기는 노조 스스로 불러온 측면이 있다. 이를 성찰하고 새로운 미션을 찾아야 한다. 노조는 그동안 왜 기후대응과 산업전환에 소극적이었을까? 몇 가지 이유가 있다.

첫째, 일자리 때문이다. 기후위기에 대응하기 위해서는 석탄발전, 내연기관차 등 일정 산업은 폐기되어야 한다. 이 산업의 일자리는 없어진다. 또한 철강, 화학 등 에너지 집약적인 산업은 생산방식을 전면적으로 바꾸어야 한다. 관련 일자리는 어떻게 될지 불확실하다. 이러한 상황에서 노조가 산업전환을 옹호하면 관련 노동자의 이해와 충돌할 수 있다. 더구나 이들 산업은 전통적으로 노조조직률이 높고 고용 안정과 임금 수준도 다른 업종에 비해 높은 편이다.

둘째, 노조의 입지가 약화될 수 있다. 노조는 전통적으로 임금노동자 즉, '생산영역'의 일자리를 늘리고 조직하는 데 주된 관심을 두었다. 가사나 돌봄노동 등 비공식 혹은 무급노동인 '재생산영역'은 노조의 관심에서 벗어나 있었다. 그런데 기후위기에 대응하는 생태학적 관점은 온실가스를 내뿜는 생산영역(유급노동)의 중요성을 상대화하고 재생산영역의 사회적 가치를 강조한다. 이는 노조의 전통적인 입지를 근본적으로 흔들 수 있다.

셋째, 기후 담론에서 노동자가 느끼는 '기후독재'의 문제다. 기후운동가들은 모든 정책의 우선순위를 탈탄소화에 둔다. 기후문제를 일으키는 산업과 일자리는 조속히 폐기되어야 한다. 다른 타협이 있을 수 없다. 이 속에서 노동자들은 자신들이 마치 지구를 해치는 범죄자와 같은 취급을 받는다고 느낀다. 기후 담론은 자신들을 경제성장의 주역이라 생각했던 노동자들의 자부심과 자존감을 크게 훼손한다.

넷째, 경쟁력 약화 또는 생산 이전의 문제가 있다. 이는 서구 선진 산업국가에서 나타나는 문제다. 에너지전환과 산업전환은 엄청난 비용이 든다. 산업전환이 요구되는 부문은 제조업이 많고, 여기에 속한 기업은 대부분 국제시장에 편입돼 있다. 이들은 비용이 많이 드는 산업전환으로 국제 경쟁력이 약화되거나 환경규제가 적은 나라로 생산이 이전될 것을 우려한다. 이렇게 되면 많은 일자리가 사라진다.

다섯째, '탈성장'에 대한 우려 때문이다. 기후운동에서는 온실가스를 줄이기 위해 기존의 성장론을 강하게 비판한다. 이는 노동자의 입장에서 받아들이기 어려운 측면이 있다. 성장이 안 되면 임금이 오르기 어렵고 내핍과 절약이 요구될 수밖에 없는데, 과연 더 많은 번영을 누리고 싶은 인간의 욕구를 억제할 수 있을까?

이와 같은 딜레마적 상황들이 그동안 노조가 기후대응과 산업전환에 적극적이지 않았던 이유다. 특히 산업전환에 많은 영향을 받는 발전산업이나 자동차산업, 철강산업 및 화학산업 관련 노조들은 산업전환을 그리 반기지 않았다. 임금과 일자리 보호가 우선인 노조의 전통적 미션에 충실한 행동이었다.

2) 정의로운 전환

기후위기로 딜레마에 빠진 노조에 새로운 담론을 제공한 것이 '정의로운 전환'이다. 노조의 정책을 환경과 노동 사이의 어느 한쪽에 서지 않고 둘 다 살린다는 메시지로, 이른바 '제3의 길'을 택한 것이다.

정의로운 전환은 1990년대 초 미국의 노동운동가인 마조치(Mazzocchi)가 노동과 환경의 상충적 관계를 풀기 위해 사용한 전략적 개념이다. 기후위기를 극복하기 위한 강력한 대책을 세우되 그 과정은 당사자들이 참여하여 민주적으로 이뤄져야 하고, 그 결과는 노동자와 취약계층에 불리하게 작용해서는 안 된다는 노조의 정책적 지향점을 담고 있다. 다시 말해, 산업구조의 변화로 발생할 수 있는 노동자의 불이익을 보상하고, 새로운 발전 기회를 창출하는 것을 전환의 목표로 삼는다.

이후 이 개념은 국제노동조합총연맹(International Trade Union Confederation)을 비롯한 국제사회의 기후위기 대응 원칙으로 공유

되었고, 유엔기후협약, 파리기후협약 등 각종 환경과 노동 또는 경제 관련 국제협약에서 미래의 지향점으로 채택됐다. 2015년 국제노동기구(ILO)는 정의로운 전환의 가이드라인을 제시하면서 정의로운 전환을 다음과 같이 정의했다.

"정의로운 전환이란 관련된 모든 사람에게 가능한 한 공정하고 포용적인 방식으로 경제를 녹색화하고, 괜찮은 일자리의 기회를 창출하며 누구도 소외되지 않도록 하는 것을 의미한다."(ILO)[32]

이러한 세계적 동향에 맞춰 우리나라도 2021년 '탄소중립기본법'을 제정하고 정의로운 전환의 기본방향을 받아들인다. 여기서 정의된 정의로운 전환은 다음과 같다. 국제사회에서 통용되는 개념과 별반 다르지 않다.

"정의로운 전환이란 탄소중립 사회로 이행하는 과정에서 직·간접적 피해를 입을 수 있는 지역이나 산업의 노동자, 농민, 중소상공인 등을 보호하여 이행 과정에서 발생하는 부담을 사회적으로 분담하고 취약계층의 피해를 최소화하는 정책 방향을 말한다."(탄소중립기본법 제2조:13)

문제는 정의로운 전환에 대한 화려한 미사여구 개념만 있고 이를 실현할 정책적 수단과 전략은 보이지 않는다는 것이다. 앞서 언급한

---

[32] https://www.ilo.org/global/topics/green-jobs/WCMS_824102/lang--en/index.htm

바와 같이 기후정책은 오히려 후퇴하고, 산업전환은 지체되고 있다. 그런 가운데 기후재앙은 더욱 빈번해지고 규모는 점점 더 커지고 있다. UN 산하 '기후변화에 관한 정부 간 협의체'(IPCC)가 2023년 펴낸 제6차 보고서는 지구는 이미 고위험군 수준에 도달했고, 앞으로 10년이 다음 세대의 미래를 결정하는 골든타임이 될 것이라고 경고하면서 국제사회의 강력한 조치를 촉구했다(IPCC, 2023). 그렇다면 노조는 무엇을 해야 할까?

노조는 정의로운 전환을 위한 구체적인 정책적 방향을 세우고 사회적 대화와 투쟁을 병행해 나가야 한다. 이를 위해서는 먼저 정의로운 전환의 통합적인 상을 그릴 필요가 있다. 그렇지 않으면 개별적인 정책들이 서로 부딪치고 갈등을 일으키며 역효과를 가져오기 쉽다. 특히 환경과 노동의 문제는 상호 모순적인 측면이 많아 이를 조정하는 통합적 모델이 더욱 필요하다. 성장에 치중하면 지구가 망가지고, 기후정의에 치중하면 성장이 중단되고 일자리 문제가 생기기 쉽다. 이러한 모순적 요소들을 조정하고 균형을 잡는 것이 정의로운 전환이다. 즉, 어느 한쪽의 일방적인 희생 없이 모두가 지속가능한 발전의 토대를 마련하는 것이다.

지금까지 국내외 논의를 종합해보면 정의로운 전환은 미래 세대의 기회를 제한하지 않는 '지속가능한' 발전의 토대를 만드는 것이다. 여기에는 네 개의 요소가 통합되어 상호작용한다. 자연과 노동, 사회 및 경제의 지속가능성이 그것이다. 이들은 서로 배타적이거나 독립적으로 행동하지 않고 상호 의존적이고 유대적인 관계가 형성되어야 한다. 지금까지는 경제가 이윤추구를 우선적 목표로 두고 다른 요소들로부터 떨어져 독립적인 행동을 함으로써 자연 파괴, 노동 착취, 사회적 양극화 등 다른 요소들의 지속가능성을 해쳤다. 정의로운 전환은 이 네 개의 요소를 하나의 시스템으로 묶어 각 요소가 개별적 또는 모순적 관계로 가지 않고 모두 같이 지속가능성을 지향하도록 만드는 데 목표를 둔다. 이들은 다음과 같이 상호 연결되어 작용한다.

첫째, 자연의 지속가능성은 온실가스를 줄이고 환경파괴를 막기 위한 에너지전환, 제품 및 생산방식의 변화, 산업전환, 순환경제 등을 통해 실현된다.

둘째, 노동의 지속가능성은 노동이 갖는 자연 및 인간 파괴적 요소를 제거하고 노동의 인간화와 '그린노동'을 만드는 것이다. 그동안 노조는 임금, 고용 및 노동조건 등에서 인간 착취적 요소 제거에 집중했지만 이제 노동의 자연 파괴적 요소를 성찰하고 '그린노동'을 설계해 나가야 한다.

셋째, 사회의 지속가능성은 에너지 및 산업전환이 실업 또는 사회적 불평등을 심화하거나 지역공동체를 파괴하지 않도록 하는 것이다. 구조변화에 대응하는 교육·훈련과 불평등 해소 및 사회적 안전망 확대 등이 필요하다.

넷째, 경제의 지속가능성은 미래의 먹거리를 지금과 다른 방식으로 찾는 것이다. 화석연료를 기반으로 한 기존의 양적 성장모델을 근본적으로 성찰하고, 자연과 인간 친화적인 새로운 성장방식을 찾지 않으면 안 된다.

그렇다면 이와 같은 지속가능성은 어떻게 실현할 수 있을까? 노조는 어떤 정책적 과제를 안고 있을까? 다음은 이에 대해 논의한다.

정의로운 전환으로 가는 길: 노조의 정책적 과제

1) 성찰적 성장론

정의로운 전환을 위해 가장 먼저 해야 할 일은 성장에 대한 새로운 접근방식을 찾는 것이다. '성장'은 환경과 노동의 관계에서 가장 큰 갈등 요소이기도 하다. 그동안 많은 논쟁과 계몽을 통해 화석연료를 기반으로 하는 지금까지의 성장방식에서 벗어나야 한다는 점에는 동의가 이루어진 것으로 보인다. 그러면 이제 '성장=탄소배출'이라는 등식에서 벗어나는 새로운 발전모델을 찾아야 한다. 그동안 많은 논쟁이 있었지만 그 논쟁의 스펙트럼은 다음과 같은 두 개의 패러다임 사이에 놓여 있다. 하나는 '그린성장론'이고 다른 하나는 '탈성장론'이다.

현재 다수가 좇는 지배적인 패러다임은 그린성장론이다. 성장을 포기하지 않음으로써 자본과 노동이 모두 동의할 수 있는 패러다임이라 할 수 있다.

자본주의는 위기 때마다 새로운 성장 동력을 찾아 발전해왔다. 성장 없는 자본주의는 상상하기 어렵다. 자본은 현재의 기후위기를 그린성장의 기회로 삼고 새로운 투자와 시장전략을 짠다. 신재생에너지, E-모빌리티, 에너지 효율적 생산방식, 친환경적 건물 개조 및 스마트시티 등이 새로운 사업모델로 등장한다. 노조가 이를 반대할 이유는 없다. 이와 같은 투자전략은 생태학적 솔루션을 제공할 뿐만 아니라 거대한 성장 프로그램으로 많은 새로운 일자리를 창출하기 때문이다. 온실가스도 줄이고 일자리도 만드는, 두 마리 토끼를 다 잡는 패러다임이다. 환경과 노동이 타협할 수 있는 논리를 제공해준다. 그린성장론 주위로 다수의 공감대가 형성되는 것은 우연이 아니다.

그러나 '탈성장론'은 이에 반기를 든다. 성장을 멈추지 않으면 기후위기는 막을 수 없다는 것이다. 비판의 핵심은 그린성장론의 논리가 과연 현실적 근거가 있느냐는 것이다. 사실 그린성장을 위한 에너지전환과 산업전환은 오래전부터 얘기되어왔다. 기업의 사회적 책임(CSR) 또는 ESG경영, RE100 등 자본의 투자 방향 역시 친환경 쪽으로 변화했다는 주장도 많다. 그런데 결과는 회의적이다. 온실가스 배출은 줄어들지 않고 기후위기는 점점 더 심각해지고 있지 않은가. 탈성장론자들은 이를 단기적 이윤추구를 목표로 하는 금융자본주의의 결과로 본다. 재생에너지가 아무리 지속가능성에 필수적이라 해도 자본은 수익이 나지 않으면 값싼 화석연료를 사용한다. 따라서 자본주의하에서 그린성장은 허구라는 것이다.

또한 그린성장의 뒤에서는 새로운 사회적·생태학적 문제가 발생한다. 예컨대 전기차는 그린성장의 대표적인 사업모델로 꼽히지만 배터리를 만들기 위한 흑연과 희토류, 리튬과 코발트 등의 생산과 가공과정에서 일어나는 자원파괴, 환경오염, (아동)노동력 착취는 내연기관차에 비해 크면 컸지 결코 작지 않다. 그린성장론자에 속하는 리프킨(Rifkin, 2012)은 디지털 기술을 활용하여 중앙집중식 화석연료 공급체제를 분산형 재생에너지 체제로 바꿀 수 있다고 주장하면서, 이렇게 되면 에너지전환은 물론 막강한 힘을 발휘하던 대기업체제는 종말을 고하고 경제적 권력관계도 변할 것이라는 장밋빛 전망을 내놓기도 했다.

그러나 대기업은 더 커지고 있다. 예컨대 테슬라와 BYD 등 전기차의 선두주자들이 소프트웨어, 배터리 등 주요 기술과 생산의 수직적 통합을 통해 경쟁우위를 점하자 다른 모든 완성차 업체들도 이 모델을 따르고 있다. 완성차와 중소부품사의 양극화는 더 심화된다. 재생에너지 분야의 중소기업은 대기업 중심의 전통적인 에너지 산업보다 임금이 훨씬 낮다. 노조조직률도 낮아 노동조건이 나쁘고 불안정 노동이 확대될 개연성이 높다.

탈성장론의 그린성장에 대한 비판은 분명히 설득력이 있다. 지금까지 보여준 그린성장은 정의로운 전환과 거리가 멀다. 자연과 노동 및 사회의 지속가능성을 보증하지 못한다. 그렇다면 성장을 멈추는 것이 답일까?

탈성장론도 문제는 있다. 자연의 지속가능성은 지킬 수 있을지 몰라도 노동과 사회의 지속가능성에는 역시 의문이 생긴다. 성장이 안 되면 고용 불안은 더 심해지지 않을까? 노동시간 단축으로 일자리를 나눈다 해도 성장이 안 되면 임금 보전은 어려울 것 아닌가? 임금이 낮아지면 노동자들이 받아들일까? 노동자 임금이 낮아지면 사회적 불평등은 더 심화되지 않을까? 부가가치의 증가가 없으면 노동자의 물질적 부가 향상되기 어려워 자본과 노동의 분배 갈등은 더욱 심각해질 수 있다. 분배가 부가가치 증가에 기반을 두지 않으면 기존의 자산을 재분배해야 하기 때문이다.

이렇게 볼 때 탈성장론도 정의로운 전환의 대안이 되기는 어렵다. 그린성장론도 탈성장론도 아니라면 어떤 대안이 있을까? 성장에 대한 다른 접근방식이 필요하다. 성장이냐 아니냐를 묻는 것이 아니라 어떤 성장이냐가 중요하다. 즉, '성찰적 성장론'이 필요하다. 지금까지의 성장이 가져온 사회생태학적 문제들을 성찰하면서 단순히 탈성장론에 빠지지 말고 새로운 성장 담론을 형성하는 것이 필요하다는 얘기다. 여기에는 다음과 같은 세 개의 요소가 중점적으로 논의되어야 할 것으로 보인다.

첫째, 성장의 속도 조절이다. 지금의 경제는 최대한 빠르고 높은 성장을 목표로 한다. 이렇게 되면 정의로운 전환을 이루는 네 요소가 지속가능성의 균형을 맞출 시간적 여유가 없다. 단기적 이윤추구가 목표인 금융자본주의에 대한 근본적인 성찰이 필요한 이유다. 자연, 노동, 사회 및 경제가 서로 미치는 긍정적, 부정적 영향을 충분히 검토하면서 투자와 성장이 이루어져야 한다. 단기적 목표가 아닌 중장기적 전략적 목표를 갖는 투자가 필요하다는 것이다.

둘째, 성장의 방향이다. 양적 성장에 집중한 지금까지의 발전모델은 자원과 환경, 노동의 문제를 등한시해왔다. 이제 질적 성장으로 방향을 돌려야 할 때다. 질적 성장은 '국내총생산'(GDP)으로 측정되는 것이 아니라 '행복'에 우선순위를 두는 이른바 '사회적 성장'을 말한다. GDP는 성장의 부정적 결과들 즉, 자원고갈과 기후 및 환경 파괴, 노동력의 정신적, 신체적 마모 등은 계산하지 않는다. 이에 반해 질적 성장은 신뢰와 협력, 참여 등 사회적 자본과 웰빙, 교육, 건강 등 노동과 환경 및 사회의 지속가능성의 기회를 확대하는 데 초점을 맞춘다.

셋째, 민주적 성장이다. 정의로운 전환을 위해서는 성장을 촉진해야 하는 부문과 막아야 하는 부문이 있다. 이를 결정하기 위해서는 관련 당사자 모두가 참여하는 사회적 대화의 과정을 거치는 것이 필요하다. 그래야 사회 전체적 맥락에서 전환의 필요성을 이해하고 집단이기주의적 관점이 약화된다. 전환의 과정을 그냥 놔두면 시장의 '보이지 않는 손'이 익명으로 권력을 행사하게 돼 지속가능성의 균형은 무너지게 된다. 사회적 대화를 통해 참여자들의 의견이 공개되면 누가 또는 어떤 집단이 지속가능성에 반하는 행동을 하는지 밝혀지게 되고, 이는 커다란 사회적 압력으로 작용하게 된다.

2) 재산업화

정의로운 전환은 '탈산업화'가 아닌 '재산업화'의 길을 택한다. 그렇지 않으면 심각한 일자리 문제가 생길 수 있다. 얼마 전 새로 선출된 독일 금속노조 위원장도 취임사에서 "우리는 탈산업화를 막아야 한다. 우리는 산업을 청산하는 것이 아니라 혁신시켜야 한다."라고 강조했다.[33] 독일이나 한국처럼 제조업 중심의 수출 경제구조를 가진 나라는 기후위기 대응이 더욱 어렵다. 제조업이 온실가스 배출량도 많고 산업전환의 폭도 커 고용에 미치는 영향이 크고 비용도 많이 들어 국제 경쟁력을 잃기 쉽기 때문이다.

환경과 고용과 경쟁력을 지키는 재산업화는 어떻게 가능할까? 여기서 우리는 산업별 전환의 특성에 따른 정책적 대안을 고민할 필요가 있다.

기후위기에 대응하기 위한 산업전환은 크게 세 가지 형태로 분류해 볼 수 있다. 석탄화력발전, 내연기관차 등 사라져야 하는 '퇴장산업'이 있는가 하면, 사라지지는 않지만 생산방식을 바꿔야 하는 '변신산업'이 있을 수 있다. 탄소배출이 많은 철강, 화학, 시멘트 등 주로 소재산업이 여기에 속한다. 또한 기후위기 대응으로 새롭게 발전하는 '성장산업'이 있다. 신재생에너지, 건물 및 공정의 에너지 효율화 기술 및 친환경 모빌리티 등이 이에 속한다.

먼저 퇴장산업은 '출구전략'을 찾아야 한다. 여기서 핵심은 노동정책과 산업정책의 결합이다. 퇴장산업 노동자들의 직무 또는 직업 전환을 위한 교육·훈련과 그 기간 동안의 생활을 지원하는 사회적 안전망은 필수다. 이러한 노동정책이 잘 작동하려면 관련 지역의 산업정책과 유기적으로 연계되어야 한다. 지금도 직무전환·전직훈련, 재취업 서비스 등 노동부의 여러 노동전환 사업들이 많지만 별다른 효과가 없다는 비판이 많다. 이는 산업정책과의 연계가 부족한 탓이다.

---

33) https://www.igmetall.de/download/20231025_2023_10_24_Zukunftsreferat_GWT_2023_Christiane_Benner_bf8e5729ed7ea4a5c3fc8451abab7b2c49a84a4a.pdf

산업적 구조변화를 통해 새로운 양질의 일자리를 창출하는 재산업화 전략이 없으면 노동정책적 전환 프로그램은 공허해진다. 갈 데가 없으니 교육·훈련은 아무 소용이 없다. 노동자들은 일자리를 잃거나 좋은 일자리를 내주고 저숙련, 저임금 일자리로 옮겨갈 위험성이 높다.

유럽에서는 퇴장산업의 노동자들이 탈탄소화와 산업전환을 거부하면서 정치적으로 극우화되는 경향을 보이기도 한다. 성장산업은 기후 보호를 위한 산업으로 신재생에너지, 전기차 및 공유서비스와 같은 환경친화적 모빌리티, 건물과 생산과정에서의 에너지 사용을 효율화하는 기술 등이 속한다. 여기서 생기는 일자리가 퇴장산업에서 없어지는 일자리를 상쇄함으로써 총고용은 줄어들지 않을 수 있다. 기후와 일자리 보호를 위해 반드시 필요한 산업이다. 이를 위해서는 성장산업의 기술과 노동시장의 수요를 정확히 파악하고 이에 맞는 인력양성 프로그램을 개발해야 한다. 지금 여러 산업에서 나타나는 것과 같은 일자리 미스매치가 일어나면 기후 보호도 일자리 창출도 다 물 건너간다. 성장산업을 퇴장산업의 지역에 유치할 수 있는지도 적극 검토할 필요가 있다.

또한 성장산업이 발전하려면 좋은 일자리를 제공해야 한다. 그래야 인재들이 모이고 역량을 발휘한다. 그런데 지금 성장산업에서 새로 생기는 일자리는 대부분 노조와 거리가 멀어 불리한 조건에 놓이기 쉽다. 단체협약을 통해 좋은 일자리가 되도록 노조는 성장산업의 조직화에 각별히 신경 써야 한다.

변신산업은 사라지는 산업도 아니고 새로 성장하는 산업도 아닌, 기존의 생산방식을 탈바꿈해야 하는 산업이다. 즉, 탄소배출량이 많은 공장을 친환경적 녹색공장으로 변신시키는 산업을 말한다. 특히 철강, 화학, 시멘트 등 소재산업이 여기에 속하는데, 이 산업은 변신하면 살아남고 그렇지 않으면 퇴출된다. 이들 세 산업의 국내 고용을 합하면 21만 명이 넘어 퇴장산업의 고용보다 훨씬 많다. 석탄화력발전과 내연기관차 부품사를 합치면 13만 5,000여 명으로 추산된다(황선자 외, 2022).

즉 소재산업의 변신이 일어나지 않으면 더 큰 고용위기가 닥칠 것임을 말해준다.

어떻게 해야 하나? 가장 큰 문제는 생산설비를 바꾸는 데 드는 비용이 막대하다는 것이다. 소재산업은 대부분 장치산업으로, 생산설비를 한번 들여오면 수십 년간 사용한다. 대기업의 경우 설비 교체 비용이 수천억에서 수조 원에 이른다. 게다가 기술적 솔루션도 불분명하다. 따라서 국내외 기술 동향에 대한 정확한 정보를 제공하고 변신비용의 지원방안을 논의하는 업종협의체를 구성해야 한다.

여기서 이를테면 재생에너지 활용과 그린원자재 구입 시 인센티브 제공(업스트림), 생산공정 개선과 설비교체에 드는 비용 지원(미드스트림), 그린제품의 사용을 의구화하는 쿼터제를 도입하여 초기 판매 시장을 형성해주는(다운스트림) 등 체계적인 지원책을 논의할 필요가 있다.[34] ([표1] 참조)

---

[34] 그린 제품은 비싸 수요가 적기 때문에 국가가 개입할 필요가 있다. 독일의 철강과 시멘트 업계에서는 그린 제품의 생산을 확대하기 위해 자동차 회사나 공공건물에 그린 철강과 그린 시멘트를 의무화하는 정책적 조치를 요구한다.

[표1] 정의로운 전환의 재산업화 전략

전환유형	산업		대응전략	정책과제
퇴장산업	석탄화력발전		출구전략	- 업종협의체를 구성하여 기업과 지역의 산업전환 실태 및 역량 파악 - 이를 통해 기업의 사업모델과 지역의 경제구조를 변화시키는 산업정책 개발 - 사회적 안전망과 교육·훈련을 통한 직업이동 등 노동시장 정책과 연계
	내연기관차			
변신산업	소재산업	철강	변신전략	- 업종협의체를 구성하여 생산방식의 변신 로드맵 및 정책적 지원방안 마련 - 국내외 기술 솔루션에 대한 정확한 정보 제공 - 친환경 원자재 구입 시 인센티브 제공 및 그린제품의 시장 형성 방안 마련
		화학		
		시멘트		
성장산업	신재생에너지		성장전략	- 산업별 성장능력 및 고용의 양과 질에 대한 실태 파악 - 기술 개발과 전문인력 양성을 위한 교육·훈련체제 구축 - 노조의 전략적 조직화 사업 전개
	에너지 효율화			
	환경친화적 모빌리티			

*자료 출처: 필자 작성

3) 큰 정부

기후위기 대응을 시장에 맡겨둘 수는 없다. 로마클럽이 환경과 성장의 문제를 본격적으로 제기한 지 반세기가 지났지만 문제는 더 악화됐다. 특히 1980년대 이후 신자유주의적 세계화는 불안정 노동의 증가, 사회적 양극화, 환경파괴 등 노동과 사회 및 자연의 지속가능성에 치명적인 결과를 가져왔다. 2015년 파리협약 이후 국제사회는 국가 주도의 온실가스 감축 목표와 이행 조치를 강화하면서 시장의 실패를 만회하려고 노력하고 있다.

국가가 할 일은 많다. 무엇보다 에너지 및 산업전환에 들어가는 막대한 비용의 공정한 분담과 사회적 불평등 해소를 위한 '큰 정부'가 필요한 시점이다.

탄소국경세 등 국제사회의 탈탄소화 정책은 강화되고 ESG, RE100 등을 통해 글로벌 기업들도 이에 동참한다. 지속가능성이 이제 누구도 부인할 수 없는 국제규범으로 자리 잡으면서 에너지전환은 국제 경쟁력의 핵심 요소가 되었다. 얼마 전까지만 해도 환경규제가 적은 나라로 공장을 이전하는 '탄소누출'(Carbon-Leakage)을 걱정했다면, 이제는 반대로 녹색 인프라를 갖춘 나라로 공장을 이전하는 '녹색누출'(Green-Leakage)을 걱정해야 한다. 실제로 미래차 선도 업체인 테슬라와 세계적인 반도체 파운드리 업체인 TSMC는 유럽의 생산기지로 인건비가 싼 동유럽을 놔두고 독일을 선택했다. 이들은 재생에너지의 사용 가능성을 투자의 가장 큰 이유 중의 하나로 들고 있다.[35]

2023년 독일의 전력 생산에서 재생에너지가 차지하는 비중은 50%를 넘어섰고 2030년까지 80%로 올라갈 전망이다.

한국의 재생에너지 발전량은 절대적으로 부족하다. 삼성전자, 현대제철 등 전력 다소비 5대 기업의 사용량에도 못 미친다. 삼성전자의 경우 미국과 유럽의 사업장에서는 사용 전력의 100%를 재생에너지로 충당하지만 국내에서는 3%도 되지 않는다(『매일경제』, 2022.05.31.). 이러한 상황에서 기업들은 국내 생산을 고집하기 어렵다. 온실가스 사용량이 많은 제품은 수출이 힘들어지기 때문이다. 여기서 비용이 많이 드는 신재생에너지 대신 원전을 확대하려는 경향

---

[35] https://v.daum.net/v/20230808174208491

이 생기는데, 이는 대안이 아니다. 자칫 '한 방에 훅' 갈 수 있는 엄청난 위험부담을 미래 세대에 전가하는 무책임한 행동이다. 정의로운 전환을 위한 대안은 신재생에너지의 공급을 늘리는 것 하나뿐이며, 이는 국가의 책임이다.

문제는 에너지전환과 재산업화 지원에 막대한 비용이 들어간다는 것이다. 이렇게 볼 때 현 정부의 감세와 긴축정책은 시대정신을 거스른다. 더 많이 거둬 더 많이 지출하는 '큰 정부'가 필요한 시기다. 여기서 필요한 것이 공정한 분담이며 사회 불평등의 해소다.

기후위기 관점에서 보면 개발도상국과 사회적 취약계층은 억울하다. 책임은 다른 데 있는데 피해는 더 많이 돌아오기 때문이다. 세계 성인 인구의 가장 부유한 10%가 온실가스 배출량의 49%를 유발하는 반면, 하위 절반은 3%만 배출한다. 세계 인구의 상위 1%에 속하는 부유한 사람의 '생태발자국'(인간이 자연에 남긴 오염의 흔적)은 하위 10%에 속하는 사람의 생태발자국보다 175배나 더 크다.[36]

우리나라도 예외일 수 없다. 2019년 기준으로 상위 1%와 10%의 1인당 배출 온실가스의 양은 하위 50%의 1인당 배출량보다 각 27.3배, 8.2배나 많은 것으로 나타났다.[37]

그럼에도 그 피해는 사회적 약자들이 뒤집어쓴다. 이들의 열악한 주거환경은 폭염과 폭우, 한파 등에 치명적이다. 기후변화로 인한 물과 식량 부족 등으로 삶의 터전을 잃은 '기후난민'들은 대부분 사회적 약자들이다. 기후위기 극복에 드는 비용을 북반부의 산업국가, 대

---

[36] https://diefreiheitsliebe.de/politik/teil-1-soziale-und-oekologische-krise/
[37] https://wid.world/data/

기업 및 부유층 등이 더 많이 책임져야 한다는 것은 당연한 요구다.

이를 위해 필요한 것은 무엇보다 '사회생태학적' 세제개혁이다. 핀란드, 스웨덴, 덴마크 등 북유럽 국가들은 1990년대 이후 탄소세 또는 에너지세를 도입하여 지속적으로 온실가스를 줄이면서도 경제성장을 이룩했다(Global 2000, 2019). 탄소세란 화석연료의 사용량에 따라 부과되는 세금으로 화석연료의 소비를 줄이고 대체에너지 사용을 늘리는 효과가 있다.

조세 수입은 기후 보호를 위한 기술 개발에 투자하고, 에너지 효율을 높이기 위한 주택 수리, 보일러 교체 또는 대중교통 이용 보조 등 시민들의 기후위기 대응을 위한 지원금에 사용한다. 또한 부유세, 법인세, 상속세 등을 강화하고 에너지 대란 등으로 오히려 과도한 초과이윤을 얻는 에너지 기업들에 '횡재세'를 부과해야 기후정의를 위한 공정한 분담이 이루어진다.

사회적 불평등도 해소되어야 한다. 저소득층은 기후위기에 대응하기 어렵기 때문이다. 에너지 가격은 상승하고 친환경 제품은 비싸서 구매할 수가 없다. 주택도 낡아서 에너지 낭비가 많지만 이를 개선할 돈이 없다. 이렇게 되면 결국 값싼 화석연료를 사용하는 악순환이 일어난다. 저소득층의 임금 인상과 분배구조의 개혁은 기후위기 대응을 위해 필수다. 독일의 노조총연맹은 최저임금 인상을 기후정의 투쟁과 결부시켜 사회적 연대를 도모한다. 기후정의와 분배정의는 동전의 양면과 같다.

4) 사회생태학적 노동

사회생태학적 노동이란 사회적으로 수용할 수 있고 환경에도 해를 입히지 않는 즉, 인간도 살리고 자연도 살리는 지속가능한 노동을 말한다. 지금까지 노동은 물질적 성장에는 크게 기여했으나 그 과정에서 인간과 자연에 파괴적으로 작용한 측면이 있다. 이러한 노동의 모순적 행동을 변화시키려는 것이 사회생태학적 노동이다. 기존의 '양질의 일자리'와 생태학적 지속가능성의 관점을 결합한 개념이다.

사회생태학적 노동은 전통적으로 노조의 주요 관심사인 양질의 일자리 정책을 계승한다. '양질의 일자리 창출'이라는 정책적 구호는 역설적으로 나쁜 일자리가 많다는 것을 말해준다. 즉 저임금, 고용불안, 장시간 노동, 과도한 작업부하와 노동강도, 위험한 작업환경, 스트레스 등 인간 파괴적 성격을 가진 노동이다. 이 때문에 그동안 고용과 임금 및 노동조건 개선 등이 노조의 핵심적인 교섭 의제로 등장했던 것이며, 이는 노동의 지속가능성을 위한 것이었다. 안정된 고용과 임금, 좋은 노동조건은 노동력 재생산의 필수적 전제조건이다.

양질의 일자리 정책은 오늘날 산업전환 시기에 더욱 강화되어야 한다. 자동차, 에너지, 철강, 화학 등 그동안 좋은 일자리를 제공했던 산업은 사라지거나 변형되면서 고용이 줄어들고, 전기차 부품 및 소재, 신재생에너지, 플랫폼 산업 등 새로 생기는 산업의 일자리는 비정규직, 저임금, 열악한 노동조건 등 노동의 질적 저하를 가져오는 곳이 많다.

이렇듯 산업전환으로 발생하는 직무와 직업의 이동은 사회적 하향 이동으로 이어질 가능성이 크다. 자동화와 디지털화로 신체적 부하와 단순노동은 줄어들지만 높아지는 성과압력으로 인해 정신적 스트레스는 크게 증가해 '번아웃' 증상이 늘고 있다. 경쟁적 조직문화로 상하 동료 간 사회적 관계도 깨진다. 제품개발과 생산과정에서 화학물질의 사용은 점점 더 증가하고, 이로 인해 산재 위험성은 더욱 높아지고 있다. 또한 기후변화로 특별히 고충을 받는 직업들이 늘어난다. 배달·건설 노동자 등이 여기에 속한다. 이들에게는 폭염, 폭우 또는 한파 등 기후위험 시 작업중지권을 부여하고 휴무로 인한 임금손실 보전 방안을 마련해야 한다. 이 모든 것들이 전통적인 양질의 일자리 정책이 포기되어서는 안 된다는 것을 말해준다.

이러한 양질의 일자리 정책은 이제 생태학적 지속가능성 관점과 결부되어야 한다. 전통적인 양질의 일자리 정책은 기후위기 시기에 두 가지 면에서 한계가 드러난다. 하나는 지나치게 인간중심적이라는 것이며, 다른 하나는 유급 또는 취업노동에 초점이 맞춰졌다는 것이다.

기후위기 문제가 지금처럼 전면적으로 등장하지 않았을 때는 노동의 자연 파괴적 성격이 크게 부각되지 않았다. 그보다는 인간에게 일자리를 제공하고 그 속에서 노동만족도를 높이는 데 힘썼다. 그러나 이제 이러한 인간중심의 시각만으로는 충분치 않다. 인간에게는 좋은 일자리가 자원고갈, 환경오염, 기후위기 등 자연에게는 나쁜 결과를 가져올 수 있기 때문이다. 따라서 진정한 의미의 좋은 일자리가 되려면 인간뿐만 아니라 자연에도 해가 되지 않는 일자리가 되어야 한다. 우리가 만드는 제품이 과연 친환경적인지, 생산과정에서 온실가스는 얼마나 배출되는지 등 생태학적 지속가능성의 기준이 양질의 일자리 개념에 같이 포함되어야 한다.

이와 함께 그동안 생산영역의 유급노동에 초점이 맞춰졌던 양질의 일자리 개념은 인간의 전반적인 활동 즉, 재생산영역 또는 일상생활의 무급노동으로까지 확대되어야 한다. 자본주의 사회에서 노동은 자본의 이윤추구의 도구가 되었고 그 대가로 임금을 받았다. 이 과정에서 자연의 착취가 이루어졌다. 생산영역에서 온실가스를 배출하는 노동은 보상을 받고, 사회적으로 반드시 필요한 재생산영역에서의 가사, 돌봄, 양육 등은 무급노동이었다는 점은 자본주의적 산업화가 낳은 희한한 아이러니라 아니할 수 없다. 경제적 가치가 사회적 가치에 우선하면서 노동의 가치체계는 왜곡되었고, 유급노동은 남성이, 무급노동은 여성이 수행하는 성차별적 분업이 구조화되었다. 이제 생태학적 지속가능성의 관점에서 왜곡된 노동의 가치와 분배체계를 개선해야 한다.

무엇보다 노동시간 단축을 통해 생산과 재생산영역의 관계를 재구성하는 것이 필요하다. 노동시간 단축은 그동안 '일자리 나누기' 차원에서 많이 논의되었는데, 지속가능성과 관련하여 그 이상의 중요한 의미를 갖는다. 노동시간 단축은 온실가스를 줄이고, 양적 성장에서 질적 성장으로 가는 가장 유력한 수단이다. 생산영역의 노동은 줄어들고 재생산영역을 위한 시간이 늘어나기 때문이다. 이는 주어진 업무를 수행하는 노동과정의 타율성에서 벗어나 자신의 결정에 따라 일하는 자율적 시간이 증가하는 것을 뜻한다. 자원봉사도 할 수 있고 환경보호 또는 개인적 취미활동도 할 수 있다. 즉 사회와 자연 및 자신을 위해 쓸 수 있는 시간이 많아진다는 것이다.

그동안 직장 생활에 얽매였던 남성들은 가사, 돌봄, 양육 등 즈로 여성이 담당했던 재생산영역의 일을 분담할 시간적 여유가 생겨 성차별적 분업체계가 완화될 수 있으며, 이와 같은 변화를 통해 노동의 사회적 가치가 부상하고 경제적 가치가 상대화된다. 소비생활도 지속가능성을 위한 방향으로 변화를 가져올 수 있다.

시간이 없으면 자전거나 대중교통 대신 자가용 또는 비행기를 이용하며, 가전제품을 수리해서 쓰는 대신 새로운 제품을 구매하게 된다. 반면에 시간이 많으면 가구도 직접 만들고 정원도 가꾸면서 자급자족을 즐기고 편의용품이나 인스턴트식품을 멀리한다. 이렇게 노동시간 단축은 왜곡된 노동의 가치체계를 바로잡으면서 생태학적 지속가능성에 기여한다.

생산과 재생산영역의 노동을 재분배하기 위해서는 새로운 복지체제가 필요하다. 즉, 재생산영역에서의 무급노동을 어떻게 보상하느냐 하는 문제라 할 수 있다. 이 문제가 풀리지 않으면 임금노동이 중심이 되는 사회로 다시 돌아가게 된다. 먹고살기 위해서 취업과 임금에 의존할 수밖에 없기 때문이다. 지금의 복지체제는 임금노동을 통한 양적 성장에 기대고 있어 재생산영역의 발전을 어렵게 만든다. 임금노동과 분리되고 노동의 사회생태학적 가치를 보상할 수 있는 새로운 복지체제를 구상해야 할 이유다. 여기서 '기본소득'에 대한 논의가 많은 혁신적 아이디어를 제공해줄 것으로 보인다. 자동화와 디지털화 등의 기술혁신으로 생산성이 높아지면 그 가능성은 더욱 커질 것이다.

5) 더 많은 민주주의

지속가능성을 지향하는 질적 성장은 더 많은 민주주의가 필요하다. 이윤추구를 위해 무차별 투자했던 양적 성장의 시대와 달리 질적 성장은 지속가능성을 고려한 선택적 투자가 필요하기 때문이다. 무엇은 성장시키고, 무엇은 포기해야 하는지 결정하는 것은 많은 이해관계가 얽혀 있어 쉽지 않다. 이해관계의 충돌을 조정하고 공동의 해결책을 찾는 민주적 협상 과정이 없으면 사회적 갈등만 증폭되고 정의로운 전환은 어려워진다. 어떤 협상 과정을 거치느냐에 따라 결과는 달라질 것인데, 이는 권력의 문제로 이어진다.

기후위기의 문제가 풀리지 않는 것은 경제(자본)가 노동과 사회 등 다른 영역을 누르고 자신의 이해관계를 관철하는 힘이 막강하기 때문이다. 자본의 논리에 따라 투자는 수익성이 높은 곳으로 향하며, 환경과 노동 또는 사회적 지속가능성은 뒷전으로 밀린다. 자본은 지속가능성을 위한 투자라도 반드시 수익성을 전제로 한다. 지속가능성을 위한 선택적 투자가 아니라 수익성을 위한 선택적 투자가 일어난다. 이 때문에 지속가능성의 속도가 느리고 경기상황에 따라 퇴행하기도 한다. ESG경영이 '그린워싱'으로 변질하거나 종종 후퇴하는 경우가 생기는 이유가 바로 여기에 있다. 이러한 자본주의 사회의 권력 불균형에 따른 비민주적 결정 과정을 개선하지 않으면 정의로운 전환은 불가능하다.

이를 해결하기 위해서는 정당한 이해관계를 갖는 관련 집단이 소통을 통해 공동의 해결책을 모색하는 사회적 대화의 장이 마련되어야 한다. 사회적 대화의 장에서는 어느 한 집단의 관점이나 주장이 일방적으로 관철되지 않는다. 모든 참여자의 의견은 동등하게 존중되고, 전체적 관점에서 논의하여 모두가 수용 가능한 방향으로 결과를 도출하게 된다. 이 속에서 자본의 권력은 통제된다. 업종과 지역적으로 사회적 정책협의체가 필요한 이유다.

그러나 한국의 상황은 심각하다. 사회적 대화를 통한 민주적 해결 방식을 강화해야 할 시기에 오히려 반대로 가고 있다. '2050탄소중립녹색성장위원회'에 노동자와 시민사회 대표가 배제되었다. 사회계층의 대표성을 갖춰야 한다그 법으로 규정한 17개 광역지자체의 탄소중립녹색성장위원회에도 노동자 대표성을 둔 곳은 단 한 곳에 불과하다. 이렇게 되면 정의로운 전환은 기대하기 힘들다. 더 늦기 전에 노조는 이 문제를 공론화하고, 더 많은 참여와 소통을 위한 구체적인 방안과 전략을 고민하지 않으면 안 된다.

기업 또는 사업장 차원에서도 더 많은 민주주의가 필요하다. 우리 회사의 제품과 생산방식이 지속가능성에 비추어 합당한지 살펴보고 개선해나가야 한다. 이를 회사에 맡겨놓을 수는 없다. 회사는 지속가능성보다는 이윤과 비용의 관점에서 결정하기 때문이다. 노조의 참여와 개입이 필요한 이유다. 노조 또는 노사협의회의 협상 의제를 지속가능성의 문제로 넓혀 정의로운 전환을 주도해 나가야 한다. '노동이사제'의 확대 전략도 필요하다.

독일의 금속노조와 사업장평의회는 공동결정제를 강화하고 지속가능성을 위한 사업장 '미래협약'을 추진한다. 유럽노총(ETUC)은 노동의 참여는 기후위기 대응에 긍정적 결과를 가져온다고 평가한다.

노조와 노동자들은 자신의 산업과 사업장에 무슨 일이 일어나고 있는지 잘 알고 있어 누구보다 구체적이고 효과적인 솔루션을 제공해 주기 때문이라는 것이다(Hochscheidt, 2019). 이 모든 것들이 더 많은 민주주의와 더 많은 참여가 지속가능성의 기회를 더 크게 넓혀 준다는 사실을 말해준다.

요약 및 전망

　지금까지 우리는 '환경이냐 일자리냐', '기후냐 성장이냐'를 놓고 딜레마에 빠진 노조의 구출 전략이 정의로운 전환이며, 이는 노동과 자연, 사회와 경제의 지속가능성을 보증하는 일임을 밝혔다. 그리고 이를 위한 노조의 정책적 과제로 성찰적 성장론, 재산업화, 큰 정부, 사회생태학적 노동 및 더 많은 민주주의에 대해 논의하였다.

　정의로운 전환은 '새로운 산업혁명'이라 부를 만큼 매우 포괄적인 변화여서 그에 대응하는 노조의 과제 역시 거의 모든 정책적 영역을 포괄할 정도로 넓다. 이러한 정의로운 전환은 노조에 양날의 칼로 다가온다. 주어진 전환의 과제를 수행할 역량을 갖추면 전 사회적으로 노조 영향력을 확대할 수 있으나, 그렇지 못하면 기존의 사회경제적 구조를 지키려는 보수세력으로 전락하기 쉽다. 노동배제적인 정부 정책 때문만이 아니라 스스로 사회변혁적 주체세력으로서의 역사적 미션을 내려놓게 된다는 것이다.

목표	정책적 과제
• 자연의 지속가능성 • 노동의 지속가능성 • 사회의 지속가능성 • 경제의 지속가능성	• 성찰적 성장론 • 재산업화 • 큰 정부 • 사회생태학적 노동 • 더많은 민주주의

[그림1] 정의로운 전환의 목표와 노조의 정책적 과제
* 자료 출처: 필자 작성

기후위기는 자본주의의 지속가능성과 함께 노조의 지속가능성도 시험대에 올려놓았다. 노조는 과연 이를 헤쳐 나갈 수 있을까? 이는 노조가 어느 만큼 권력 자원을 확대해 나갈 수 있느냐에 달렸다.

이를 위해 무엇보다 사회적 연대가 중요하다. 먼저 정의로운 전환의 원칙에 동조하는 진보적 지식인그룹과의 동맹이 필요하다. 정의로운 전환을 위한 정책적 과제는 매우 포괄적이고 전문적인 작업이 필요한 것이어서 노조 혼자 하기 힘들다. 지식인그룹과의 공동작업을 통해 정의로운 전환의 비전과 구체적인 실천계획을 만들어 사회적 담론을 이끌어가야 한다.

미래의 비전과 실현 가능성이 보여야 사회적 지지를 받고 참여자가 늘어난다. 오늘날 반노동적 정부가 들어선 것은 그만큼 노조가 대안적 담론을 만들어내지 못했다는 것을 의미한다. 대안적 담론이 없으면 노동자와 시민은 지배 이데올로기에 포섭된다.

소비자와 환경단체 등 시민운동과의 연대도 반드시 필요하다. 생산과 소비가 따로 놀아서는 안 된다. 상품은 화석연료로 만들면서 친환경적 소비를 강조하는 것은 난센스다. 생산과 소비가 지속가능성을 목표로 연합할 대 정의로운 전환은 가속화된다. 또한 노조의 전통적인 교섭의제('양질의 일자리')를 지속가능성의 문제와 연계하여 환경운동과 연대를 강화하는 방안을 찾는 것도 고심해야 한다. 2020년 독일에서 대중교통노조의 임금과 노동조건 개선 투쟁을 대학생 기후단체인 '미래를 위한 대학생'이 25개 도시에 '연대위원회'를 설치하고 지원한 것은 좋은 사례라 할 수 있다. 이 대학생단체는 기후정의를 위해서는 자가용을 줄이고 대중교통을 확장하는 것이 필요한데, 이를 위해서는 대중교통 산업이 양질의 일자리를 만들어 좋은 서비스를 제공하지 않으면 안 된다고 주장했다(이문호, 2022).

노조의 권력 자원 확대는 기업 차원에서도 일어나야 한다. 무엇보다 노조의 경영 참여가 핵심이다. 최근 경영전략으로 많이 논의되는 ESG와 RE100 등이 기회가 될 수 있다. 물론 경영의 지속가능성을 목적으로 하는 것이지만, 노동과 사회 및 환경의 지속가능성도 평가기준으로 들어가 있으므로 '정의로운 전환'과 연계하여 노조가 활용할 명분과 공간이 있기 때문이다.

또한 최근의 경영전략은 국제규범에 맞춰 기업 내부뿐만 아니라 전체 공급망의 인권 및 환경 문제까지 포괄한다. 이는 노조가 기업 안에 머물지 않고 기업 간 또는 국제적 차원으로 연대를 넓힐 가능성도 높아졌다는 것을 의미한다. 노조는 이러한 자신의 권력 자원을 확대할 기회를 찾아 전략적으로 활용해 나갈 수 있어야 한다. 노조의 미래는 여기에 달려 있다.

참고문헌

- 리프킨(Rifkin, 2012), 『3차 산업혁명』 (안진환 역), 민음사.
- 박인화(2022), 「임단협이 먹고사는 문제면 탄소중립은 죽고 사는 문제」, 한국비정규직센터, 『비정규노동』 2022. 9. vol. 156.
- 이문호(2022), 「독일 노동조합의 기후위기 대응은?」, 한국비정규직센터, 『비정규노동』 2022. 9. vol. 156.
- 탄소중립기본법(2021), 환경부.
- 황선자·이문호·임찬영(2022), 『탄소중립과 정의로운 전환을 위한 노동조합의 과제』, 한국노총중앙연구원.

- Beck, U.(1986), *Risikogesellschaft - Auf dem Weg in eine andere Moderne,* Suhrkamp, Frankfurt a. M.
- Fukuyama, F.(1992), The End of History and the Last Man, New York.
- Global 2000(2019), *Klimapolitik ausgewählter Staaten – Beispiele aus Schweden, Finnland, Dänemark und der Schweiz.*
- Hochscheidt, L., Wixforth, S. und Rohde J-P.(2019), *Die sozial-ökologische Transformation der Europäischen Wirtschaft,* Friedrich-Ebert-Stiftung.
- IPCC(2023), Climate Change 2021 - *The Physical Science Basis,* Summary for Policymakers WGI Working Group I contribution to the Sixth Assessment Report of the intergovermmental panel on Climate Change WMO, UBEP.
- Meadows, D. H; Meadows, D. L; Randers, J.; Behren, III,; William, W. (1972), *The Limits to Growth; A Report for the Club of Rome's Project on the Predicament of Mankind.* New York.
- UN(2023), *The Sustainable Development Goals – Report 2023,* United Nations.

PART 4
정의로운 전환을 위한 '노동-기후연대'는 어떻게 가능한가

박태주

- 고려대학교 노동문제연구소 선임연구위원(현)
- 60+ 기후행동 운영위원(현)
- 경제사회노동위원회 상임위원(전)
- 노사정서울모델협으회 위원장
- 한국산업노동학회 회장(전)
- 한국고용노동교육원 교수
- 청와대 정책실 노동개혁 TF 팀장(비서관)
- 전국전문기술노동조합연맹(현 민주노총 공공운수노조) 위원장
- 산업연구원 노조위원장
- 영국 Warwick 대학교(산업경영학 박사)

"일자리의 수도 문제지만 질과 접근성이 이 못지않게 중요하다"

일자리 창출에서 핵심은 공공주도의 재생에너지 사업을 확대하여 괜찮은 녹색 일자리를 창출하는 일이다. 물론 그것이 재생에너지산업에 국한되지는 않는다. 건물의 녹색 리모델링이나 돌봄노동, 사회적경제 등에서 일자리를 만들 수도 있다. 노동시간 단축과 교대제 변경도 마찬가지다. 만일 고용을 타 사업장으로 전환할 수밖에 없다면 숙련의 유사성, 지리적 근접성, 시기의 일치, 임금 및 노동조건의 유사성 등이 뒤따라야 한다. 일자리의 수도 문제지만 질과 접근성이 이 못지않게 중요한 때문이다. 적극적 노동시장 정책과 함께 사회안전망 정책이 필요한 이유다.

문제의 제기

이 글은 몇 가지 질문에 대한 해답을 찾아가는 과정이다. 기후위기 해결과 관련하여 다양한 담론과 전략이 제기된다. 노동과 관련한 지배적인 담론은 정의로운 전환이라고 할 수 있다. 이 글에서는 정의로운 전환을 실현하는 과정에서 노동과 기후가 어떻게 만날 수 있는지 살펴본다. 노동과 기후 사이의 연대가 정의로운 전환은 물론 기후정의를 이끄는 주요한 동력(game changer)이 될 수 있다고 보기 때문이다.

이 분야에 대한 논의는 상대적으로 빈약한 것이 현실이다. 두 진영 사이의 묘한 긴장 내지 갈등이 연대의 형성을 가로막고 있기도 하다(김동춘, nd). 래첼 등(2019)의 표현이 대표적이다.

환경운동은 자연에 어떤 피해를 끼치든 상관없이 일자리를 지키려든다고 노동조합을 비난했고 반면에 노동조합들은 환경주의자들이 노동자들의 일자리의 필요성, 즉 생존의 필요성을 자연의 뒷전에 놓는다고 비난했다.

구체적으로 이 글의 질문은 다음과 같다(이는 이 글의 논의 순서이기도 하다).

먼저 이 글은 "기후위기는 노동자에게 어떤 영향을 미치는가"라는 질문으로 시작한다. 그것이 노동자 대응의 첫걸음일 것이기 때문이다. 기후위기가 노동자에게 미치는 영향은 물리적 리스크와 전환 리스크로 나뉜다. 전자가 자연재난으로 인한 리스크라면 후자는 산업전환에 따른 리스크다. 어떤 리스크든 기후위기는 사회적 약자, 즉 비정규직이나 하청노동자, 여성, 장애인, 이주민, 빈곤계층에 더 큰 영향을 미친다. 기후위기는 불평등의 확대와 동행한다.

두 번째는 "노동자의 대안적인 담론으로서 정의로운 전환(just transition)이란 무엇인가"라는 질문이다. 기후위기가 노동자들에게 미치는 리스크를 해소하는 수단으로 정의로운 전환을 설정했다면, 정의로운 전환의 내용이 문제일 것이기 때문이다. 정의로운 전환은 일자리의 보장으로 협소하게 이해되거나 심지어 기후위기를 해결하는 과정에서 개념 자체가 실종되기도 한다. 정의로운 전환의 개념은 '정의로운 전환의 다양성'(varieties of just transition; Galgoczi, 2020)이라고 불릴 만큼 각축적이다.

세 번째는 정의로운 전환을 실현하는 유력한 방편으로 "노동-기후연대는 어떻게 가능한가"를 묻는다. 특히 이 글에서는 노동-기후연대를 가능케 하는 이념적 접점이 무엇인지를 살펴본다. 정의로운 전환을 실현하는 방안의 하나로 사회적 약자들의 연대를 제안하고, 그 이념적 접점으로서 그린뉴딜과 '성장 없는 그린뉴딜'로 이어지는 일련의 전환전략을 살펴본다. 그린뉴딜을 연대의 현실적인 출발점이자 탈성장으로 이어지는 가교라고 보기 때문이다. 구체적으로는 '사회적 약자의 그린뉴딜 동맹'을 제안한다.

이어 현실에서 노동-기후의 연대가 어떻게 가능한지를 에너지전환을 중심으로 살펴본다. 저탄소 경제로 이행하는 과정에서 석탄화력발전소의 폐쇄와 재생에너지의 확대, 에너지 효율화 그리고 이를 위한 전력산업의 재구조화가 핵심이라고 한다면, 우리나라의 에너지전환정책은 방향도 잡지 못한 채 달팽이 걸음을 걷고 있다. 에너지전환의 과정에서 노동조합의 동의와 참여를 가름하는 요소로 일자리의 보장이 중요하다면 녹색 일자리(decent green jobs)의 창출이 관건이 된다. 앞서 말한 그린뉴딜이 탈성장 전략의 입구가 되는 이유다.

마지막으로는 결론이 따른다.

결론적으로 이 글은 기후정의를 실현할 수 있는 주체와 전략을 모색하는 과정이라고 할 수 있다. 미국의 사회학자인 에릭 올린 라이트(Eric Olin Wright)는 사회적 대안을 평가하기 위해 바람직함(desirability), 현실성(viability) 그리고 달성가능성(achievability)이라는 세 가지 기준을 제시한다(라이트, 2012). 현실성은 그것이 제대로 작동하는지를 묻는 것이고, 달성가능성은 그곳에 도달하는 방법을 묻는다. 이 글은 달성가능성에 초점을 맞춰 논의를 전개한다. 구체적으로는 대안의 실현을 위한 주체의 형성과 전략 그리고 로드맵을 찾아가는 과정이다.

기후위기가 노동자에게 미치는 영향

1) 기후위기는 노동자에게 어떤 영향을 미치는가

기후위기는 자연재해나 산업전환을 통해 노동자에게 영향을 미친다. 전자를 물리적 리스크(physical risk), 후자를 전환 리스크(transition risk)라고 부른다(TCFD, 2017). 물리적 리스크는 기후재난(태풍, 가뭄, 산불, 폭염, 해수면의 상승 등)이 가져오는 물리적인 충격을 말한다. 기후위기는 야외 노동자(플랫폼·건설업·농업 노동자 등)의 온열질환 등 산업안전의 문제, 도시 저소득 노동자의 주거문제(침수피해 등) 그리고 기후변화로 인한 생산의 중단(예: 태풍 힌남노)이나 생산성의 하락 등을 가져온다. 물리적 리스크는 생태적 리스크를 포함한다. 생물 종 다양성의 축소(멸종), 감염병 위기 등이 그것이다.

전환 리스크는 저탄소 경제로 이행하는 과정에서 사회에 발생하는 잠재적인 비용을 말한다. 전환 리스크는 온실가스 배출규제의 강화,

기술혁신과 생산방식의 변화, 시장에서 고객 선호의 변화나 원자재의 가격상승 그리고 기업의 이미지 악화에 따른 리스크를 포함한다. 이러한 리스크는 산업전환을 통해 노동자에게 영향을 미친다(TCFD, 2017). 그것은 고용의 상실을 가져오는가 하면 고용의 산업별·지역별 배분을 변화시킨다. 생산과정 및 숙련기반을 변화시키고 이 과정에서 고용의 질은 물론 노사관계가 변하기도 한다. 이 글은 전환 리스크를 중심으로 살펴본다.

기후위기와 관련하여 한 가지 지적할 사항은 그것이 불평등과 함께 온다는 것이다. 가령 폭우로 인한 가옥이나 농작물의 침수, 온열질환에 노출된 노동자 등 자연재난은 겨냥이나 한 듯 빈곤층과 취약 노동자의 희생을 가져온다. 저탄소 경제로 전환하는 과정에서도 재난은 사회적 약자에게 초점을 맞춘다. 가령 노동자가 산업전환의 과정에서 일자리 위협에 직면하더라도 그것은 정규직보다는 비정규직 노동자나 플랫폼 노동자, 남성보다는 여성 노동자 그리고 하청 노동자에게 먼저 다가온다.

산업전환이 가져오는 지역 경제구조의 변화는 지역주민의 생계를 위협하고 청년은 앞선 세대가 저지른 기후위기의 짐을 고스란히 뒤집어써야 한다. 사회적 약자들은 기후재난에 노출될 위험뿐 아니라 노출에 대비하는 수단도 불평등하기 때문이다(샹셀, 2023). 바로 이 지점에서 약자들의 사회적 연대가 형성될 물적 토대가 형성된다(후술).

그런데 기후위기가 노동자에게 미치는 영향은 정부의 늑장 대응으로 가중된다. 때늦은 탄소중립으로 재난은 심화되고 경제적 측면에서의 규제 역시 강화될 것이기 때문이다. 또한 기후위기 대응의 속도를 높일 경우 그것은 경제에 충격을 가해 경착륙을 가져올 수 있다. 더욱이 저탄소 경제로 이행하는 과정에서 정부가 이해당사자를 배제할 경우 이행의 부담은 고스란히 노동자를 비롯한 사회적 약자의 몫이 될 수 있다.

2) 정부의 늑장 대응과 갈등 해결 구조의 결여

기후위기가 노동자에게 미치는 영향은 정부의 대응에 따라 달라진다. 우리나라 정부의 기후위기 정책은 늑장 대응과 정치적 의지의 실종 그리고 노동 배제적인 탄소중립 거버넌스로 특징된다. 기후위기가 노동자에게 가하는 리스크가 더 커질 수 있는 이유다.

늑장 대응과 정치적 의지의 실종

우리나라의 기후위기 대응은 문재인 정부 시절의 탄소중립선언 (2020년)에서 비로소 시작되었다 해도 과언이 아니다. 선진국들이 교토의정서(1997년)에 따라 기후위기의 정의로운 전환을 위한 대응을 1990년대 말부터 시작한 것에 비해 20년 이상 뒤진 셈이다. 늦게 출발했으면 빨리 가야 한다. 최소한 2050년에 탄소중립을 실현하려면 그렇다는 말이다. 주요국의 기준연도 대비 2030년까지 연평균 탄소 배출량 감축률을 보면 유럽연합(EU, 1990년)이 1.98%, 미국(2005년)이 2.81%, 일본(2013년)이 3.56%인 데 반해 우리나라는 2018년 대비 연평균 4.17%를 감축해야 한다(관계부처합동, 2021). ([표1] 참조)

[표1] 연도별 탄소 배출 감축목표(단위: 백만 톤 CO2e)

부문	2018 (기준연도)	2023	2024	2025	2026	2027	2028	2029	2030
배출량	686.3	633.9	625.1	617.6	602.9	585.0	560.6	529.5	436.5

* 자료 출처: 관계부처합동, 2023

윤석열 정부 들어 기후위기 대응은 정부 차원의 그린워싱(green washing)이라고 할 만큼 미적거리고 있다. 2018년 대비 40% 감축 목표인 2030NDC 실현에는 역부족인 데다 그마저 이를 실현하려는 정책은 성장의 뒷전으로 밀리고 있다. 정부는 2030년 재생에너지 비중 목표를 축소하는 대신(30.2%→21.6%) 원전의 비중을 늘렸다(23.9%→32.4%). 산업부문의 비중은 14.5%에서 11.9%로 줄였다(관계부처합동, 2023). 게다가 2030년까지 감축량의 75%를 차기 정부에 미룸으로써 차기 정부에 폭탄을 돌린다는 비판마저 듣고 있다.

결과적으로 한국은 기후위기 대응을 다른 나라에 더넘기는 '글로벌 무임승차 전략'과 미래로 떠넘기는 '세대 간 무임승차 전략'을 채택한 것으로 보인다. 그 후과는 고스란히 우리의 몫으로 되돌아올 것이다(루비니, 2022). 한국경제 또한 기후위기에 노출되면서 타격을 받을 수 있기 때문이다. 무엇보다 탄소중립의 지연은 △재생에너지의 부족 △새로운 국제환경 무역질서의 형성과 환경보호주의의 강화로 인한 글로벌 규제(탄소장벽)의 강화(RE100, CBAM, IRA, CRA, ESG 등) 그리고 △배출권 가격 상승과 상대적으로 비싼 화석연료 에너지 가격으로 인한 경쟁력 상실 등을 불러올 수 있다.

탄소중립을 실현하려는 노력을 가속화하려면 그것이 경제에 미치는 충격도 감안해야 한다. 성장의 정체는 무역 및 투자의 위축과 금융 불안, 사회안전망의 약화로 인한 불평등의 증가, 실업률의 상승 등을 초래할 수 있다. 정부가 성장 강박(growth imperative) 때문에 기후위기에 대한 대처를 미뤘지만 오히려 그것이 성장의 발목을 잡는 역설에 빠질 수 있다. "지연된 (온실가스) 감축과 (기후위기) 적응 조처는 (온실가스) 고배출 구조를 고착시키고, (기후위기로 인한) 손실과 피해를 증가시킬 것이다."(IPCC, 2023)

결과적으로 기후위기에 대한 우리나라의 늑장 대응은 기후 리스크의 증대는 물론 급작스러운 경기침체와 같은 경제의 경착륙과 한국 기업의 해외 진출로 인한 공동화 그리고 사회경제적 불평등구조의 심화를 초래하는 요인이 될 수 있다. 이러한 상황에서 노동자의 대응력은 낮은 조직률과 파편화된 조직 및 교섭체계 그리고 실리주의의 정체성으로 인해 한계를 갖고 있다. 기후위기와 관련한 이러한 한계는 무엇보다 정부의 기후정책을 결정하는 과정에서 노동조합이 배제되고 있는 데서 잘 드러난다.

노동배제적 탄소중립 거버넌스

탄소중립 거버넌스는 이해당사자 사이의 합의를 모아가는 과정이자 갈등을 해결하는 과정이다. 기후위기에 대응하는 거버넌스 전략으로써 사회적 대화는 국제노총(ITUC)은 물론 UN산하기구인 국제노동기구(ILO, 2015)나 유엔환경계획(UNEP)도 권장하는 사항이다.

"사회적 대화는 (기후위기 대응의) 모든 단계에서 정책 결정과 이행을 위한 제도적인 틀에서 필수적인 부분이 되어야 한다."(ILO, 2019)

하지만 윤석열 정부에서는 누구도 사회적 대화를 들먹이지 않는다. 경제사회노동위원회는 사실상 제 역할을 마감한 상태다. "탄소중립정책의 관제탑이자 참여·소통 중심의 사회적 대화기구"(윤순진, 2022)라던 탄소중립위원회는 노동자나 농민 등 현장의 이해당사자는 물론 기후환경단체까지 배제하고 있다.

탄소중립 거버넌스가 전국 차원의 사회적 대화에 국한되는 것은 아니다. 산업·업종 차원의 협의나 단체교섭 그리고 기업 차원에서의 경영참여(공동결정)가 중층적으로 어우러질 필요가 있다(박태주·이정희, 2022). 하지만 전국, 산업·업종, 기업 차원 등 각 수준에서 노동자는 거의 예외 없이 배제되고 있다. 즉 기후위기에 대응하고 산업전환을 추진하는 과정에서 이해당사자인 노동자의 목소리가 반영되지 않는다. 탄소중립을 실현하는 과정에서 노동자의 희생을 최소화하고 그 희생을 사회적으로 분담하려는 노력이 실종되고 있다는 뜻이다.

결론적으로 기후위기는 물리적 리스크와 전환 리스크를 통해 노동자에게 영향을 미친다. 더욱이 전환 리스크는 정부의 늑장 대응과 정치적 의지의 실종으로 인해 더욱 가중될 수 있다. 또한 전환의 과정에서 노동자의 참여가 배제됨으로써 노동자들은 기후위기의 직접적인 희생자가 되면서 기후위기 대응에 저항할 가능성이 높아진다. 정의로운 전환의 부재가 노동자를 전환의 주체가 아니라 저항세력으로 바꿀 수도 있다.

정의로운 전환이란 무엇인가

1) 정의로운 전환의 구성 요소들

정의로운 전환은 기후위기 해결 과정에서 노동조합이 지지하는 지배적인 담론이다. 1980년대 이후 노동자의 투쟁에서 비롯된 개념으로, 그것이 의미하는 내용은 지역이나 상황에 따라 다르다. 다시 말해 노조의 대응전략이 하나로 고정된 원칙에 갇히는 것도 아니고 정적으로 분류된 대응전략(가령 Morena et al., 2018, Kalt, 2022)에 매이지도 않는다는 뜻이다. 즉 노동조합이 과거의 축적된 경험 속에서 다양하게 해석하고 맥락(context)에 맞춰 만들어가는 개념이다.

정의로운 전환을 위한 전략은 나라에 따라 그리고 산업·업종에 따라서도 달라지기 마련이다. 노동조합의 내부구조나 정체성이 다르고 전환이 업종에 미치는 효과나 이를 둘러싼 정치·사회경제적 환경이 달라 노동조합의 권력 자원(power resources) 역시 달라지기 때문이다(칼트, 2022). 하지만 정의로운 전환을 관통하는 몇 가지 기본적인 요소는 존재한다.

정의로운 전환은 무엇보다 '정의로운 녹색전환'을 목표로 삼는다. 이는 노동자가 기후행동의 주체(climate actors)라는 사실을 전제로 발전한 개념이다. 때로는 노동조합이 탄소중립의 실현에 반대하는 전략을 택하기도 한다(칼트, 2022). 하지만 탄소중립 자체에 반대한다기보다는 거기에 대응하는 전략이나 속도를 둘러싼 갈등으로 이해해야 할 것이다.

노동자의 딜레마는 기후위기 대응을 반대하거나 늦추는 것이 대안이 아니라는 것이다. 일자리가 보장되지 않는 전환이라면 노동자들이 이에 반발하고 저항하는 것은 당연하다. 하지만 자칫 노동자의 반발은 기후위기 시대 기업의 경쟁력을 떨어뜨리고 결과적으로 노동자에게 더 큰 희생을 요구할 수 있다. 기후위기 대응의 지체는 기껏해야 진통제나 일시적인 피난처에 그칠 수 있다.[38]

두 번째로 정의로운 전환은 특정 계층, 특정 지역에 대한 희생의 최소화와 부담의 사회화를 요구한다. 대표적인 것이 일자리다. 정의로운 전환은 일자리를 중시하는데, 이때 일자리는 두 가지 의미를 갖는다.

먼저 정의로운 전환은 누구도 뒤처지지 않는(no one left behind), 모두를 위한 정의로운 전환(just transition for all)을 의미한다. 일자리 역시 그렇다. 비정규직이나 하청노동자의 일자리를 외면하는 전환은

---

[38] 실제로 모레나 등(2018)의 정의로운 전환전략에는 '반대' 전략이 포함되지 않는다. 기후단체가 노동조합에 대해 '전환은 없고 정의만 요구한다.'라고 비판하는 것도 같은 맥락이다.

결코 정의롭지 않다. 다른 하나는 기존 사업장에서의 일자리 보장만이 아니라 사업장 바깥의 일자리를 포함한다는 사실이다. 바로 이 지점에서 정부의 일자리 창출 정책과 노동시장의 이중구조가 쟁점으로 등장한다. 일자리 보장을 위해 (가칭) 정의로운전환기금을 마련하는 게 그중 하나다.

정의로운 전환은 일자리 보장에 머물지 않는다. 노동시간의 단축과 좋은 일자리에 대한 접근성(비정규직·플랫폼 노동자, 하청·중소기업 노동자 등), 재생산 및 돌봄노동의 가치화, 작업장에서의 집단적 자기결정권의 강화 그리고 노동자의 권리(노동권) 및 자율성 보장 등도 포함한다. 이른바 일자리를 넘어 불평등의 해소, 노동의 생태화를 지향한다고 할 수 있다.

세 번째로 절차적 과정으로서 정의로운 전환은 노동참여적인 탄소중립 거버넌스의 형성을 의미한다. 노동자는 기후위기 대응의 직접적인 이해당사자로서 정책의 결정과정에 참여할 필요가 있다. 기후정책은 물론 산업정책, 노동정책에 대한 참여와 함께 기업 수준에서의 공동결정제도를 포함한다. 전자와 관련하여 ①사회적 대화를 어떻게 볼 것인가? 달리 말해 사회적 대화인가 사회운동적 투쟁인가? ②사회적 대화가 필요하다면 그것은 어디서 이뤄질 수 있을까? 경사노위와 탄소중립위원회 그리고 제3의 임의기구 가운데 어디인가? ③사회적 대화를 둘러싼 양대 노총 사이의 이견은 어떻게 조정하는가와 같은 문제를 남긴다.

마지막으로, 정의로운 전환을 실현하는 전략의 하나로서 기후연대를 형성하는 일이다. 노동조합이 탄소중립의 주체로 자리매김한다면

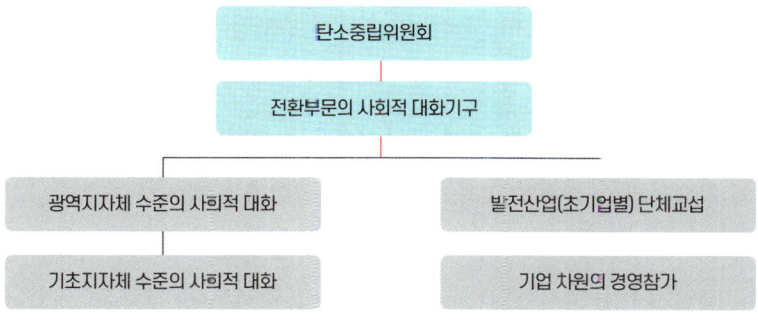

[그림1] 노동참여적인 탄소중립 거버넌스의 형성(예)
* 자료 출처: 박태주·이정희, 2022

그 과정에서 노동-기후연대는 기후위기 대응과정에서 게임체인저(game changer)가 될 수 있다. 하지만 노동과 기후진영 사이에는 상당한 긴장관계가 형성되어 있는 게 사실이다.

정의로운 전환의 구성 요소를 이렇게 정리한다면 "한국의 노동조합은 정의로운 전환에 진심일까"라는 질문이 가능하다. 낮은 조직률과 기업별 체제, 실리적인 조합주의(business unionism)에 빠져 '기업 내 일자리'라는 좁은 이해관계를 벗어나지 못하고 있는 것은 아닐까? 사회적 의제인 탄소중립 실현에 스스로 주체로 자리매김하고 있을까? 일자리의 경우에도 비정규·하청 노동자와 함께 갈 용의를 가지고 있을까? 기후연대는 또 어떨까?

2) 노동자들은 정의로운 전환에 진심일까?

기후위기 대응과 관련하여 한국의 노동조합은 매우 불리한 내적·외적 조건을 경험한다. 칼트(칼트, 2022)는 녹색전환 과정에서 노동조합의 전략에 영향을 미치는 요인으로 내부조건과 외부조건을 든다. 노동조합은 먼저 외부조건인 정치/사회·경제 구조와 거버넌스 구조 그리고 대중여론이라는 점에서 불리함을 경험한다. 내부조건인 조직의 정체성과 내부구조 그리고 동맹의 형성이라는 점에서도 불리하긴 마찬가지다. 낮은 조직률과 기업별 체제, 노동조합주의의 지배적인 경향 등이 대표적이다. 특히 사회적 조합주의의 결여. 정규직 중심의 운동에서는 주변 노동자층의 희생양으로 자리매김될 수 있다.

기업별 교섭에 치중함으로써 사회적 연대의 부재를 경험하기도 한다. 실리주의 이데올로기를 가진 노조는 기후위기 대응에 적극적으로 나서기보다는 그들의 활동을 임금과 노동조건 관련 단체교섭에 제한하고 기존 조합원의 이해를 보호하는 데 최선을 다할 것이다(칼트, 2022). 하지만 기업별 교섭은 정부의 기후위기 정책이나 산업 및 노동정책에 개입할 수 없다는 점에서 결정적인 한계를 갖는다. 한마디로 파편화된 실리주의(fragmented economism)에 빠져 있으며 "사업장 밖의 시민사회로 그 힘을 확대하지 못하고 있다."라는 사실을 말한다(김동춘, nd).

노동조합은 일반적으로 '고용-환경의 갈등'(jobs vs. environment dilemma, Raethzel et al., 2011)에 갇혀 기후위기 대응에 소극적인 경우가 많다. 기후위기로 인한 산업전환이 빠른 속도로 진행 중이지만 무관심하거나 직접 영향을 받더라도 '현상유지적인 대응'에 그치는 경우가 많다. 해당 기업 내에서 일자리를 보장하라고 요구하는 경우가 대표적이다. 하지만 산업전환의 과정에서는 일자리가 기업 내부에서 보장되지 않을 가능성도 크다. 일자리의 소멸과 생성이 기업과

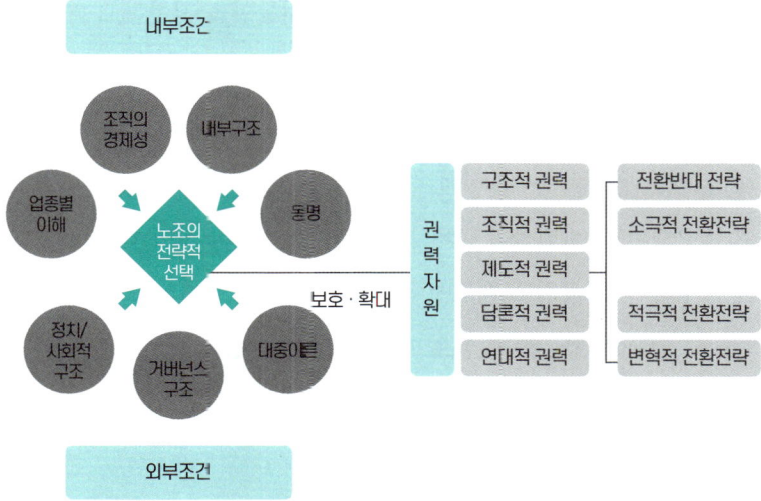

[그림2] 녹색 이행과정에서 노조의 전략 결정을 위한 설명 틀
* 자료 출처: 칼트, 2022

산업 그리고 지역을 가로질러 이뤄지기 때문이다. ([그림2] 참조)

노동조합 측에서 보더라도 기후위기 대응 과정에서 속도 조절이 대안이 아니라는 사실을 확인할 필요가 있다. 일자리 창출과 관련하여 작업장 바깥에서 정책적으로 대응할 필요가 크지만 노동조합은 기후위기 대응 과정에서 배제되거나 사회적 소외를 겪고 있다. 즉 사회적 영향력의 저하와 역할의 상실을 경험한다. 그리하여 노동자는 직접적인 피해 계층으로 나타날 가능성이 커진다.

기후연대의 형성과 관련하여 상호연관된 두 가지를 지적할 수 있다. 하나는 사회적 조합주의로, 정체성을 확립하는 일이다. 다른 하나는 이를 위한 사회적 연대를 구축하는 일이다. 사회적 조합주의(social unionism, Hyman, 2001)는 노조가 사회적 의제(social concerns)를 추구함으로써 한편으로는 사회통합을 지향하고 다른 한편에서는 사회적 지지와 공감을 얻는 걸 말한다. 이는 기후위기 대응 과정에서 '저탄소 경제를 향한 포용적인 전환'(inclusive transition to a low carbon economy; Thomas, 2021)을 지향한다. 이 과정에서 사회적 조합주의는 '시민사회 속의 노동조합'(trade unions in civil society)을 추구하며 그 물적 토대로서 사회적 연대를 중시한다. 그리하여 정의로운 전환은 정부를 대상으로 하는 정책을 넘어 노동운동과 환경운동 그리고 지역운동 사이를 엮어주는 끈이자 대안적인 사회환경적 정치의 장으로 나타난다.

연대전략이란 노조가 다른 조직으로부터 자원과 영향력을 빌려 자신의 역량을 증대하는 것을 말한다. 연대전략을 통해 노조의 정책에 대한 폭넓은 사회적 합법성을 획득하고 사회적 영향력을 확대할 수 있다(Thomas, 2021).

연대는 상대방에 대한 인정을 출발점으로 삼는다. 특히 노동조합과 시민단체 사이에는 일반적으로 커다란 간극이 존재한다. 가령 노동조합이 수직적인 구조를 갖고 계급적 이해중심의 목표를 갖는다면 시민단체는 수평적인 구조를 기반으로 공익적 가치를 지향한다. 노동조합과 시민단체가 동맹을 형성하기 위해서는 먼저 상대방의 요구를 인정하고 수용해야 한다. 예를 들어 노동조합은 탄소중립의 필요성을 인정하고 기후단체는 일자리를 바라보는 노동조합의 시선을 공유하는 것이 그것이다.

연대는 낮은 수준의 공동행동으로 초석을 다져 높은 수준의 상시적 조직을 지향하는 과정이다. 하지만 연대는 두 조직이 지향하는 가치의 전면적인 일치를 요구하는 게 아니다. 각각의 차이를 인정하되 자신의 이해를 기반으로 공통의 가치를 추구하는 활동이다(고레비치, 2022). 마지막으로 연대는 수평적인 문화 속에서 형성된다. 그렇다면 기후연대는 어떻게 가능할까?

사회적 약자들의 그린뉴딜 동맹

　사회적 약자는 기후위기의 직접적인 희생자로서 해결의 주체가 될 수 있다. 윤리적·도덕적 책무보다는 생활에서 느끼는 삶의 절실한 위험이 이들을 새로운 세계로 이끄는 안내자로 만든다. 하지만 개인의 목소리는 사회적인 공명을 얻지 못한다. 사회적인 공명을 얻으려면 집단적인 목소리, 즉 조직을 필요로 한다. 요구하는 운동이 아니라 요구를 관철하는 운동이 되기 위해서도 힘의 결집은 필수다. 결집된 힘의 물적 표현이 조직이다. 조직은 다시 조직과 조직 사이의 긴밀한 연결과 동맹을 통해 시너지를 추구한다.

　사회적 약자들의 연대가 기후운동과 손잡을 때 기후동맹이 형성된다. 노동운동이 지역운동이나 여성운동과 동맹을 맺고 기후운동과 손을 잡는 것이 그것이다. 사회적 약자들의 풀뿌리 이니셔티브가 형성되는 셈이다.

　기후동맹은 기후위기를 해결하는 동시에 불평등의 해소를 겨냥한다. 불평등의 해소는 기후위기를 해결하는 과정에서 희생의 최소화와 부담의 사회화를 포함한다. 이로써 노동자를 비롯한 사회적 약자에게 희생이 전가되는 것을 막고, 나아가 이들을 기후위기 해결의 주체로 세운다. 노동자에게 일자리를 보장하고 이행과정에서 사회안전망을 강화하는 것이 대표적인 예다. 바로 이 지점에서 탄소중립의 실현과 일자리 창출 그리고 불평등의 해소는 극적으로 만난다. 그것을 정의로운 전환이라고 부르든, 기후정의라고 부르든 마찬가지다.

노동-기후연대는 그것을 이행하는 중심수단이다. 노동과 환경의 만남을 통해 비로소 전환의 주체가 형성되고 전환을 위한 로드맵의 설계가 가능해진다. 사회적 대안의 실현가능성이 높아지는 것이다. 문제는 뉴딜동맹의 당위성이 아니라 그것을 어떻게 실현할 것인가다.

서로 접점을 갖지 못하면 연대의 틀은 만들어지지 않는다. 노동운동이 일자리를 중시한다면 탄소중립 없이 일자리를 지키는 것은 불가능하다는 사실도 인정해야 한다. 국제노총(ITUC)은 이를 "죽은 행성에선 일자리도 없다."라고 표현한다. 기후운동도 일자리에 집착하는 노동자들의 실존적인 요구를 인정해야 한다. "일자리 없이는 생태적인 전환도 없다." 노동운동이 인정하는 탄소중립의 필요성과 기후운동이 인정하는 일자리의 중요성을 교환하면서 두 운동 사이에 접점이 만들어진다.

그린뉴딜에서 '성장 없는 그린뉴딜'로 노동운동과 기후운동의 이념적 접점을 찾는 일도 중요하다. 이는 연대를 형성하는 집단적 정체성(collective identity)이기도 하다. 여기에서 질문은 "장기적인 전망으로서 그린뉴딜이 출발점이 될 수 있을까?"라는 것이다.

그린뉴딜의 철학은 녹색성장을 통해 일자리를 창출하면서 탄소 배출을 줄일 수 있다는 것이다. 그것은 재생에너지를 확충하고 공공서비스를 보장하기 위해 대규모 투자를 동원하는 일이기도 하다 ("경제성장 없이 어떻게 야심 찬 계획을 현실화하기 위한 재원을 마련할 수 있을까?") 그린뉴딜은 2019년, 미국의 오카시오-코르테즈 하원의원과 마키 상원의원이 하원에 결의안 109호를 제출하면서 급진적인 그린뉴딜(그린뉴딜 2.0)로 진화한다(Galvin et al., 2020).

그린뉴딜 2.0은 그린뉴딜 1.0과 달리 기술 솔루션과 시장주의적 해법을 거부한다.

정부는 탄소배출 감축 목표를 설정하고 모니터링하는, 통제와 명령에 기반을 둔 환경규제를 강조한다. 위로부터의 개혁 못지않게 그린뉴딜 2.0은 아래로부터의 투쟁을 강조한다는 점도 특징적이다(Galvin et al., 2020).

그린뉴딜은 경제에 대한 국가의 개입과 일자리 창출 정책이 필요한 개혁의 초기 단계에 적합한 전략이다. "정치적으로 현실성 있고 경제적으로 실현가능한 프로젝트"인 탓이다(Pollin, 2019).

하지만 그린뉴딜 전략은 성장을 지향한다는 점에서 탄소배출을 절대적으로 줄이는 데는 한계를 갖는다. 절대적 탈동조화(decoupling)를 둘러싼 논란이 그것이다. 지구의 유한한 자원체계에서 무한한 성장이 가능한지도 의문이다. 자체의 한계로 인해 그린뉴딜은 '성장 없는 그린뉴딜'(Green New Deal without Growth; Mastini et al., 2021)로 수렴한다. GDP의 성장보다는 인간의 번영과 생태정의가 강조된다. 이런 점에서 그린뉴딜은 기후위기를 해결하는 현실적인 출발점이자 탈성장으로 이행하는 가교 전략의 성격을 갖는다.

그린뉴딜과 '성장 없는 그린뉴딜'은 계기적으로 이어지지만 동시에 단기적인 대응에서 정책적 지향을 공유한다. 예를 들어 재생에너지의 확충과 에너지의 효율화, 공공서비스의 개선(공공교통, 의료, 교육 등)과 건물·주택의 그린 리모델링, 재생산과 돌봄노동의 가치화, 재산림화와 생태적 복원 등에서 탈성장과 그린뉴딜이 별개의 해법을 갖는 것은 아니다. 그린뉴딜은 각축적인 개념이지만 현실 속에서 대안을 마련하고 이를 성취가 가능한 미래의 조망과 결합한다는 점에서 '혁명적인 개혁(revolutionary reform)'이기도 하다.

'성장 없는 그린뉴딜'이 궁극적으로 어떤 체제로 진화하는가는 열린 질문으로 남아 있다. 그것이 사회주의에 다다를지, 자본주의 체제의 내부 개혁에 머물지 예단하기는 어렵다. 다양한 가능성을 남겨둔 채 모색할 뿐이다. 어떻게 결말지어지든 정도의 차이가 있을지언정 불평등의 해소를 포함한다는 점에서는 차이가 없을 것이다. 불평등을 방치하거나 강화하는 탄소중립은 가능하지 않기 때문이다.

성장 없는 그린뉴딜이 탈성장에 가 닿는다고 해서 모든 부문이 일제히 마이너스 성장으로 돌아서는 것은 아니다. 성장해야 할 부문은 여전히 존재한다. 재생에너지 분야가 대표적이다. 성장할 부문(가령 녹색 부문)은 성장하고 축소할 부문(가령 회색 부문)은 축소하면서 전체적으로 역성장으로 가는 것이 탈성장이라고 할 수 있다.

그렇다면 초기에 녹색 부문의 성장을 회색 부문의 축소보다 더 크게 만드는 것이 그린뉴딜이라면, 녹색 부문의 성장이 회색 부문의 축소에 미치지 못하는 경우가 '성장 없는 그린뉴딜'이라고 할 수 있다.

이처럼 그린뉴딜과 '성장 없는 그린뉴딜'은 단절적인 개념이 아니라 연속적인 개념이다.

두 담론 사이에 차이가 존재하는 것도 사실이다. 일자리 보장을 찬성하지만 결은 조금씩 다르다. 물론 상호 모순되거나 상대방을 배제하는 것은 아니다. 그린뉴딜이 투자를 통한 녹색 일자리 창출을 강조한다면 탈성장론은 돌봄노동이나 주거지 보수, 커뮤니티 서비스 등에서 일자리를 창출하는 일과 함께 노동시간 단축(일자리 나누기)을 중시한다.

그린뉴딜과 '성장 없는 그린뉴딜'(탈성장)은 성장과 경제(재정)만이 아닌 구조변화라는 점에서 가치/이데올로기적인 차이를 갖는다. 그린뉴딜은 급진적이기는 하지만 자본주의에 도전하기보다는 내부의 개혁을 주장한다. 그리고 국가에 기반한 위로부터의 개혁을 강조한다. 반면 탈성장론자들은 자본주의 내에서 탈성장 정책은 실현될 수 없다고 본다. 에너지 사용과 물질 처리량을 줄이려면 고소득 계층과 국가 차원에서 물질적 기준에 대한 드라마틱한 축소가 필요하다. 이들은 풀뿌리 동원에 바탕을 둔 아래로부터의 투쟁을 선호한다.

그린뉴딜만 하더라도 잠재적으로 '혁명적인 개혁'을 내포하지만 그것은 각축적인 개념이며 탈성장론 역시 내부적으로 긴장과 차이가 존재한다. 이런 점에서 두 담론 모두 고정된 개념이라기보다는 '형성되는 개념'이거나 만들어가는 개념이다.

그린뉴딜과 '성장 없는 그린뉴딜'이 차이를 갖는다는 사실은 두 담론이 계기적으로 연속되는 개념이라는 사실을 말한다. 공통의 기반을 이행하되 그린뉴딜은 시간적으로 성장 없는 그린뉴딜로 넘어가는 가교(bridge)를 제공한다. 다시 말해 그린뉴딜은 경제에 대한 국가개입과 하향식 정책이 필요한 초기 개혁 단계에 적합한 담론이며, 이는 탈성장으로 전환하는 교두보가 된다(칼리스 외, 2021).

그러면 노동-기후연대는 현실에서 어떻게 가능할까? 우리나라에서도 기후정의 운동이 노동조합은 물론 다양한 시민단체를 대상으로 전개되어왔다. 최근의 예로 기후정의 비상행동이나 탄소중립위원회 해체공대위, 기후정의동맹 등을 들 수 있다(김선철, 2023). 하지만 이는 포괄적인 의제를 갖는다는 점에서 특정 의제를 둘러싼 노동-기후연대와는 구별된다. 전자를 거시연대라고 한다면 이 글에서 다루는 부분은 메조 수준의 연대라고 할 수 있다.

이제 에너지전환을 사례로 삼아 그 가능성을 살펴본다. 에너지전환만이 아닌 공공교통 체계의 확립이나 건물의 그린 리모델링 그리고 산업 부문에서의 탄소배출 감축을 위한 연대도 모색할 수 있을 것이다.

그린뉴딜 동맹으로서의 '에너지전환 동맹'

기후위기 대응에서 발등의 불은 에너지전환이다. 윤석열 정부의 에너지전환정책은 한마디로 원전 올인 정책으로, 재생에너지를 희생하면서[39] 화석연료(석탄과 LNG 등)에 대한 의존은 여전히 유지하고 있다. 2030년에 이르러서도 석탄화력발전의 비중 19.7%, LNG발전 비중 22.9%로 화석연료 발전의 비중이 42.6%를 차지할 전망이다. ([표 2] 참조)

우리나라가 저탄소 경제로 이행하기 위해 시급한 과제는 탄소 배출의 주범인 석탄화력발전소의 폐쇄 일정을 앞당기는 등 발전 부문

---

[39] 목표를 애초의 32%에서 42.5%로 늘렸다. 독일은 2035년에 재생에너지 비중 100%를 달성하겠다는 계획이다. 국제에너지기구(IEA, 2022)는 2027년 재생에너지의 비율이 전 세계적으로 38%에 이르러 최대의 발전원이 될 것이라고 전망하고 있다(IEA, 2022). 한국의 재생에너지 비율은 2022년 현재 8.1%에 지나지 않음에도 2030년의 비중목표를 30.3%에서 21.6%로 8.7%p나 낮춰잡았다. 윤 정부 들어 재생에너지 신규 설비량은 2021년 21.9%, 2022년 16.7% 늘었지만 올해는 9.7%까지 하락했다.

[표2] 전원별 발전량 및 비중 전망

연도	구분	원자력	석탄	LNG	신재생*	수소암모니아	기타	계
2018년	발전량	133.5	239.0	152.9	35.6		9.6	570.7
	비중	23.4%	41.9%	26.8%	6.2%		1.7%	100%
2030년	발전량	201.7	122.5	142.4	134.1	12.0	8.1	621.8
	비중	32.4%	19.7%	22.9%	21.6%	2.0%	1.3%	100%
2036년	발전량	230.7	95.9	62.3	204.4	47.4	26.6	667.3
	비중	34.6%	14.4%	9.3%	30.6%	7.1%	4.0%	100%

* 자료 출처: 제10차 전력수급기본계획, 2018년은 국가온실가스감축목표(NDC) 상향안(2021)
* 단위: TWh

의 넷제로(net zero)를 실현하는 것이라고 할 수 있다. 석탄화력발전소의 폐쇄뿐 아니라 LNG발전의 중단, 원전 정책의 재고 등과 함께 재생에너지 발전용량의 획기적인 증대가 필요하다.

정부는 2023년 현재 운전 중인 57기의 석탄화력발전소 가운데 2036년까지 28기를 그리고 2050년까지 나머지를 폐쇄할 계획이다(강릉 안인1·2호기와 삼척 블루파워1·2호기는 2024년에 완공된다). 탄소배출의 주범이자 좌초 자산이 될 게 확실한 석탄화력발전소를 지금도 짓고 있는 셈이다. ([그림3] 참조)

국제에너지기구(IEA)는 2050넷제로 목표를 실현하려면 경제협력개발기구(OECD) 가입국을 비롯한 선진국은 2035년까지, 나머지 국가들은 2040년까지 발전 부문에서 넷제로를 달성해야 한다고 권고하고 있다(IEA, 2021). 이는 석탄화력발전소와 함께 천연가스(LNG) 발전소의 폐쇄를 의미한다.

"한국은 2035년까지 탈석탄 없이 탄소중립은 힘들다." 미국 메릴

랜드대학교가 발표한 한국온실가스 감축경로 시나리오다. "석탄발전은 재생에너지로 대체 가능하다. 전력 부문에서 2035년까지 모든 석탄발전을 종료하는 대신 2030년까지 재생에너지를 최소 100기가와트(GW) 늘려야 한다. …… 10차 전력수급기본계획(전기본)에서 2030년까지 재생에너지 발전 목표는 30.2%였던 이전 계획보다 낮은 21.6%로 확정됐다. 한국은 2030년까지 재생에너지 비중을 45%까지 늘려야 한다."(정라진, 2023)

 탈석탄은 재생에너지의 확충과 에너지 효율화와 병행해야 한다. 그것이 전력수급이라는 차원에서 원전에 대한 의존을 벗어나는 길이다. 동시에 이는 전력에너지산업의 구조개편과 동행한다. 여기에는 전력요금 결정체계의 정비, 발전 공기업의 통합과 공공주도의 에너지산업, 분산형 전력체계의 도입 등과 함께 에너지 민주주의와 에너지 안보의 확보 등을 필요로 한다. 또한 이와 동시에 진행되는 전력

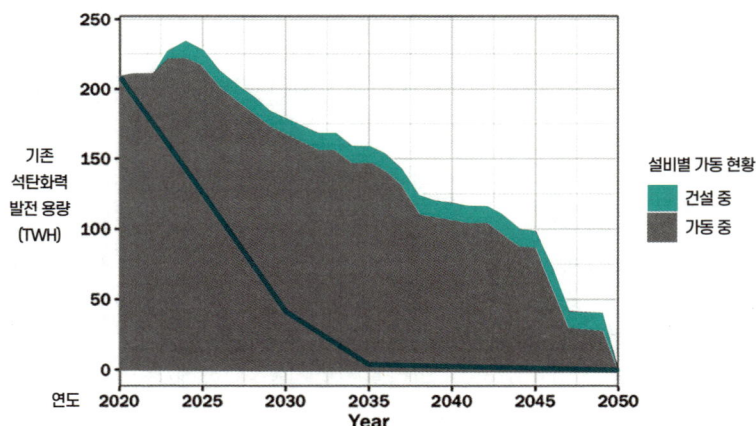

[그림3] 한국의 석탄화력발전소 폐쇄 경로
* 자료 출처: 정라진, 2023

산업의 민영화는 노동조합은 물론 시민단체에게도 민감한 이슈를 형성한다(남태섭, 2022).[40] 이 과정에서 쟁점의 하나는 LNG가 석탄발전과 재생에너지를 잇는 가교연료가 될 수 있는가라는 점이다.[41]

탈석탄 사업은 이러한 에너지전환과 함께 괜찮은 녹색 일자리를 창출하기 위한 사업을 필요로 한다. 석탄 관련 산업에서 실업에 직면하는 노동자들이 발생하는 탓이다.

노동조합이 탈석탄에 동의할까?

에너지전환을 위해 석탄화력발전소의 폐쇄를 앞당길 경우 관건은 "(발전 공기업) 노조가 이에 찬성할 수 있는가"라는 점이다. 비록 그것이 공익(탄소중립의 실현, 미세먼지의 감축)에 부합하더라도 노동조합이 자신의 일터를 폐쇄하려는 정책에 동의하기는 쉽지 않을 것이다. 최소한 발전소 폐쇄에 따른 희생을 보상할 수 있는 수단이 필요하다. 정의로운 전환과 연계해 노동조합은 최소한의 일자리 보장을 전제로 석탄화력발전소 폐쇄에 찬성할 것이기 때문이다.

이 지점에서 지적할 수 있는 것은 일자리 보장의 관건은 석탄화력발전소의 폐쇄를 늦추는 것이 아니라 정의로운 전환에 대한 정부의 정치적 의지라고 할 수 있다. 게다가 마지막에 폐쇄되는 석탄발전소

---

[40] 가령 전력산업의 우호적 민영화는 △민자주도의 LNG 발전의 확대 △ 재생에너지 발전에 대한 발전 공기업의 투자 감축과 의무할당제의 축소 △민자 참여의 송변전망 증설 △전력판매시장의 개방 확대 △ 한전의 재정적자 확대를 빌미로 한 공공성의 축소 등으로 나타난다.

[41] 기후단체인 기후솔루션은 2023년 말까지 가스발전소 101기 가운데 18기를 폐쇄하고 2034년까지는 모든 LNG 발전소의 문을 닫아야 한다고 주장한다(기후솔루션, 2023). LNG 발전소는 LNG 채취과정과 운반과정 그리고 발전(연소) 과정에서 이산화탄소를 배출한다.

는 대부분 민간부문이라는 사실도 감안할 필요가 있다.

　신설되는 LNG발전소가 석탄화력발전소 노동자의 일자리 상당 부분을 흡수하는 것은 사실이다. 하지만 LNG발전도 대부분 민간부문인 데다 정부도 2050탄소중립 계획에 따라 LNG발전의 비중을 단계적으로 축소할 계획이다. 따라서 LNG발전이 일자리를 보장하는 근본적인 해결책이 되기는 어렵다. 신재생 에너지 분야가 대안으로 떠오르지만 이 역시 민간부문이 대부분을 차지하는 데다 신규 고용창출 능력도 제한적이다(박태주·이정희, 2022). 결국 석탄화력발전소의 폐쇄가 본격화되면 내부잔류가 한계에 도달하면서 사업장 바깥에서 일자리를 찾아야 할 것이다. 바로 이 지점에서 녹색 일자리 창출 정책과 지역 차원의 노동시장 정책 그리고 사회안전망 정책의 필요성이 대두된다. 또한 이러한 정책은 기후단체와 노동조합, 지역주민 그리고 소상공인 등이 참여하는 사회적 연대가 필요하다.

　일자리 창출의 핵심은 공공주도의 재생에너지 사업을 확대하여 괜찮은 녹색 일자리를 창출하는 일이다. 물론 재생에너지산업에 국한되지는 않는다. 건물의 녹색 리모델링이나 돌봄노동, 사회적 경제 등에서도 일자리를 만들 수 있다. 노동시간 단축과 교대제 변경도 마찬가지다. 만일 고용을 타 사업장으로 전환할 수밖에 없다면 숙련의 유사성, 지리적 근접성, 시기의 일치, 임금 및 노동조건의 유사성 등이 뒤따라야 한다. 일자리의 수도 문제지만 일자리의 질과 접근성 역시 이 못지않게 중요하다. 적극적 노동시장 정책과 함께 사회안전망 정책이 필요한 이유다(이승윤 외, 2021). 숙련을 위한 조치와 함께 일자리 전환 과정에서 소득보장은 물론 이주를 지원할 필요가 있다.

일자리 전환이 어렵거나 이뤄지지 않을 경우 사회적 안전망을 동원할 수 있다. 가령 2022년까지 10기의 석탄화력발전소가 폐쇄됐다. 이 과정에서 발전사의 정규직 노동자(740명)는 전원 재배치가 이뤄졌다. 또 협력사(자회사 포함) 노동자 848명 가운데 757명은 재배치 되었으며 32명은 정년을 맞았다. 감축된 인원은 59명이었다(산업통상자원부, 2021). 이들 59명에게 일정 기간 소득보장을 전제로 직업훈련과 직장 알선 등을 할 수는 없었을까? 독일 탈석탄위원회의 합의 사항이 관심의 대상이 되는 이유다.[42]

신규 창출 일자리가 괜찮은 일자리가 될 수 있는가 여부는 또 다른 관건이다. 괜찮은 일자리에는 임금수준과 노동조건뿐 아니라 노동권의 보장이 포함된다. 사업장을 옮길 경우 임금격차가 걸림돌이 될 수 있다. 연공에 따른 임금체계와 승진체계를 갖춘 곳이 대부분이기 때문이다. 이 경우에도 고용전환지원금 등을 통해 일정 기간 동안 임금 손실을 보상해주는 방안을 검토할 수 있다. 여기서 핵심은 노동조합이 핵심적인 이해당사자로서 녹색전환 거버넌스에 참여하는 일이다.[43]

---

[42] 독일에서는 2018년 6월부터 2019년 1월까지 탈석탄위원회(Coal Commission, 정식 명칭은 '성장, 구조변화 및 고용에 관한 위원회'다)를 운영, 탈석탄정책의 방향을 담은 정책보고서를 채택했다. 먼저 석탄화력발전은 2038년에 최종적으로 중단하기로 합의했다(이는 2030년으로 단축되었다). 또한 400억 유로의 연방정부 예산을 투입해 재생에너지의 확대를 비롯한 에너지 하부구조를 현대화하는 등 전통적인 광산지역을 '모범지역'으로 발전시키기로 했다. 이를 통해 2028년까지 5,000명의 신규 일자리를 창출할 계획이다. 일자리를 잃게 될 모든 노동자에 대해서는 고용전환지원금을 지원한다. 재정 손실 없는 조기 은퇴(58세 이상)를 보장하며 나머지 실직 노동자에 대해서는 줄어드는 소득을 보전하기 위해 58세까지 최장 5년까지 고용조정지원금(48.1억 유로)을 지급하기로 했다(Agora Energiewende, 2019).
[43] 이에 대해서는 별도의 논의를 필요로 한다. 가령 탄소중립위원회를 예로 들면 한국노총은 참여할 의사가 있는 반면 민주노총은 참여를 거부하고 있다.

이는 절차적 정의의 핵심을 이룬다

노동조합으로서 한계가 없는 것은 아니다. 기업별 담장에 갇힌 노동조합이 실리주의의 경향이 강한 데다 조직이 분산되어 있다는 것도 공동 대응을 어렵게 만드는 요인이다. 게다가 정규직과 자회사 및 하청업체 노동자는 별도로 노동조합을 조직하고 있다. 상급단체의 경우도 전력이나 에너지 관련 노동조합은 한국노총의 전력연맹, 공공노련, 연합노련 그리고 민주노총의 공공운수노조로 나누어져 있다.

노동조합 사이에 긴장과 갈등이 불거지기도 한다. 하지만 최근 정부의 에너지전환정책이 역주행하면서 노동조합의 위기도 커지고 있다. 석탄화력발전소의 폐쇄와 전력산업의 구조조정(민영화), 재생에너지 사업의 후퇴와 이에 따른 일자리 문제가 대표적이다. 정의로운 전환을 위한 변화와 공동대응의 필요성이 높아지고 있는 셈이다.

노동조합의 조직과 운영은 '운동' 속에서 변화한다. 노조 사이의 통합이나 산별전환 움직임 등이 그것이다. 사회적 조합주의만 하더라도 그렇다. 사회적 조합주의는 업종별 이해에서 출발하는 개념이다. 앞서 밝혔듯 연대의 가치가 참여조직의 이익과 배치될 수 없다는 사실은 역으로 노동조합이 자신의 이해를 위해 사회적 의제를 내면화할 수 있다는 얘기다. 가령 민간 주도의 에너지정책을 철회하고 에너지산업의 공공성을 확보하는 일을 비롯하여 발전 공기업의 통합, 재생에너지의 확대와 에너지 효율화, 그린 리모델링, 노동시간 단축, 이해당사자의 주체적인 참여 등은 사회적 의제인 동시에 노동조합 역시 간과할 수 없는 의제다. 기후시민단체 역시 반대할 이유가 없다. 낮은 단계의 공동행동을 통해 노동과 기후가 손잡을 수 있는 공유의 지반이 형성되는 것이다.

맺음말: 그린뉴딜과 '성장 없는 그린뉴딜', 다른 전망과 공통의 기반

 기후위기는 노동자, 그것도 비정규직이나 하청노동자와 같은 취약 노동자와 여성, 청년, 이주민과 빈곤계층을 노린다. 한국 정부의 늑장 대응은 기후위기의 리스크를 키우는 요인이다. 자연재난이 급증하고 감염병이나 생태계의 교란과 같은 생태재난은 더욱 심각해질 것이다. 기후위기 대응을 늦추면 전환 리스크 역시 증가하기 마련이다.

 이산화탄소 배출량 감축 속도를 높여야 하는데, 이는 경제의 경착륙을 가져올 수 있다. 즉 강력한 기후위기 대응은 산업전환을 가속화함으로써 노동자들에게 부담을 전가시키는 요인이 될 수 있다.

 기후재난은 아래로 흐른다. 물리적 리스크뿐 아니라 전환 리스크도 마찬가지다. 노동자, 여성, 청년, 지역주민, 장애인, 이주민 등이 기후위기 대응에 취약한 사회적 약자다. 이들은 기후위기뿐 아니라 에너지 빈곤, 경기침체와 인플레이션(스태그플레이션), 사회적 안전망의 후퇴, 부채위기 등을 감수해야 한다는 점에서 '재난의 합류지점'을 형성한다(루비니, 2022). 사회적 약자들을 이처럼 직접적인 희생자로 호명한다는 점에서 이들을 전환의 주체로 세우는 물적 토대가 된다.

우리나라의 기후위기 대응에서 시급한 것은 '아래로부터의 대응'이라고 할 수 있다. 기후위기 대응이 결국 기후정치의 문제라면, 아래로부터의 대응이 위로부터의 전환을 이끄는 수단이 될 수 있기 때문이다. 아래로부터의 대응에서 결정적인 것은 노동과 기후의 연대라고 할 수 있다. 이른바 그린뉴딜 동맹이 그것이다. ([그림4] 참조)

그린뉴딜 동맹은 한편으로는 녹색전환·생태전환을, 다른 한편으로는 사회적 불평등의 해소를 추구한다. 일자리 보장이나 양질의 녹색 일자리 창출, 노동시간의 단축도 불평등 해소의 일환이다.

그린뉴딜 동맹으로 상징되는 기후-노동연대는 "노동의 참여 없는 기후위기의 해결과 체제전환은 가능한가?"라는 질문에 대한 답이기도 하다. 노동-기후연대는 노동이 중심이 되어 운동의 파편화를 극복하고 시너지 효과를 살리는 방안이다.

주체의 형성, 전략 및 로드맵의 설정은 기후위기 대응 과정에서 성

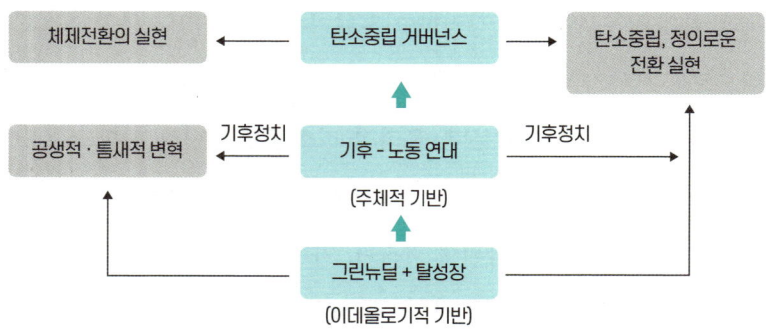

[그림4] 정의로운 전환을 위한 그린뉴딜 동맹의 형성

취 가능성을 높이는 계기가 된다.

특히 그린뉴딜은 탈성장으로 들어가는 입구로서 탈성장 정책의 현실화를 위한 도관의 역할을 한다. 에너지 부문에 대한 공적 소유와 민주적 통제, 일자리 보장을 포함한 정의로운 전환 정책, 공적 서비스의 탈상품화와 보편적인 접근, 틈새전략으로서 사회적 경제의 확대, 재생산과 돌봄노동의 가치화 등이 이에 해당한다.

정의로운 전환이라는 점에서 기후위기의 해결과 불평등의 해소 그리고 일자리의 창출이 극적으로 만난다면 노동과 기후는 공통의 그린뉴딜 기반을 확인한다. 노동-기후연대를 통해 정의로운 전환을 추동하는 동력이 형성되는 셈이다.

구체적으로 그린뉴딜 동맹은 탈석탄을 비롯한 에너지전환 과정에서 시도될 수 있을 것이다. 여기서 관건은 석탄화력발전소의 조기 폐쇄에 따른 노동자의 고용불안을 어떻게 해소할 것인가 하는 점이다. 바로 이 지점에서 에너지의 공공성 확보와 더불어 재생에너지 및 에너지 효율화에 대한 투자의 확대, 녹색 일자리의 창출, 사회적 경제의 활성화 그리고 사회안전망의 강화와 같은 그린뉴딜 전략이 기후-노동연대의 접점을 형성한다. 하지만 그린뉴딜은 스스로 한계를 갖는다. 성장지향으로 인한 탄소배출 감축의 한계가 대표적이다. 이로 인해 그린뉴딜은 시간적인 저기성을 갖고 '성장 없는 그린뉴딜'로 이행하는 가교가 된다.[44]

---

[44] Part 4, 박태주 박사의 「정의로운 전환을 위한 '노동-기후연대'는 어떻게 가능한가」는 2023년 10월 23일 'ILO 이념에서 본 기후위기의 전개와 인공지능(AI)의 발달'이라는 주제로 (사)한국ILO협회가 주관한 '2023 국제노동 정책토론회(2)'의 발제 글이다.

참고문헌

- 관계부처합동, 2021b. 「2030 국가 온실가스 감축목표(NDC) 상향안」(10.18)
- 관계부처합동, 2023. 「탄소중립·녹색성장 국가전략 및 제1차 국가 기본계획 요약」(4월)
- 기후솔루션, 2023. 「'가스발전의 종말' 2035년까지의 에너지전환 보고서」
- 김동춘, nd. 『NGO와 노동운동 간의 연대와 충돌』
- 남태섭, 2022. 「전력산업의 우회적 민영화 비판과 대안」 에너지포커스(겨울호)
- 산업통상자원부(2021), 「석탄발전 폐지·감축을 위한 정책방향」(12.28)
- 윤순진, 2022. 「이미 늦었을지도, 아직도 늦지 않았을지도」, 유네스코 한국위원회 기획, 아주 구체적인 위협, 동아시아
- 이승윤·김태환, 2021. 「정의로운 전환을 위한 적극적 노동시장정책의 방향에 대한 소고」, 한국사회정책 28(4)
- 인소영·박기영, 2021. 「기후변화의 경제학」, 한국경제학보, 제28권 제1호
- 정라진, 2023. 「한국, 2035년까지 탈석탄 없이 탄소중립 힘들어」, 한스경제(9.13)
- 고레비치, 알렉스/신은종, 2022. 『19세기 노동기사단과 공화적 자유: 지금 우리는 자유로운가?』, 지식노마드
- 라이트, 에릭 올린/권화현, 2012. 『리얼 유토피아: 좋은 사회를 위한 진지한 대화』, 들녘
- 래첼, 노라·우젤, 데이비드/김현우, 2019. 『녹색노동조합은 가능하다』, 이매진
- 루비니, 누리엘/박슬라, 2022. 『초거대 위협』, 한국경제신문
- 샹셀, 뤼카/이세진, 2023. 『지속불가능한 불평등: 사회정의와 환경을 위하여』, 니케북스
- 칼리스, 요르고스·폴슨, 수전·달리사, 자코모·데마리아, 페데리코/우석영·장석준, 2021. 『디크로쓰: 지구를 식히고 세계를 치유할 단 하나의 시스템 디자인』, 산현재

- Agora Energiewende, 2019. The German Coal Commission: A Roadmap for a Just Transition from Coal to Renewables
- Galgoczi, B., 2020. Just transition on the ground: Challenges and opportunities for social dialogue, European Journal of Industrial Relations, Vol. 26(4)
- Galvin, R·Healy, N., 2020. The Green New Deal in the United States: What it is and how to pay for it, Energy Research & Social Science 67
- Hyman, R., 2001. Understanding European Trade Unionism: Between market, class and society, London: SAGE Publications
- IEA(International Energy Agency), 2021. Net Zero by 2050: A Roadmap for the Global Energy Sector

- ILO, 2019. Guidelines for a just transition towards environmentally sustainable economies and societies for all. Geneva: International Labour Office
- IPCC(Intergovernmental Panel on Climate Change), 2023. The Sixth Assessment Report
- Kalt, T. 2022. Agents of transition or defenders of the status quo? Trade union strategies in green transitions. Journal of Industrial Relations
- Mastini, R., Kallis, G. and Hickel, J., 2021. A Green New Deal without Growth?
- Ecological Economics 179
- Morena, E., Stevis, D., Shelton, R. et al., 2018. Mapping Just Transition(s) to a Low-Carbon World, A report of the Just Transition Research Collaborative, UNRISD(Inioted Nations Research Institute for Social Development)
- Pollin, R., 2018. Degrowth vs. A Green New Deal, New Left Review 112(July, August)
- Raethzel, N. and Uzzell, D., 2011. Trade unions and climate change: The jobs versus environment dilemma, Global Environmental Change 21
- TCFD(Task Force on Climate-related Financial Disclosures), 2017. Recommendations of the Task Force on Climate-related Financial Disclosures(final report)
- Thomas, A., 2021. Framing the just transition: How international trade unions engage with UN climate negotiations, Global Environmental Change 70

PART 5
ESG 평가에 있어서 노동 요소

송관철

- 한국노동사회연구소 연구위원(현)
- 고려대학교 노동문제연구소 객원 연구위원(현)
- 광주광역시 노사민정협의회 위원(현)
- 한국인사조직학회 이사(전)
- 청강문화산업대학 외래교수(전)

"ESG 평가에서 노동은 매우 중요한 영역이며,
광범위하게 다루어지고 있다"

ESG 평가에서 노동을 다루는 또 다른 관점은 직접적인 요인과 간접적인 요인으로 구분할 수 있다. 직접적인 요인은 해당 사업장 범위 내에서 이루어지는 문제를 다루는 것이고 간접적인 요인은 해당 사업장 범위 밖에 있지만 해당 사업장의 경영 활동과 관련되는, 즉, 공급망(Supply Chain)과 관련된 영역에서 문제를 다루는 것이다.

들어가기

ESG는 우리 사회에서 상당히 넓은 영역을 다루고 있다. 그래서 ESG와 관련된 기관들이 ESG를 바라보는 관점은 매우 다양하다. 예를 들어 국제 표준을 담당하는 ISO(International Organization for Standardization)나 GRI(Global Reporting Initiative) 등은 ESG를 실천하는 표준의 관점에서 접근하고, GSIA(Global Sustainable Investment Alliance), ICGN(International Corporate Governance Network) 등은 투자자를 위한 이니셔티브 제시에 초점을 두고 있다. SBTI(Science Based Targets Initiative), TCFD(Task Force on Climate-related Financial Disclosures) 등은 주요 영역별 권고안이나 지침, 방법론 등을 제시하며, S&P, MSCI(Morgan Stanley Capital International) 등은 기업의 ESG경영 활동을 평가하여 자본시장에서 참고할 수 있는 데이터를 제공하고 있다. ([그림1] 참조)

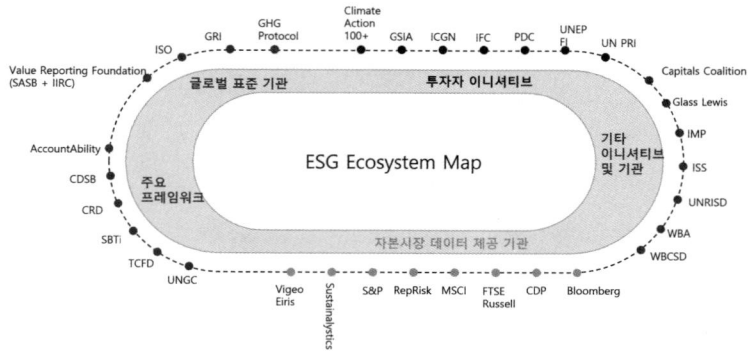

[그림1] ESG 생태계와 관련 기관 현황
* 자료 출처: CSES(2021), 『ESG Handbook Basic』

이 가운데 우리는 자본시장에 ESG 데이터를 제공하는 기관을 중심으로 ESG를 바라볼 필요가 있다. 그들이 ESG 데이터를 제공한다는 것은 'ESG경영 활동을 평가한다는 것'을 의미한다. 이는 기업이 ESG를 적절하게 수행하고 있는지, 어떠한 영역에서 ESG경영을 잘하고 어떠한 영역에서 부족한지 진단한다는 뜻이다. 진단 결과가 점수나 등급 등 계량적으로 나타난다는 점에서 피 평가기업은 순위에 대한 부담이 있겠지만, ESG경영 활동 성과를 구체적이고 명확하게 파악할 수 있다는 건 큰 장점이다.

예를 들어 기업에서는 ESG 각 분야 또는 전체를 통합해서 평가 등급이나 점수가 어떻게 나오는지를 더 중요하게 생각할 수 있지만, ESG 평가는 기업의 강점과 약점을 객관적으로 설명하기 때문에 궁극적으로는 기업이 ESG경영을 잘할 수 있도록 만들어주는 길라잡이가 된다. 그래서 ESG 평가기준을 살펴보는 게 매우 중요하다. ESG 경영을 어떻게 할 것인지 계획을 수립하고, 그 활동을 점검하고 환류

하는 것은 ESG 평가를 직접 받거나 ESG 평가 기준을 살펴봄으로써 알 수 있기 때문이다.

이러한 중요성을 잘 알고 있기 때문에 대기업들은 이미 국내 주요 평가기관[45] 외에도 MSCI, S&P 등 해외 평가기관으로부터 평가를 받고 있다. MSCI나 DJSI(Dow Jones Sustainability Indices) 지수 편입 시점이 다가오면 주요 대기업들의 ESG 평가 결과가 언론에 자주 등장하는 것도 이러한 이유 때문이다.

그러나 중견·중소기업의 경우 해외 평가기관은커녕 국내 평가기관의 평가를 받는 것도 부담이다. 전담 인력도 부족하거나 없고, ESG 경영을 어디부터 시작할 것인가도 막막하기 때문이다. 그런데 피하기도 어렵다. 비록 2026년 이후로 미루어졌지만, 2조 원 이상 자산을 보유한 기업을 시작으로 상장사 전체를 대상으로 하는 ESG 공시 의무가 계획되어 있으며, 공급망 관점에서의 ESG 논의가 활발해지고 있기 때문이다.

따라서 ESG 평가를 받은 경험이 없거나 막연하게만 느껴지는 이해관계자를 위해 이번 장에서는 노동과 관련된 지표를 중심으로 ESG 평가에 관한 내용을 다루고자 한다. ESG와 노동을 연결하여 생각하는 것이 다소 낯설지도 모르지만, 이번 장을 통해 노동 관련 ESG 평가지표를 살펴본다면, ESG경영에 있어서 노동이 얼마나 중요한 요소인지를 깨닫게 될 것이다.

---

[45] 국내 대표적인 ESG 평가기관은 한국ESG기준원, 서스틴베스트, 한국ESG연구소가 있다.

ESG 평가에서
노동을 어떻게 다루고 있는가?

ESG 평가에서 노동은 지표 내 평가와 지표 외 평가로 구분할 수 있다. 지표 내 평가는 각 평가기관에서 제시하는 평가 프레임 내 지표로 다루어지는 것을 의미하고 지표 외 평가는 컨트로버시(Controversy)라 불리는 영역, 즉 사회적 이슈를 평가에 반영하는 것을 의미한다.

ESG 평가에서 노동을 다루는 또 다른 관점은 직접 요인과 간접 요인으로 구분할 수 있다. 직접 요인은 해당 사업장 범위 내에서 이루어지는 문제를 다루는 것이고 간접 요인은 해당 사업장 범위 밖에 있지만 해당 사업장의 경영활동과 관련되는, 즉, 공급망(Supply Chain)과 관련된 영역에서 문제를 다루는 것이다. 이를 도식화하면 ESG 평가에서의 노동은 지표 내/외, 직접/간접 등 2×2 행렬(Matrix)로 정의할 수 있다. ([표1] 참조)

[표1] ESG 평가와 노동

	지표 내	지표 외
직접	평가기관별 노동지표	사내 컨트로버시(Controversy)
간접	공급망(Supply Chain) 내	공급망(Supply Chain) 컨트로버시(Controversy)

ESG 평가지표 내 노동 트인은 어떤 것이 있는지 살펴보기 위해서 국내외 주요 평가기관의 ESG 평가지표를 살펴보고, 컨트로버시 관련 사항은 어떻게 다루어지는지 살펴보자.

해외 ESG 평가기관의 노동 평가지표

해외 ESG 평가기관은 600개 이상으로, 모든 평가기관의 사례를 살펴보기는 어렵다. 그래서 S&P Global, MSCI, FTSE Russell, REFINITIV, EFG 등 5개 기관의 사례를 대표적으로 살펴보고자 한다.

S&P Global의 DJSI CSA(Dow Jones Sustainability Indices Corporate Sustainability Assessment)는 기업의 ESG경영을 12개 평가요인을 중심으로 산업별 120개 문항을 적용하여 측정한다. 노동에 관련된 사항은 주로 사회(Social) 영역에서 다루는데, 노동관행, 인권, 인적자본관리, 인재유치 및 유지, 산업안전보건 등이 이에 해당한다. 사회 영역은 노동 외에도 사회적 책임, 개인정보보호 등 다양한 요인으로 구성되어 있는데, 산업별로 조금 차이가 있긴 하지만, 노동이 차지하는 평가지표의 비중은 대략 60~70%로, 매우 중요한 요소다.

구체적으로 노동관행은 차별과 괴롭힘, 성·인종·민족·국적 평등, 결사의 자유 등으로, 인권은 인권옹호 정책과 실사 과정, 평가와

[표2] DJSI CSA 내 노동지표

구분	측정항목
노동 관행	차별과 괴롭힘: 직장 내 차별과 괴롭힘 방지대책 등
	성별 인력분석: 여성 노동자 비율, 여성 관리자 비율(전체, 상급, 임원), 부서별 여성 관리자 비율 등
	인종/민족/국적 인력 분석: 인종/민족/국적 노동자 비율, 관리자 비율 등
	성별 보수: 경영진/관리직 임금과 성과급, 일반 직원 등에서 남성과 여성 임금 차이 등
	결사의 자유: 노조 가입 비율 등
인권	인권 옹호: 인권 정책 수립 및 공개
	인권 실사 과정: 인권 관련 잠재적 영향과 위험을 사전에 파악하고 평가하는 프로세스 보유
	인권 평가: 최근 3년간 인권 관련 잠재적 영향과 위험성 평가 결과
	인권 완화와 개선: 인권 완화 및 구제조치 결과 공개 현황
인적 자본 관리	교육훈련: 교육훈련 투자 현황(교육훈련 시간, 교육 예산) 및 직원 입장에서 공정하게 설계되어 있는지(교육생 나이, 성별, 직위, 인종/국적 등)
	직원 역량개발 프로그램: 직무능력 향상, 리더십, 법정의무 교육, 산업안전보건 교육 등
	인적자본 투자대비 효과: 총수익에서 인건비를 제외한 운영비를 감하고, 이를 인건비로 나눈 비율 (인건비는 보수와 복리후생비뿐만 아니라 교육훈련비, 채용 관련 비용, 퇴직금 및 연금 관련 비용 등을 포함한다.)
인재 유치 및 유지	채용: 신규 직원 채용, 개방형 직위에 채용된 내부인력, 정규직 1인 평균 채용 비용.
	성과평가 유형: 목표관리제, 다면평가, 팀성과평가 등 평가 유형과 평가 시기(빈도)
	장기근속지원금: 인센티브 유형(스톡옵션, 현금 등)과 지급대상 연차, 비관리직 적용 비율
	직원 지원 프로그램: 스트레스 관리, 스포츠/건강, 유연근무제, 재택근무, 시간선택제, 보육시설, 육아휴직, 가족돌봄 휴가 등
	이직률: 전체 이직률 및 자발적 이직률
	직원 만족도 경향: 직원 만족도 결과 경향성
산업 안전 보건	산업안전보건 정책
	산업안전보건 프로그램: 위험성 평가 프로그램, 비상대응체계, 내부점검, ISO45001 표준 준수 등
	사망자 수
	정규직 근로손실재해율
	계약직 근로손실재해율

* 자료 출처: S&P Global(2023), 『CSA Handbook 2023』

개선을, 인적자본관리는 교육훈련과 역량개발 프로그램, 투자대비 효과를, 인재 유치는 채용과 평가, 이직률, 직원 만족도를, 산업안전보건은 정책과 프로그램, 사망자 수와 근로손실재해율 등을 다룬다. 구체적인 영역과 세부 평가항목은 [표2]와 같이 정리할 수 있다.

MSCI(Morgan Stanley Capital International) ESG Rating은 환경과 사회, 지배구조와 관련된 평가를 10개 주제, 35개 지표로 평가한다. 노동과 관련된 부분은 인적자원 주제 내 4개 지표(노무관리, 인적자원개발, 보건안전, 공급망 노동규범)로 평가하고 있다. MSCI 내 노동은 사회(Social) 영역에서 제품 책임, 주주의 반대, 사회적 기회 등과 함께 구성되어 있어 상대적으로 DJSI CSA보다 비중이 작은 것처럼 보이지만, 공급망 노동규범까지 함께 다루고 있다는 점에서 더 넓게 접근하고 있다고 평가된다.

MSCI 지표 내 노동은 인권보호, 노동관행 등을 다루는 노무관리,

[표3] MSCI 내 노동지표

구분	측정항목
노무 관리	인권 보호, 다양성 및 포용성, 성별 임금 차이, 이사회 다양성(여성 임원의 비율), 합리적이고 적법한 노동 관행(차별금지, 아동노동 및 강제노동 금지), 노동관계법 및 국제노동기구 권고 준수, 노조 가입률, 파업 등
인적자원 개발	고충처리 신고 및 조치, 직원 만족도 조사 빈도, 우리사주 범위, 성과급 적용 직원 범위, 비급여성 혜택 직원 범위, 직원 생산성, 이직률, 성과평가 체계, 역량개발 훈련대상 직원 범위, 종사자 대상 학위 프로그램 및 인증 지원, 리더십 훈련 및 기술개발 등
보건 안전	산업안전보건 정책의 범위, 정책 감사, 공인된 표준 인증 획득 여부, 위원회 운영, 사고 및 사망자 수(정규직, 계약직), 근로손실재해율 등
공급망 노동규범	공급업체의 노무관리(차별금지, 아동노동 금지, 강제노동 금지, 결사의 자유 보장, 최저임금 보장, 근로기준법 준수, 공급망 관리, 작업표준 준수 및 투명성 등

* 자료 출처: MSCI(2023), 『MSCI ESG Rating Methodology』, MSCI(2020), 『MSCI ESG Metrics_Calculation Methodology』

고숙련 인력을 유치하고 유지하며, 교육훈련을 담당하는 인적자원개발, 작업장 내 안전 표준을 수립하고 준수하는 보건안전, 공급업체의 노무관리 이슈를 다루는 공급망 노동규범 등으로 구성되며, 구체적인 내용은 [표3]과 같다.

FTSE(Financial Times Stock Exchange) Russell은 환경, 사회, 지배구조의 세 가지 축을 기준으로 14개 세부 주제, 300개 이상의 지표로 기업의 ESG를 평가한다. 노동 관련 사안은 사회 영역에서 다룬다. 사회 영역의 5개 주제 중 네 가지가 노동에 해당하는 등 노동의 비중이 크다. 특히 MSCI와 마찬가지로 공급망에서의 노동규범 준수에 대한 실사와 모니터링을 함께 평가한다는 점에서 의의가 있다. ([표4] 참조)

REFINITIV는 ESG를 10개 주제로 구분한 후 186개 세부 평가지표를 적용하여 기업의 ESG를 평가한다. 노동과 관련된 사안은 사회

[표4] FTSE Russell 내 노동지표

구분	측정항목
보건안전	산업안전보건 정책, 지속적인 개선 노력, 사고 감소 목표, 목표대비 성과, 이사회 감독, 위험평가 및 실사, 안전보건 개선에서의 직원 참여, 사고조사 및 보고 등
노동 기준	ILO 규약 적용, 차별 없는 정책 방향, 노동 기준 적용, 노동시간 및 생활임금 정책 방향, 소외계층과 청년의 실업 정책, 위험평가 및 실사, 노동문제 해결 및 다양성 개선 조치
인권 및 공동체	국제표준 지원, UN 인권자 김 준수, 아동권리 및 사업 원칙, 지역 고용에의 기여, 신규 및 기존 활동의 영향력 평가, 이해관계자 참여 및 보고, 고충처리, 안전사고 조치결과의 공개 등
사회 공급망	노동시간 및 생활임금, 산업 안전보건에 대한 정책 등에 대하여 신규 및 기존 공급업체를 대상으로 하는 위험평가, 모니터링 및 감사, 공급업체 역량강화 노력, 공급망 이니셔티브 등

* 자료 출처: 송관철 등(2022), 「ESG 평가 시 공익법인 기부금 반영 방안」

[표5] REFINITIV 내 노동지표

구분	측정항목
인권	기본적인 인권 규약을 존중하는 차원에서의 효율성 등
작업장	다양성과 포용성, 경력개발과 교육훈련, 작업장 근무 조건, 건강 및 안전, 만족감, 안전한 작업환경, 평등한 기회 제공, 자기개발 기회 증진의 효율성 등

* 자료 출처: REFINITIV(2022). 'Environmental, Social and Governance Scores From Refinitiv'

영역의 4개 주제 중 인권과 작업장 등 두 개로 구체적인 세부 평가지표의 달성과 함께 투명성에 가중치를 부여하여 측정하고 있다. ([표5] 참조)

EFG(Bank of European Financial Group) ESG Rating은 GRI 가이드라인을 재편하여 4개 영역, 11개 세부주제로 기업의 ESG를 평가한다. 노동과 관련된 부분은 직원과 공급망으로 구분해서 별도 영역으로 다루는 등 노동지표의 중요성을 다른 평가지표보다 강조하고 있다.

[표6] EFG 내 노동지표

구분		측정항목
직원	교육 및 훈련	직원에 대한 교육, 훈련 및 투자
	다양성 및 기회	직원의 다양성 및 기회, 동일 노동 동일 임금, 차별 철폐
	보건 안전	산업안전 및 보건, 노동자 고충처리 메커니즘, 보안
	고용의 질	고용, 노사관계, 노동 관행
	노동자 권리	결사의 자유, 강제 노동, 인사 평가, 인사관리 고충처리 메커니즘
공급망	공급망 관리 사회적 조건	사회에 미치는 영향에 대한 공급업체 평가, 공급업체 인권 수준, 공급업체 평가
	공급망 관리 환경	공급업체 고충처리 메커니즘, 공급업체 환경 평가

* 자료 출처: EFG(2021). 'Responsible Investing ESG rating methodology'

직원 관련 사항은 교육훈련, 다양성과 기회, 보건안전, 고용의 질, 노동자의 권리 보장 등으로 구성되어 있고, 공급망은 사회적 조건에서의 공급망 관리와 공급업체 고충 처리 등 환경적 요인으로 구분하여 측정한다. ([표6] 참조)

DJSI CSA(S&P Global), MSCI ESG Rating, FTSE Russell, REFINITIV, EFG ESG Rating 등 해외 평가기관의 ESG 평가지표 내 노동지표를 살펴본 결과, 노동에서 다루고 있는 부분은 주로 인권과 노동권 보장, 비정규직·파견직을 포함한 산업안전보건, 다양성과 평등, 양질의 고용여건, 우수인재 유치 및 직원의 성장과 장기근속, 공급망 내 ESG 노동 등이다.

그런데 이러한 지표 내용은 CSR(Corporate Social Responsibility), GRI(Global Reporting Index), UNGC(UN Global Compact), ISO26000, UN SDGs(Sustainable Development Goals) 등에서 함께 다루고 있는 내용이다. 즉, 새롭게 무엇인가를 해야 하는 부담스러운 것이 아니라, 이미 여러 가이드라인에서 다루어져 왔던 사항을 ESG 평가에서 재점검하는 과정이라고 이해하면 된다. 다만 CSR, GRI, UNGC, ISO26000, UN SDGs에서는 주로 해당 기업 내에서의 사회적 책임과 지켜야 할 규범을 제시했다면, ESG 평가에서는 'ESG 생태계 관점'에서 공급망에서의 노동규범도 함께 제시하였다는 점에서 약간의 차이가 있다고 하겠다.

국내 ESG 평가기관의 노동 평가지표

국내의 대표적인 ESG 평가기관은 한국ESG기준원, 서스틴베스트, 한국ESG연구소 등 세 곳이다. 이들의 평가기준을 살펴보면 국내 ESG 평가지표가 노동을 바라보는 시각을 파악할 수 있을 것이다.

한국ESG기준원의 ESG 평가 중 노동과 관련된 이슈는 사회(S)영역의 노동관행, 직장 내 안전보건, 인권, 공정운영 관행 등 네 가지 영역이 해당한다고 볼 수 있다.

노동관행은 고용에서의 공정성 확보와 차별금지, 일과 생활의 균형, 건전한 노사관계 형성 및 노동자의 역량개발 지원을 평가한다. 직장 내 안전보건은 안전보건 거버넌스와 위험관리를, 인권은 인권경영 거버넌스와 인권 위험관리를, 공정운영 관행에서는 공급망 위험관리를 평가한다.

한국ESG기준원은 구체적인 평가체계나 지표에 대한 사항을 공개하지 않거나 인용할 수 없도록 정하고 있어 이해관계자들이 관련 내용을 확인할 수 없다. 다만, 일부 공개된 내용에 따라 한국ESG기준원이 노동 관련 사항을 어떻게 평가하고 있는지 일부 추정할 수 있다.

한국ESG기준원의 ESG 모범규준에 따르면 인권경영의 경우 인권경영에 대한 기준을 수립하고 대내외에 공개할 것을 권장하며, 실무부서 설치와 인권영향 평가를 주기적으로 실시할 것을 권고하고 있다. 또한 인권 관련 고충을 접수·처리할 수 있는 인권 고충처리 채널을 운영하고, 주기적으로 인권경영 효과성을 평가하고 그 결과를 공유해야 한다고 정하고 있다.

노동관행에서는 고용에 있어서 성별, 장애, 학력 등에 따른 채용과 승진 등에서의 차별이 없어야 하고, 이로 인한 임금차이가 발생하지 않도록 권장한다. 또한 청년이나 여성, 장애인, 고령자 등 사회적인 취약계층을 적극적으로 고용하며, 전체적으로 비정규직보다는 정규직(기간의 정함이 없는 노동자) 채용을 권장한다. 또한 ILO 등에서 정한 노동규범을 준수하며 노동자의 역량개발을 위한 교육훈련을 실시하

리더십과 거버넌스	전략과 방침
노동 관행	공정하고 차별없는 고용, 일과 생활의 균형 지원, 건전한 노사관계 형성, 근로자 역량 개발 지원
직장 내 안전보건	안전보건 거버넌스, 안전보건 위험 관리
인권	인권 경영 거버넌스, 인권 위험 관리
공정운영 관행	공정운영 거버넌스, 공정운영 위험관리, 동반성장 기반 확립, 공급망 위험 관리
지속가능한 소비	거버넌스, 소비자 권익 침해 위험관리, 소비자와의 소통, 적극적이고 효과적인 피해보상, 지속가능한 소비 조작
정보보호 및 개인정보보호	거버넌스, 위험관리, 정보보호 투자, 정보주체 권리보장
지역사회 참여 및 개발	지역사회 참여 거버넌스, 지역사회 위험관리, 지역사회 참여 성과 관리
이해관계자 소통	사회책임경영정보 공개

[그림2] 한국ESG기준원 사회(S)평가 내 노동지표
* 자료 출처: 송관철(2024), 「ESG 평가지표에서 노동의 중요성」

고, 자사 및 협력사 노동자 모두를 대상으로 안전한 작업환경(산업안전보건)을 보장할 것을 정하고 있다.

마지막으로 공정운영 관행에서는 협력업체를 대상으로 노동관행 및 인권에 대한 사항, ILO 노동기준 원칙 준수 등을 정하는 행동강령을 통해 공급망에 대한 노동의 위험관리를 함께 평가하고 있다는 점을 알 수 있다. ([그림2] 참조)

서스틴베스트는 ESG 평가에 대한 이해관계자의 궁금증을 해소할 수 있도록 '기업 ESG 분석보고서'를 공개하고 있다. 서스틴베스트의 ESG 평가지표는 총 14개 평가항목, 52개 평가지표, 97개 세부지표로 구성되어 있다. 노동과 관련된 사항은 인적자원관리(노동조건, 고용평등 및 다양성, 노사관계 관리, 노동자 보건 및 안전)에서 주로 다루고 있다.

노동자의 생산성과 만족도 향상을 위한 업무환경 제공, 고용평등

인적자원관리	근로조건	근로자의 생산성과 만족도를 향상시킬 수 있는 업무환경을 제공하고 있는가?
	고용평등 및 다양성	고용평등 및 다양성 제고를 위해 노력하고 있는가? 사회적 약자의 고용수준이 어떠한가?
	노사관계 관리	협력적인 노사관계 구축을 위해 노력하고 있는가?
	근로자 보건 및 안전	근로자 보건 및 안전을 보장하기 위해 노력하고 있는가? 당사의 근로자뿐 아니라 협력업체 근로자들의 보건 및 안전까지 관리하고 있는가? 실제 산업재해 발생빈도가 높은가?
공급망 관리	공정거래	협력업체와의 거래에 있어서 법규를 충실히 준수하고 있는가? 우월한 지위를 남용하고 있지는 않는가
	상생협력	상대적으로 영세한 하도급 업체의 성장 지원 등 상생협력을 위해 노력하고 있는가?
	공급사슬관리	공급사슬 전반에 걸쳐 사회적 책임을 다하기 위해 노력하고 있는가?
고객관리	고객정보보호	고객의 정보 보호를 위한 전담조직 및 시스템을 구축하고 있는가?
	소비자 만족 경영	소비자의 불만을 수용하고 그에 대응할 수 있는 시스템을 구축하고 있는가?
	품질관리	제품 및 서비스의 품질관리를 위한 시스템을 구축하고 있는가? 협력업체에 대해서도 품질관리를 실시하고 있는가?
사회공헌 및 지역사회	국제 이니셔티브 가입 및 활동	지속가능경영 관련 이니셔티브에 가입하고 활동하고 있는가?
	사회공헌활동	기업의 자원을 활용한 사회공헌 활동을 하고 있는가?
	지역사회 관계	지역사회와의 신뢰관계 구축을 위해 노력하고 있는가?

[그림3] 서스틴베스트 사회(S) 평가 내 노동지표
* 자료 출처: 송관철(2024), 「ESG 평가지표에서 노동의 중요성」

및 다양성 제고를 위한 노력 및 사회적 약자 고용 수준, 협력적 노사 관계 구축 노력 그리고 당사와 협력사 노동자의 보건 및 안전보장 노력과 관리체계, 산업재해 발생빈도 등을 측정한다. 서스틴베스트에서도 공급망 관리를 14개 평가항목 중 하나로 평가하는데, 공급망에 대한 노동관행 관리 평가 내용은 구체적으로 확인되지 않았다. ([그림3] 참조)

한국ESG연구소의 노동 관련 평가 사항은 13개 중분류로 구성된 사회(S) 평가지표 내에서 인권경영, 다양성, (공급망 ESG 관리), 고용환경, 조직문화, 노사관계, 산업안전보건 등 6~7개 항목으로 절반 정도를 차지하고 있다. 다만 공급망 ESG 관리에서 세부적으로는 노동을 측정하고 있는지는 확인되지 않는다. ([그림4] 참조)

이처럼 국내 평가기관의 노동 평가지표는 주로 노사관계, 산업안전보건, 고용평등, 인권과 다양성 관점에서 접근하고 있다. 일부 지표의 경우 공급망 이슈나 산업안전에서의 협력사 포괄 등에서 노동 이

인권 경영과 다양성	인권 경영, 다양성
제품 및 서비스 책임	제품 서비스 안전 소비자 보호
공급망 관리	공정거래 및 동반성장, 공급망 ESG 관리
인적자본 및 근무환경	고용환경, 조직문화, 노사관계
안전보건	산업안전보건
지역사회 관계	지역사회 공헌
정보보호	정보보호 시스템
사회위험	사회 제재 및 처벌

[그림4] 한국ESG연구소 사회(S) 평가 내 노동지표
* 자료 출처: 송관철(2024), 「ESG 평가지표에서 노동의 중요성」

슈를 다루고 있다는 점을 알 수 있다. 다만, 국내 평가기관은 대체로 평가지표에 대한 사항을 공개하지 않거나 일부 공개하더라도 인용 및 활용을 금지하고 있어 구체적으로 평가요인과 중요도를 파악하는 데 한계가 있다. 이런 보수적인 공개 태도는 ESG 평가와 관련된 다양한 이해관계자의 접근과 논의를 차단하여 ESG가 가지고 있는 투명성에 대한 사항이 평가기관에서부터 지켜지지 않는 것으로 평가할 수도 있다.

정부의 움직임

이러한 불투명한 문제를 해결하여 중견·중소기업에서도 ESG경영을 준비할 수 있도록 정부에서는 ESG 가이드라인을 수립, 제시했다. 2021년에 제정된 K-ESG 가이드라인은 국내외 주요 13개 평가기준과 공시기준을 분석하여 공통적이고 핵심적인 사항을 중심으로 공시항목을 정하고 이에 대한 평가기준을 제시한 자료다.

K-ESG 가이드라인 내 노동은 '노동' 범주에 해당하는 6개 지표(신규채용 및 고용유지, 정규직 비율, 자발적 이직률, 교육훈련, 복리후생비, 결사의 자유 보장), '다양성 및 양성평등' 범주의 3개 지표(여성 구성원 비율, 여성 급여 비율, 장애인 고용률), '산업안전' 범주의 2개 지표(안전보건 추진체계, 산업재해율), '인권' 범주의 2개 지표(인권정책 수립, 인권 리스크 평가)로 구성되는데, 이는 사회영역 22개 지표 중 13개 지표(59.1%)다.

중견·중소기업의 경우 노동 범주는 정규직 비율과 결사의 자유 보장, 다양성 및 양성평등은 3개 지표 전체, 산업안전 범주는 2개 지

노동	신규 채용 및 고용 유지, 정규직 비율, 자발적 이직률, 교육훈련비, 복리후생비, 결사의 자유 보장
다양성 및 양성평등	여성 구성원 비율, 여성 급여 비율(평균 급여액 대비), 장애인 고용률
산업 안전	안전보건 추진체계, 산업재해율
인권	인권정책 수립, 인권 리스크 평가
동반성장	협력사 ESG경영, 협력사 ESG 지원, 협력사 ESG 협약사항
지역사회	전략적 사회공헌

[그림5] K-ESG 가이드라인 내 노동지표
* 자료 출처: 관계부처합동(2021), 'K-ESG 가이드라인 v1.0'

표 전체 등 총 7개 지표로 사회영역 9개 지표 중 77.8%를 차지하고 있다. ([그림5] 참조)

K-ESG 가이드라인은 각 평가지표별 평가 산식(안)을 제시하고 있어 ESG에 대비하고자 하는 기업이라면 누구나 무엇을 어떻게 준비하면 될 것인지 쉽게 알 수 있다. 또 국내외 주요 평가기관의 지표를 참고하고 있다는 점에서 많은 기업의 ESG 평가 대응에 도움이 되는 것은 분명하다. 그러나 노동 영역에 대해서는 해외 평가기관들이 상당 부분 공급망 관점에서의 노동 이슈를 다루고 있음에도 불구하고 이러한 사항을 충분하게 반영하지 않았다는 점에서는 한계가 있다고 평가할 수 있다.

공급망 노동은 왜 관리해야 하는가?

앞서 국내외 평가지표 및 가이드라인을 통해 '공급망 노동'에 대한 관리를 평가하고 있다는 사실이 확인되었다. 그런데 공급망을 관리하는 것은 사실상 거래처를 통제하는 것으로 불공정 관행이 아닌가 하는 의문이 들 수 있다.

이런 의문은 ESG 이슈 중 대중들에게 가장 널리 알려진 친환경, 탄소중립과 관련된 내용을 통해 해소할 수 있다. 알다시피 많은 기업이 탄소중립 관련 사항을 ESG 주요 활동으로 발표한다. 그런데 자세히 살펴보면, 기업 단위도 국가 단위도 아닌 글로벌 단위에서 탄소중립을 위해 노력하고 있다. 탄소중립을 통해 전 지구적인 온도 증가를 1.5도 이내로 낮추는 시도가 하나의 구성원만의 노력으로는 달성될 수 없기 때문이다. 즉, 모두가 같은 목표를 가지고 함께 움직일 때 비로소 지구 온도 상승을 막을 힘이 생기는 것이다.

이와 같은 노력은 노동에서도 마찬가지로 필요하다. 특정 기업에서 노동환경이 좋아지는 것은 단기적으로는 양질의 일자리가 마련된 다는 점에서 환영할 일이지만, 그 영향이 해당 기업에서 다른 기업으로 확산되지 않는다면 장기적으로는 노동 양극화가 심화될 우려도 있다. 그래서 공정하고 합리적이며 양질의 노동환경을 조성하기 위해서는 초기업 단위의 노동생태계 조성을 위한 노력이 필요하다. 이는 ESG경영에서의 공급망 관리로 접근할 수 있다. 즉, 기업의 ESG경영에서 노동에 대한 존중은 기업 내부뿐만 아니라 공급망을 포괄하여 이루어져야 할 의무가 있다는 것이다.

예를 들어보자. 2019년 테슬라, 애플, 구글, MS 등 글로벌 대기업이 아동노동 착취로 피소[46]된 적이 있다. 그런데 그 이유는 미국 또는 주요 국가의 생산공장에서 아동노동 착취가 이루어진 것 때문이 아니다. 주요 IT 제품의 핵심 재료로 사용되는 코발트의 최대 생산지인 콩고[47]에서 아동 광부의 노동력이 착취되고 있었는데, 이렇게 착취된 코발트를 공급받는 주요 글로벌 기업은 공급망 ESG 관점에서 아동노동 착취가 발생하지 않도록 관리해야 할 책임이 있다는 점을 지적했던 것이다.

마찬가지로 면화(Cotton) 산업에서도 이러한 움직임이 확인된 적이 있다. 불법 노동이나 아동노동 착취 방지를 목표로 하는 BCI(Better Cotton Initiative)는 신장 위구르 지역의 인권탄압과 관련

---

[46] 『조선일보』(2019.12.17.) "애플·구글·테슬라, 콩고 아동 착취해 얻은 코발트 사용" 소송 당해 https://www.chosun.com/site/data/html_dir/2019/12/17/2019121701639.html (접속일: 2023.12.12.)

[47] 세계 코발트 수요의 60%를 콩고에서 생산하고 있다.

하여 회원사인 나이키, 아디다스, 버버리, 퓨마 등에 해당 지역의 면화 사용을 중단할 것을 촉구한 바 있다.

사회적 분위기에 맞춰 선도적으로 공급망 노동 이슈를 관리하는 사례도 있다. 애플은 주요 협력사인 대만 폭스콘에서 강제노동과 노동자 탄압 등에 따른 사망 사건이 다수 발생하자 협력사에 대한 노동감시체계를 외부 단체에 위탁한 바 있다. 이후 애플은 공급망 책임(Supplier-Responsibility)에 관한 정기점검 결과를 매년 발표하면서 협력사의 노동과 인권, 산업 안전보건, 환경 대응 등 세 가지 관점에서 평가하고 있다. [그림6]은 애플 공급사의 연간 평가 결과 추이로 노동과 인권, 산업안전, 환경 차원에서 ESG경영을 점검한 결과를 보여준다. 정기적인 점검의 효과로 90점 이상으로 평가받는 기업의 비중이 점진적으로 증가하고 있다는 점을 알 수 있다.

ESG 이슈를 선도하는 블룸버그도 기업의 주요 ESG 이슈를 세 가지 단계(Tier)로 구분하여 접근하면서 ESG 생태계 조성에 노력을 기울이고 있다. 1단계(Tier 1)는 비즈니스와 환경, 사회적 관점에서 기업과 구성원에게 미치는 영향이고, 2단계(Tier 2)는 기업과 비즈니스

[그림6] 애플 공급사 연간 평가 결과
* 자료 출처: Apple(2023), 'SR 2023 Progress Report'.

에 직접적인 영향을 미치지 않지만 전략적 파트너와 이해관계자 또는 환경에 영향을 미치는 사안이다. 3단계(Tier 3)는 기업과 전략적 파트너에게 영향을 미치지는 않지만 사회적으로 중요한 사안이다.

공급망 노동 관련 사항은 기업 단위에서만 이루어지는 것은 아니다. 2021년 6월 독일에서는 '공급망 기업 실사에 관한 법률'이 통과되었다. 법률의 핵심 내용은 2023년부터 노동자 3,000명 이상 규모의 기업[48](2024년부터는 1,000명 이상으로 확대됨)은 공급망 전체에 발생할 수 있는 환경 및 인권에 대한 위험을 식별하고 이에 대한 정기적인 리스크 분석을 실시해야 한다는 것이다.

인권침해에 대해서는 아동노동, 강제노동, 노예제, 산업안전기준 위반, 단결권 침해, 노동자 차별, 적정수준 임금 지급의 회피, 환경피해와 관련된 인권침해, 불법적인 인력 이동, 보안 인력의 폭력 등 10가지로 유형화하고 있다.[49] 이 법률은 독일 기업뿐만 아니라 글로벌 기업 중 독일에 지사를 두고 있는 모든 기업[50]에 적용된다. 뿐만 아니라 공급망 관리 차원에서 1차 공급업체까지도 적용된다. 공급망 전체(간접거래를 포함한 모든 협력사)까지 확산되지 못한 점[51]은 한계로 지적되기도 하지만, 환경과 인권 문제와 관련하여 기업의 가치사슬(Value Chain) 전반에 걸쳐 확장적인 생태계 조성의 기반을 마련했다

---

[48] 6개월 이상 파견 노동자를 포함한다.
[49] 마렌 라이프커(Maren Leifker, 2021), 「독일 공급망 실사법의 의미와 한계」, 『국제노동브리프』, pp. 30-39.
[50] 이 경우에는 지사의 규모를 기준으로 한다.
[51] 잠재적 인권침해를 확실하게 인지한 경우에만 실사를 하도록 정하고 있다.

는 점에서 큰 의의가 있다.

프랑스의 '기업경계법', 네덜란드의 '아동노동실사법', 영국의 '현대노예법', 미국의 '노예근절기업인증법' 등에도 노동·인권과 관련된 기업의 책무를 규정하였으며, 캘리포니아주는 '공급망 투명성법'을 통해 기업의 가치사슬로 노동과 인권 문제를 확장하고 있다는 점에서 같은 맥락으로 이해해야 할 것이다.

이러한 국제사회의 움직임에 따라 국내에서도 주요 대기업을 중심으로 공급망 노동을 관리하려는 시도가 시작되고 있다. 공급사슬 관점에서의 ESG 및 사회적 책임을 관리하기 위해 삼성전자는 협력사 평가제도[52], 협력사 근로환경 관리[53] 등을 실시하고 있으며, 현대자동차그룹도 윤리경영, 인권·노동, 안전보건 등 협력사 행동강령 가이드라인을 제시하면서 협력사의 사회적 책임 활동을 유도하고 있다. LG에너지솔루션도 공급망 관리를 통해 협력사의 ESG를 주기적으로 평가[54]하고 있다.

최근 CBAM(Carbon Border Adjustment Mechanism), GSSA(Global Arrangement on Sustainable Steel and Aluminum) 등에서 논의되는 내

---

[52] 신규 협력사 등록 시 산업안전, 산업보건, 유해물질 등 환경안전 22개 항목, 자발적 근로, 노동시간 준수, 차별금지 등 20개 조항으로 구성된 노동인권 등에 대한 평가를 실시한다.
[53] 전 공급망의 모든 협력회사를 대상으로 작업장 안전보장, 인권경영 실천 등 RBA(Responsible Business Alliance) 행동강령을 준수하는지 여부를 정기적으로 모니터링하고 있다.
[54] 신규 협력사 등록 시 인권, 노동, 환경 등 10개 평가항목으로 평가하고, 매년 노동자 보호, 노동시간 준수, 보건안전 등 60개 평가항목을 바탕으로 정기적인 평가를 실시하고 있다.

용을 보면, 탄소중립에 대한 이슈도 Scope1(기업의 직접탄소배출)에서 Scope2(기업의 간접탄소배출)로 점차 확대되고 있다. 그래서 평가지표에서 확인되는 바와 같이 공급망에서의 노동 이슈도 기업의 ESG 평가에 영향을 줄 수 있다는 점을 인지하고, 적절하게 대응할 수 있도록 준비해야 할 것이다.

컨트로버시의 중요성: 지표만 잘 대응하면 되는 것이 아닌가?

그렇다면, 평가지표 항목만 잘 대비하면 좋은 평가를 받지 않을까? 시험 출제 범위에 맞춰 점수를 잘 받을 수 있는 항목만 관리한다면 ESG 평가에서도 좋은 등급을 받을 것이라는 기대가 생기는 것은 당연하다. 그러나 ESG 평가에서 좋은 등급을 받으려면, 지표에 구체적으로 기술되지는 않지만 컨트로버시라는 중요한 영역도 있다는 점을 놓치지 말아야 한다.

업종마다 ESG 중요 이슈와 컨트로버시 유형이 다양하게 발생할 수 있다. 공통적으로 인적자본이 ESG에서 중요한 이슈 중 하나이며, 공급망을 포함한 노동자의 인권이나 노사관계, 산업안전은 다수 업종에서 발생하는 공통적인 컨트로버시 유형이다.

전기차를 필두로 친환경 기업을 대표하는 테슬라의 경우 캘리포니아 공장에서 발생한 인종차별과 열악한 노동환경 등을 이유로 S&P ESG 지수에서 퇴출당했다. 아마존은 높은 임금 등에도 불구하고 열

[표7] 업종별 중요 이슈 및 컨트로버시 유형

글로벌 기업 업종	중요(Material) 이슈	컨트로버시(Controversy) 사건사고유형
의류 · 섬유	인적자본 / 기업지배구조 / 자원사용(공급망) / 기업윤리	노동자 인권(공급망), 노사관계(공급망), 노사관계(원청 노동자 관련), 회계부정·탈세(기업윤리)
미디어	지배구조 / 기업윤리 / 제품거버넌스 / 인적자본 / 개인정보보호	노사관계(노동자 관련 사건), 기업윤리, 독점 등 반경쟁관행(소비자), 미디어 윤리(소비자), 지배구조
소매업	지배구조 / 인적자본 / 인권(공급망) / 제품·서비스의 E&S임팩트, 탄소(오퍼레이션)	품질·안전(소비자), 노사관계(노동자), 노동자 인권(협력사 등 공급망), 회계부정·탈세(기업윤리), 기업윤리, 개인정보보호
내구 소비재	지배구조 / 제품거버넌스 / 인적자본 / 제품·서비스의 E&S 효과	품질·안전(소비자), 지식재산권(기업윤리), 반경쟁관행(소비자), 노사관계(노동자), 회계부정·탈세(기업윤리), 노동자 인권(공급망)
S/W · 서비스	지배구조 / 개인정보보호 / 인적자본 / 기업윤리	개인정보보호(소비자), 품질 및 안전(소비자), 노사관계(노동자), 반경쟁관행(소비자), 회계부정·탈세(기업윤리), 기업윤리
반도체	지배구조 / 인적자본 / 기업윤리 / 자원사용	반경쟁관행 / 품질·안전 / 지식재산권, 지배구조
가정용품	지배구조 / 제품·서비스의 E&S 임팩트 / 자원사용 / 제품거버넌스 / 기업윤리	마케팅관행(소비자), 품질·안전(소비자), 토양사용·생물다양성(공급망), 반경쟁관행(소비자), 인권(공급망)

* 자료 출처: 한국경제인협회(2021.08.22.), '글로벌기업 ESG 리스크 MAP'

악한 산업안전환경으로 인한 높은 이직률이 노동 관련 등급이 하락하는 원인이 되었다.

국내의 경우, 네이버가 2021년 발생한 직장 내 갑질 사망 사건의 영향으로 2022년 ESG 평가에서 등급이 하락했다. 현대제철, 대우건설 등은 빈번한 노동자 사망사건을 이유로 2021년 ESG 평가등급이 하향 조정되었다. 친환경 리유저블컵을 제공하는 행사를 실시했던 스타벅스코리아는 직원들의 노동강도를 고려하지 않았다는 점에서 비판받았다. 파리바게트는 노동자 사망사고 이후에도 아무 일도 없었던 것처럼 공장을 가동한 것 때문에 불매운동과 함께 파리바게트를 거래

처에서 제외해 달라고 요청하는 움직임이 발생했다. 이들은 모두 기업의 컨트로버시, 나아가 공급망 컨트로버시와 관련된 영역이다.

컨트로버시는 ESG 평가등급에 부정적 영향을 미치는 것에서 그치지 않을 수도 있다. 2013년 대리점 갑질 사건에 이어 과대광고, 허위정보 제공, 불가리스 사건 등의 컨트로버시 영향으로 경영권이 무너진 남양유업 사건[55]에 비추어 볼 때, 컨트로버시의 중요한 영역 중 하나인 노사관계, 노동자 인권과 산업안전 등에 적절하게 대응하지 못한다면, ESG 워싱, 부도덕한 기업으로 낙인이 찍히는 등 기업 존폐에 심각한 영향을 미칠 수도 있다.

코로나19, 탄소중립사회로 전환 등의 사회적 분위기와 맞물려 일부에서는 '환경'이 마치 ESG경영을 대표하는 것으로 오해하는 사례도 있다. 이러한 접근은 사회공헌(Corporate Philanthropy)이 기업의 사회적 책임(CSR)의 전부인 것처럼 호도되었던 과거의 사례를 답습하는 것과 같아서 심히 걱정된다. 그래서 ESG경영을 제대로 이해해야 할 필요가 있다. 특히 보통 사람들과 많은 지점에서 연결되는 노동을 ESG경영 내에서 제대로 파악해야 할 필요가 있다. 앞서 살펴본 것처럼 노동은 ESG 평가에서도 매우 중요한 영역이며 매우 광범위하게 다루어지고 있다. 특히 공급망과 관련된 영역에서 노동 관련 사안이 함께 다루어지고 있다는 점에서 우리 사회는 ESG경영을 통해 양질의 노동 생태계를 조성해야 한다는 숙제를 안고 있다.

---

[55] 각종 사회적 이슈로 경영권 매각과 관련된 분쟁이 있었던 남양유업의 경영권은 2024년 1월 사모펀드 운용사인 한앤컴퍼니에 넘어갔다.

참고문헌

- 관계부처합동, 2021, 「K-ESG 가이드라인 v1.0」
- 송관철, 2024. 「ESG 평가지표에서 노동의 중요성」, 『KLSI 이슈페이퍼 2024-01』, 제195호, 한국노동사회연구소
- 송관철·김이랑·우현희, 2022. 『ESG 평가 시 공익법인 기부금 반영 방안. 한국공인회계사회』
- 한국경제인협회(2021.08.22.), 「글로벌 기업 ESG리스크 MAP」

- Apple, 2023. 『SR 2023 Progress Report』
- CSES, 2021. 『ESG Handbook Basic』
- EFG, 2021. 『Responsible Investing ESG rating methodology』
- MSCI, 2020. 『MSCI ESG Metrics Calculation Methodology』
- MSCI, 2023. 『MSCI ESG Rating Methodology』
- REFINITIV, 2022. 『Environmental, Social and Governance Scores From Refinitiv』
- S&P Global, 2023. 『CSA Handbook 2023』

PART 6
ESG는 노동의 미래인가?

윤효원

- 『매일노동뉴스』 칼럼니스트
- 『프레시안』 칼럼니스트
- 한국노동사회연구소 감사
- 택시노련 기획교선 간사
- 월간 『노동사회』 편집국장
- 민주노동당 국제담당
- ICEM과 IndustriALL 등 국제노조 프로젝트 코디네이터

"국제기준을 이해하고 응용하려는 노력은
대단히 중요하고 시급한 과제다"

노동의 ESG 대응에서 UN, ILO, OECD 같은 국제기구가 채택한 국제기준을 충분히 이해하고 노사관계와 단체교섭에서 실천적으로 응용하려는 노력은 대단히 중요하고 시급한 과제라고 판단된다. ESG가 CSR의 전철을 되풀이하지 않도록 만들기 위해서는, 또한 ESG가 기업과 산업에서 노동을 압박하는 '신경영전략'으로 왜곡되지 않도록 하기 위해서는 ESG에 대한 노동조합(조직 노동)의 적극적인 대응과 더불어 ESG 정책의 입안과 실사 과정에 대한 노동조합의 활발한 참여가 필수적이다.

CSR이 넘어진 자리에서 ESG가 일어서야

코피 아난((Kofi Annan) 국제연합 사무총장의 주도로 2000년 7월 26일 출범한 '유엔글로벌콤팩트'는 스스로를 "세계 최대의 기업 지속가능성 활동"(the world's largest corporate sustainability initiative)이라 규정하면서 모든 기업은 인권, 노동, 환경, 반부패에 관한 보편적 전략을 수립하고 그에 맞추어 활동함으로써 사회적 목표를 달성할 수 있다고 강조한다.[56]

CSR에 대한 국제연합의 공식 대응으로 등장했던 '유엔글로벌콤팩트'는 CSR 흐름이 ESG(환경·사회·지배구조, Environmental, Social and Governance) 흐름으로 전환되고 있는 지금 시점에도 여전히 유효한 준거가 될 수 있는 것으로 보인다. 뉴욕에 있는 '유엔글로벌콤팩트' 본부도 인권·노동·환경·반부패라는 CSR의 4대 기둥을

---

56) https://unglobalcompact.org/what-is-gc (최종 검색일 2024.2.12.)

ESG의 핵심 가치로 재구성하는 작업을 활발하게 전개하고 있다.

노동조합의 입장에서, 기존 기업의 사회적 책임(Corporate Social Responsibility, CSR) 흐름이 실패한 이유의 하나로 정보공개 실패가 거론된다. 기업의 CSR 보고서를 몇 명이나 읽을까. 일부 전문가만 읽는 것은 아닐까. 심지어 관련 전문가들도 CSR 정보를 찾기가 쉽지 않다는 지적이 많았다.[57]

ILO협약과 OECD 다국적기업 가이드라인 등 국제기준을 교육하는 노동조합 프로젝트를 진행하면서 CSR 흐름을 현장에서 접한 필자의 경험으로도 기업의 CSR 정책에서 가장 초보적이면서도 중요한 요소는 정보공개(information disclosure)라 판단된다. 여기서 말하는 정보공개는 기업의 CSR 정책에 더해 기업의 재무 정보와 투자 정책도 포함한다. ([표1] 참조)

[표1] ESG와 '유엔글로벌콤팩트'의 상관성

범주	유엔글로벌콤팩트
환경	환경-원칙 7. 환경문제에 대한 예방적 접근(precautionary approach) 환경-원칙 8. 보다 많은 환경 책임을 부담 환경-원칙 9. 환경 친화적 기술의 개발과 확산
사회	인권-원칙 1. 국제적으로 선포된 인권 보호의 지지와 존중 인권-원칙 2. 인권 침해에 연루되지 말 것 노동-원칙 3. 결사의 자유와 단체교섭권의 실질적(effective) 인정 노동-원칙 4. 강제노동 금지 노동-원칙 5. 아동노동 금지 노동-원칙 6. 차별 금지
지배구조	반부패-원칙 10. 갈취(extortion)와 뇌물을 포함한 모든 형태의 부패 반대

* 자료 출처: unglobalcompact.org의 내용을 필자가 재구성

---

[57] https://www.epsu.org/sites/default/files/article/files/4_-_trade_unions_-_summary_FINAL.pdf (최종 검색일 2024.2.12.)

재무제표와 임원 보수 그리고 안전보건 자료를 비롯한 각종 기업 정보를 적극적으로 공개하는 기업일수록 '유엔글로벌콤팩트'(UN Global Compact)에서 말하는 CSR의 핵심 기둥인 인권·노동·환경·반부패의 실천에서 긍정적인 모습을 보였다. 반대로 정보공개를 꺼리거나 정보를 숨기는 기업일수록 CSR 정책은 '말잔치'(lip service)로 전락했다.

'유엔글로벌콤팩트'의 4대 기둥인 인권·노동·환경·반부패라는 실천적 목적은 국제연합과 산하 전문기구가 채택한 국제기준을 토대로 한다. 인권은 '세계인권선언'(Universal Declaration of Human Rights), 노동은 '일의 기본원칙과 권리에 관한 국제노동기구선언'(ILO Declaration on Fundamental Principles and Rights at Work), 환경은 '환경과 개발에 관한 리우선언'(Rio Declaration on Environment and Development), 반부패는 '유엔반부패협약'(UN Convention Against Corruption)에 기반하고 있다.

'유엔글로벌콤팩트'가 추상적인 선언이라는 오해가 있으나, 다양한 국제기준과의 상관성은 '유엔글로벌콤팩트'가 구체적인 맥락과 실천적인 내용을 갖고 기능하고 있음을 보여준다. 따라서 이들 국제기준에 대한 올바른 이해는 '유엔글로벌콤팩트'의 지향을 제대로 실천하도록 만든다.

기업 활동에서 일종의 정책적 가치로 존재했던 CSR이 구체적인 실천방식인 ESG로 진화되는 이유도 여기에 있는 듯하다. CSR을 추상적인 선언이나 기업 이미지 개선을 위한 수단으로 대하는 태도가 지배적이 되면서, CSR의 정책적 내용을 구성하는 국제기준을 구체적·실천적으로 이해하지 못하는 한계가 있었다. 그 결과 인권·노동·환경·반부패라는 CSR의 목적은 흐릿해지고, CSR의 미명하에 화려한 방법론들이 횡행하면서 수단과 지표가 목적을 잠식하게 되었다.

많은 글로벌기업이 글로벌 공급사슬(global supply chains)에서 착취당하는 노동자들을 위한 임금 인상에는 인색하지만 기업 이미지 세탁을 위한 '사회적 감사'(social auditing)에 들어가는 비용은 아까워하지 않는 안타까운 일이 벌어지고 있는 것이다.

이런 시대적 상황 속에서 CSR이 기업의 '이미지 세탁' 전략으로서의 '사회적 물타기'(social washing)로 전락하는 문제를 극복하고 '사회적 감사'를 내실화하자는 목소리가 커졌다.[58] 동시에 기업 내부에서 CSR 경험이 축적되고 기업 외부에서 CSR 이론과 정책이 발전하면서 기업이 약속한 '사회정책'(social policy)을 국제사회가 확립한 기준에 따라 성실하게(in due diligence) 이행하는지를 투자자와 이해관계자의 입장에서 점검해야 한다는 요구가 커졌다. 그 결과 이른바 '실사'(實査)라는 흐름이 국제사회에서 힘을 얻게 되었다.[59]

---

[58] https://www.esgthereport.com/what-is-social-washing/ (최종 검색일 2024.2.12.)

[59] 금융거래, 합병과 인수, 투자 등에서 정보 수집과 분석을 통해 잠재적인 위협을 식별하고 비즈니스에 대한 포괄적인 이해를 얻을 목적으로 투자 결정을 내리기 전에 실시하는 조사 및 검토 과정을 뜻하는 'Due Diligence'를 중국에서는 '尽职调查'로 쓴다. 일본에서는 'デューデリジェンス'라고 영어 발음 그대로 카타카나로 쓰고, 일본 증권가에서는 '適正評価手続き'(적정평가절차)라 쓰기도 한다.

노동권 내용의 부실과
노동자 참여의 부재

영국의 경영 컨설턴트인 엠마 오브라이언(Emma O'Brien)은 CSR이 실패한 이유로 △"위에서 아래"(top down)만 있고 "아래에서 위로"(bottom up)는 없고, △"제대로 된 의사소통"(effective communication)이 부재했으며, △기업이 지향할 다양한 "가치들이 잘못 연결되었으며"(misaligned values), △"재무적 반사이익"(financial returns)을 넘어서는 핵심가치(core values) 개발에 기업이 실패했다는 점을 꼽는다.[60]

오브라이언의 논리를 노동의 입장에서 다시 응용해보면, CSR이 실패한 이유를 다음 세 가지로 정리할 수 있다. 첫째, 기업이 CSR 정책을 마련하는 과정에 노동자의 참여를 장려하는 데 인색했다. 그 결과 당연하게도 CSR 정책 실천 과정에서 노동자로부터 사용자로 상향

---

[60] https://www.peoplemanagement.co.uk/article/1838462/why-so-companies-csr-initiatives-fall-flat (최종 검색일 2024.2.10.)

적 피드백은 사실상 존재하지 않았다. 둘째, 노사 간에 실질적인 의사소통이 없었고, 기업의 '가장 중요한 이해관계자'(the most important stakeholder)인 노동자의 권리와 이익이라는 가치가 CSR 정책에 반영되지 않았다. 셋째, 사회적 가치나 환경적 가치를 담은 기업의 사회정책은 실천적으로 무시되고 기업 홍보와 이미지 개선이라는 재무적 이익의 관점에서 CSR 정책이 다루어졌다.

노동의 입장에서 볼 때, CSR 정책의 내용적 근거가 되는 국제기준들이 노동자의 권리와 이익을 강조하고 있음에도 불구하고, CSR 현실에서 그러한 내용은 간과되거나 무시되었다. 또한 CSR 실천에서 기업의 가장 중요한 이해관계자인 노동자들을 대변하는 노동조합의 참여가 제대로 보장되지 않았다.

노동의 입장에서 가장 중요한 CSR의 실천적 목표는 결사의 자유(ILO협약 87호)와 단체교섭권(ILO협약 98호) 같은 노동기본권의 존중이다. 하지만 노동자 권리에 관한 국제기준을 CSR 정책에 제대로 녹여낸 사례는 한국에서 사실상 존재하지 않았다고 해도 과언이 아니다.

문재인 정권 당시 ILO 기본협약 비준을 둘러싸고 사회적으로 논쟁이 뜨거웠을 때, '유엔글로벌콤팩트 한국협의회'(Global Compact Network Korea)가 보여준 모습은 인상적이었다. '유엔글로벌콤팩트'의 10개 원칙 가운데 네 개가 노동에 관련된 것이다. 특히 ILO의 '결사의 자유 협약' 87호와 '단체교섭권 협약' 98호가 3번 원칙으로 명시되어 있음에도 불구하고 유엔글로벌콤팩트 한국협의회는 ILO 기본협약 비준을 지지하거나 비준이 중요하다는 내용의 성명서 하나 발표하지 않고 침묵으로 일관했다.

한국의 대표적 기업인 현대자동차는 2008년 7월 2일부터 '유엔글로벌콤팩트'에 참여하고 있음에도 불구하고 ILO 기본협약 87호와 98호의 비준을 '경제단체'의 이름으로 반대했다. 2007년 8월 13일부터 '유엔글로벌콤팩트'에 참여해온 대한상공회의소(KCCI)도 ILO 기본협약 비준과 관련하여 "노동자의 노동 3권만큼 사용자의 재산권과 경영권도 중요하다."라며 사실상 반대의사를 밝혔다.[61]

더욱 심각한 경우는 현재 대한상공회의소 회장을 맡고 있는 SK그룹 최태원 회장의 사례다. 최 회장은 2008년 5월부터 '유엔글로벌콤팩트 이사'(Director of the Board of the UN Global Compact)를 맡아 글로벌 CSR 무대에서 몇 년간 활동했다. 최 회장이 유엔글로벌콤팩트 이사로 임명되었을 때, 국내 언론은 "SK그룹이 UNGC가 제안한 10대 원칙을 가장 잘 지켜온 기업 중 하나로 최 회장이 기업 내 이사회를 중심으로 한 독립경영체제를 확립하고 사회책임경영에 힘쓴 점을 높이 평가했다."라고 썼다.[62] 하지만 2013년 1월 31일 최 회장은 수백억 원의 회삿돈을 빼내 선물투자에 전용한 혐의(특정경제범죄 가중처벌법의 횡령)로 법원에서 징역 4년을 선고받고 법정 구속됐다.

'유엔글로벌콤팩트'에서 '노동'의 4개 원칙의 핵심은 우리 헌법에서도 보장하고 있는 노동3권(노동자의 단결권·단체교섭권·단체행동권)을 보장하라는 것과 별반 차이가 없다. 이러한 노동자의 권리는 ILO 협약 87호 및 98호에 근거한 것이기도 하다. 노사관계의 역사에서

---

61) http://www.korcham.net/nCham/Service/Economy/appl/KcciReportDetail.asp?SEQ_NO_C010=20120923132&CHAM_CD=B001 (최종 검색일 2024.2.12.)
62) https://www.donga.com/news/Economy/article/all/20080514/8577745/1 (최종 검색일 2024.2.13.)

보듯이 노동권의 강화는 비례적으로 '사용자의 재산권과 경영권'에 대한 제약으로 이어진다.

CSR의 이념적 기초가 되는 '이해관계자 자본주의 이론'(stake-holders capitalism theory)은 사용자가 모든 권리를 독점했던, 다시 말해 사용자의 재산권과 경영권이 완벽하게 보장되던 1차 산업혁명의 시대적 한계를 극복하는 데서 출발한다.

사용자의 재산권과 경영권이 기업의 최우선 가치가 되는 '주주자본주의'(share-holders capitalism)를 뛰어넘어 노동자와 지역사회(community)를 포함하여 '사회적 기관'(social organ)인 기업을 구성하는 다양한 이해관계자들의 이익을 균형적으로 배려하라는 것이 CSR의 이념적 기초다. 이런 연유로 CSR과 관련된 어느 문헌(instrument)에서도 '사용자의 재산권과 경영권'을 강조하는 대목을 찾기 힘들다.

한국적 맥락에서 볼 때 기업과 사회에서 과도하게 행사되는 '사용자의 재산권과 경영권'을 다양한 이해관계자의 이익과 비례하여 공정하게 규제하고 통제함으로써 '사회적 기관'(social organ)으로서의 기업의 역할과 기능을 제대로 확립하자는 것이 CSR의 취지라고 할 수 있다. 그리고 이해관계자 자본주의라는 가치에 걸맞게 '사용자의 재산권과 경영권'을 제어하기 위한 다양한 실천방안의 출발점으로 '노동권에 대한 실질적 인정'(effective recognition of labour rights)은 결정적으로 중요한 의미를 갖는다.

기업의 CSR 정책이 추상적인 문구로만 노동권을 인정하고 실천적으로는 노동권을 사실상 부정했던 것은 아닌지 반성할 필요가 있다. 노동권에 대한 부정은 CSR 정책의 실천을 황폐하게 만들었다. 이에 더해 CSR 정책의 입안과 실천을 비롯해 기업의 경영활동 전반에 대한 노동조합의 참여(노동자 경영참가, workers' participation in management)를 거부함으로써 CSR은 껍데기간 남게 된 것은 아닌가 돌아보게 된다.

CSR이 소비자(consumer)에 초점을 맞추었다면, 상대적으로 ESG는 투자자(investor)에 초점을 맞춘다. CSR이 기업의 자기선택권(choice)에 기초해 있다면, 상대적으로 ESG는 제도적 준수(compliance)라는 규제의 틀을 갖게 된다. CSR이 목적지향적(goal-oriented)이라면, ESG는 목적을 실현하는 틀과 기준 그리고 평가와 질문이라는 수단지향적(tool-oriented) 성격이 강하다. 이는 ESG의 실사(due diligence)에 대한 강조에서 잘 드러난다.

CSR 흐름을 계승하고 발전시킨 ESG의 등장은 'Corporate Social Responsibility'를 '기업의 사회적 책임'이 아니라 '기업의 사회적 공헌'이라고 엉터리로 번역해온 한국적 관행에 경종을 울리는 계기가 되고 있기도 하다

이런 점에서 ESG의 등장은 CSR이 실패한 결과이기도 하지만 동시에 CSR이 발전하고 성숙한 결과이기도 하다. 역사적으로는 '사회적 기관'으로서의 자본주의적 기업의 진화 과정의 일환으로 CSR과 ESG의 등장 그리고 CSR에서 ESG로의 이행과 전환이 자리 잡고 있는 것이다.

기업의 지속가능성을 증진하는 인권·노동·환경·반부패라는 실천 목표가 기업 내부의 자발적 평가를 의미하는 CSR을 넘어 다양한

이해관계자와 외부 투자자들에 의한 실사(due diligence investigation)를 뜻하는 ESG로 발전하고 있는 현재의 시점에서 CSR이 넘어진 곳을 확인하는 작업은 이제 막 출발점을 나선 ESG가 나아갈 방향을 정초하는 데서 중요한 의미를 갖는다.

노동권의 부실과 노동자(노동조합)의 참여 부재를 극복할 때, ESG라는 기업 지배구조의 지속가능성 증진을 위한 더욱 발전된 흐름은 인권·노동·환경·반부패라는 본래의 목적을 달성할 수 있을 것이다.

'노동자의 자본을 위한 글로벌노조위원회' (CWC)의 '노동권투자자네트워크'(LRIN)

국제노동조합운동도 CSR이 ESG로 발전해가는 과정을 주목하고 대응책 마련에 고심하고 있다. '노동자의 자본을 위한 글로벌노조위원회'(Global Unions' Committee on Workers' Capital, CWC) 활동이 대표적인 사례다.

다국적기업의 투자에서 노동관행과 노동조합 권리의 개선을 목적으로 국제노총(ITUC)과 경제개발협력기구 노동조합자문회의(TUAC to the OECD)가 주도하여 글로벌 노조들과 함께 출범시킨 '노동자의 자본을 위한 글로벌노조위원회'(CWC)는 'ESG 평가업체'(ESG rating agencies)가 노동권을 평가 기준에 제대로 반영하고 있는지를 '평가'하는 연구사업을 진행하고 있다.[63] ESG 평가기관의 평가 방법과 사

---

63) https://www.workerscapital.org/our-resources/trade-unions-to-assess-how-esg-rating-agencies-incorporate-workers-rights-into-ratings/ (최종 검색일 2023.12.12.)

업에 대한 심도 있는 조사를 통해 노동조합의 입장에서 제대로 된 ESG 평가가 이뤄지고 있는지를 점검하려는 것이다. 조사는 노동기본권(fundamental labour rights)이 ESG 평가 기준에 어느 정도 반영되어 있는가를 살핀다. ([그림1] 참조)

2024년 종료 예정으로 진행 중인 연구조사에서 '노동자의 자본을 위한 글로벌노조위원회'(CWC)가 대상으로 삼은 세계 상위 10대 평가사는 다음과 같다.

- Bloomberg ESG Ratings
- FTSE Russell ESG Ratings
- ISS ESG Ratings & Rankings
- Moody's ESG (formerly, Vigeo-Eiris)
- MSCI
- Sustainalytics ESG Risk Ratings
- Refinitiv ESG Scores
- RepRisk ESG Rating (RRR)
- S&P Global ESG Scores
- Sustainable Fitch

'노동자의 자본'이라는 이름에 걸맞게 '노동자의 자본을 위한 글로벌노조위원회'(CWC)는 △자산 소유자와 자산 관리자가 투자사슬(investment chains)에서 노동기본권에 대한 책임을 증진할 수 있도록 힘의 변화를 꾀하는 한편 △공공부문과 민간부문의 시장 투자자들

[그림1] '노동자의 자본을 위한 글로벌노조위원회'(Global Unions Committee on Workers' Capital, CWC)에 참여하고 있는 노동조합들
* 자료 출처: workerscapital.org

이 글로벌 수준에서 노동조합 권리에 미치는 부정적 효과를 완화토록 하고 △연기금과의 협력을 통해 지속가능한 투자 관행을 강화하며 △지속가능한 금융(sustainable finance) 의제에서 노동조합 사안이 우선될 수 있도록 협의하는 활동을 펼치고 있다.

'노동자의 자본을 위한 글로벌노조위원회'(CWC) 활동에서 일컫는 '노동자의 자본'(workers' capital)이란 퇴직연금을 목적으로 노동자가 집단적으로 저축하거나 노동조합이 파업자금으로 축적하고 있는 '노동자 집단의 돈'(workers' collective money)을 말한다.

2021년 현재 글로벌 연기금 자산은 38조 5,000억 달러에 달한다. '노동자의 자본을 위한 글르벌노조위원회'(CWC)는 펀드 수탁자(fund trustees)가 의사결정을 할 때 노동권 문제를 ESG 고려사항의 핵심요소로 만드는 활동을 펼치고 있다.

'노동자의 자본을 위한 글로벌노조위원회'(CWC) 활동에서 보듯이 국제노동조합운동은 노동권을 ESG 평가의 핵심영역으로 자리 잡게 하려는 노력을 강화하고 있다. 이러한 활동의 일환으로 '노동자의 자본을 위한 글로벌노조위원회'(CWC)는 '노동권투자자네트워크'(Labour Rights Investor Network, LRIN)를 출범시키고, 연기금 투자자의 참가를 확대하고 있다.

'LRIN은 노동권 문제를 펀드 수탁 경영에 통합하는 데 동의하는 자산관리자·자산소유자·투자서비스 제공기관을 한데 묶으려는 글로벌 차원의 활동이다. 현재까지 뉴욕시 공무원퇴직기금 및 교사퇴직기금(New York City Employees' Retirement System and Teachers' Retirement System), 스웨덴의 보험기금(Folksam), 영국의 지방정부연기금연합(Local Authority Pension Fund Forum) 등 20개가 넘는 기관이 참여하고 있다. 이들 연기금은 노동조합과 긴밀하게 협력하고 있다는 공통점을 갖고 있으며, 총 자산 규모는 2조 2,000억 달러에 달한다.

'LRIN 활동의 기초가 되는 '결사의 자유와 단체교섭권에 관한 투자자 성명'(Investor Statement on the Rights to Freedom of Association and Collective Bargaining)은 "노동권이 인권이다"(Labour rights are human rights)라는 선언으로 시작한다.[64]

선언은 "결사의 자유와 단체교섭권이 인간 자유의 근본적인 기둥"이라고 천명하면서 그 근거로 다섯 가지 국제기준을 들고 있다.

---

64) https://www.workerscapital.org/labour-rights-investor-network/investor-statement/ (최종 검색일 2024.2.14.)

- 국제노동기구(ILO) 기본협약
- 일의 기본 원칙과 권리에 관한 ILO선언
- 기업 활동과 인권에 관한 국제연합 지도원칙(UN Guiding Principles on Business and Human Rights)
- OECD 다국적기업 가이드라인(OECD Guidelines for Multinational Enterprises)
- 국제연합 지속가능개발 목표(UN Sustainable Development Goals)

'결사의 자유와 단체교섭권에 관한 투자자- 성명'에 서명한 연기금은 △ILO 기본협약의 노동권과 관련하여 기업 정책과 관행을 감독하는 이사회의 책임을 강화하는 지배구조를 확립하고 △모든 수준의 경영진에게 노동기준을 교육하는 한편 △실사(due diligence) 과정에 노동권 문제를 통합하며 △모든 투자자가 노조활동 억제에 지출된 회사 비용 등 노동권 위반과 관련된 법정 소송과 당국의 조사 같은 '노동 리스크'(labour risk)를 평가할 수 있도록 '노동권 관련 측정지표'(labour rights-related metrics)를 개발하고 관련 정보를 공개할 것을 약속했다.

이렇듯 국제노동조합운동은 ESG의 가장 핵심적인 과제와 활동으로 노동권에 대한 실사 문제를 전면적으로 제기하면서 '노동자의 집단적 적금'(workers' collective savings)으로 운영되는 연기금에 영향력을 행사하여 기업의 ESG 정책에 적극 개입하는 전략을 취하고 있다.

ESG의 핵심 영역으로서 노동권 문제

'노동자의 자본을 위한 글로벌노조위원회'(CWC)의 '노동권투자자 네트워크'(LRIN) 사례에서 확인할 수 있듯이, 노동의 관점에서 ESG를 바라본다는 것은 UN, ILO, OECD 등 국제사회에서 권위와 공신력을 인정받는 국제기구가 확립한 국제기준의 틀(framework)을 통해 기업의 ESG 정책을 평가하고 점검한다는 것을 뜻한다.

노동의 관점에서 ESG와 관련된 국제기준들의 공통점을 찾아본다면, ILO 기본협약을 중심으로 하는 노동기본권으로 요약될 수 있다. '일의 기본원칙과 권리에 관한 ILO 선언'에서 천명하고 있는 △결사의 자유와 단체교섭권의 실질적 인정 △강제노동 금지 △아동노동 금지 △차별 금지 △안전하고 건강한 일터는 노동기본권의 핵심을 구성한다. ([표2] 참조)

'유엔 지속가능 개발목표'(UN SDG)의 8번 영역인 '괜찮은 일자리'

[표2] 국제노동운동이 강조하는 ESG 관련 국제기준

국제기준	개요
ILO 기본협약 (10개)	• 결사의 자유 협약 87호(1948) • 단체교섭권 협약 98호(1949) • 강제노동 협약 29호(1930) • 강제노동 철폐 협약 105호(1957) • 최저연령 협약 138호(1973) • 최악 형태의 아동노동 협약 182호(1999) • 동등 보수 협약 100호(1951) • 차별(고용 및 직업) 협약 111호(1958) • 직업안전보건 협약 155호(1981) • 직업안전보건 증진체계 협약 187호(2006)
일의 기본원칙과 권리에 관한 ILO 선언 (1998년 채택, 2022년 개정)	• 결사의 자유 및 단체교섭권에 대한 실질적 인정 • 모든 형태의 강제노동 혹은 의무노동의 폐지 • 강제노동의 실질적 철폐 • 고용과 직업에서의 차별 철폐 • 안전하고 건강한 근로환경
기업과 인권에 관한 UN 지도 지침	• 국가는 인권고 근본적 자유를 보호할 의무 • 기업은 사회적 기관(social organ)으로서 관련법을 지키고 인권(세계인권선언·ILO 기본협약)을 존중할 의무 • 위반 시 적절하고 실질적인 시정 조치를 받을 (노동자의) 권리와 시정 조치를 취할 (국가와 사용자의) 의무
OECD 다국적기업 가이드라인	1장 개념 및 원칙 | 2장 일반 정책 | 3장 정보공개 | 4장 인권 5장 고용 및 노사관계(ILO 기본협약) | 6장 환경(노동자 안전보건) 7장 뇌물 및 부패와의 전쟁 | 8장 소비자 이익 | 9장 과학·기술·혁신 10장 경쟁 | 11장 조세
UN 지속가능 개발목표(SDG)	1. 모든 곳에서 모든 형태의 빈곤 근절 | 2. 기아 퇴치 | 3. 좋은 건강과 복지 4. 양질의 교육 5. 젠더 평등 | 6. 깨끗한 물과 위생 7. 저렴하고 깨끗한 에너지 | 8. '괜찮은 일자리'(decent work)와 경제성장 9. 산업, 혁신, 인프라 | 10. 불평등 감소 11. 지속가능한 도시와 지역사회(communities) 12. 책임 있는 소비와 생산 | 13. 기후 행동 | 14. 수중 생명 | 15. 육상 생명 16. 평화, 정의, 강력한 제도 | 17. 목표를 위한 파트너십

* 자료 출처: ESG 관련 국제기준의 핵심 영역을 필자가 재구성

(Decent Work)는 ILO의 정책을 그대로 옮겨놓은 것이다. ILO는 '괜찮은 일자리'가 △양과 질 모두에서 생산적인 고용 △노동기본권 △사회보호(보장) △사회적 대화라는 네 개의 기둥 위에 서 있다고 강조한다. 나아가 ILO는 '괜찮은 일자리'를 측정하는 지표를 10개 영역

에서 개발해놓고 있다.[65]

- 고용 기회
- 적정 소득과 생산적인 일
- 괜찮은 노동시간
- 일 · 가족 · 개인 삶의 결합
- 없어져야 할 일(저질 · 악질적 일자리)
- 일의 안정과 보장
- 고용에서 평등한 기회와 처우
- 안전한 근로환경
- 사회보장
- 사회적 대화, 사용자 대표, 노동자 대표

    ILO 협약을 중심으로 한 노동기본권과 더불어 '괜찮은 일자리'에 대한 ILO의 평가영역도 ESG 실사에서 노동이 적극적으로 평가지표를 개발하고 평가 과정에 개입해야 하는 주제들이라 할 수 있다.
    CSR처럼 ESG도 하늘에서 뚝 떨어진 게 아니라 자본주의의 성장과 발전이라는 역사적 산물이다. "해 아래 새로운 것은 없다."라는 경구처럼 자본주의적 기업을 '사회적 기관'으로 자리 잡게 하려는 CSR의 철학적 기반과 정책적 내용을 이루던 국제기구들의 규범과 기준은 CSR을 계승 · 발전시킨 ESG에 대해서도 실천적인 방향을 제시하

---

65) https://www.ilo.org/integration/themes/mdw/WCMS_189392/lang--en/index.htm
    (최종 검색일 2024.2.15.)

며, 그 정책적 내용을 구성하고 있다고 볼 수 있다.

이런 사정을 고려할 때, 노동의 ESG 대응에서 UN, ILO, OECD 같은 국제기구가 채택한 국제기준을 충분히 이해하고 노사관계와 단체교섭에서 실천적으로 응용하려는 노력은 대단히 중요하고 시급한 과제라고 판단된다.

ESG가 CSR의 전철을 되풀이하지 않도록 만들기 위해서는, 또한 ESG가 기업과 산업에서 노동을 압박하는 '신경영전략'으로 왜곡되지 않도록 하기 위해서는 ESG에 대한 노동조합(조직 노동)의 적극적인 대응과 더불어 ESG 정책의 입안과 실사 과정에 대한 노동조합의 활발한 참여가 필수적이다.

ESG, 노동의 '전략적 개입'이 필요하다

　실사(Due Diligence)가 영리를 추구하는 하나의 산업으로 자리를 잡으면서 기업에 대해 ESG 등급을 매기는 평가업체들의 전문성과 투명성에 대한 우려가 커지고 있다. 이 문제를 개선하기 위해 2024년 2월 14일 유럽연합(EU) 이사회와 유럽의회는 ESG 평가업체에 대한 규제책 도입에 합의했다.[66]

　EU는 ESG 평가가 지속가능성 위험에 대한 노출과 사회 및 환경에 미치는 영향을 평가하여 기업 또는 금융상품의 지속가능성 프로필에 대한 의견을 제공하기 때문에 ESG 평가업체의 투명성과 책임성을 높이기 위해 유럽 차원의 규제책을 마련하는 게 중요하다고 강조했다. 이 합의를 바탕으로 ESG 평가업체는 유럽증권시장감독청(ESMA)

---

[66] https://www.consilium.europa.eu/en/press/press-releases/2024/02/05/environmental-social-and-governance-esg-ratings-council-and-parliament-reach-agreement/ (최종 검색일 2024.2.16.)

의 승인과 감독을 받게 된다, 평가 방법 및 정보 출처와 관련하여 투명성 요건을 준수해야 한다. 나아가 프랑스와 독일, 노르웨이에서는 기업에 대한 '사회적 감시' 차원에서 ESG 실천을 실사(due diligence)하는 법률이 시행 중에 있다. 또한 유럽연합(EU) 의회에서는 회원국 전체에 적용될 '기업의 지속가능성 실사 지침'(The Corporate Sustainability Due Diligence Directive, or CSDDD)을 제정하는 입법 과정이 사실상 마무리 단계에 접어들고 있다.[67]

사회적 대화의 대명사인 ILO는 사회적 대화가 정보(information), 협의(consultation), 교섭(negotiation)이라는 세 개의 기둥 위에 서 있다고 강조한다. 정보와 협의와 교섭은 사회적 대화라는 삼각형의 꼭짓점을 이루며 서로가 서로를 지지하고 보완한다. 정보와 협의와 교섭은 선후 관계나 상하 관계에 있다기보다는 상호 의존 관계에 있다. 사회적 대화가 잘 되기 위해서는 교섭을 통한 타협 그 자체에 매몰되어서는 안 되며, 충실한 정보 제공과 성실한 협의가 같이 가야 하는 것이다.

정보 공개의 중요성과 관련하여 'OECD 다국적기업 가이드라인'은 기업 현장에서 무엇을 실천할지 그 방향을 제시한다. 가이드라인 1장은 '개념 및 원칙'에 대한 설명이고, 2장은 '일반 정책'에 대한 설명이다. 그리고 3장에서 11장까지 다국적기업이 실천해야 할 정책적 내용들을 제시하고 있는데, 3장이 '정보공개'(disclosure)에 대한 설명이다.

---

67) https://www.euronews.com/business/2023/12/12/csddd-is-the-make-or-break-moment-for-the-eus-sustainability-commitments (최종 검색일 2023.12.12.)

한국에서 사회적 대화가 잘 안 되는 이유는 사회적 대화라는 삼각형의 꼭짓점인 정보와 협의와 교섭에 대해 골고루 균형 잡힌 접근을 하기보다는 교섭에만 과도하게 집착하기 때문인지도 모른다.

"ESG는 노동의 미래인가"라는 질문에 대한 답은 "그렇다."이다. 여기서 미래는 노동이 나아가야 할 방향으로서의 미래가 아니라 노동이 대응해 나가야 할 문제로서의 미래를 말한다. 향후 5년에서 10년 동안 전 세계적으로 ESG 열풍이 거세게 몰아닥칠 것이기 때문이다.

물론 ESG는 전혀 경험하지 못한 새로운 상황이라는 의미에서의 '미래'는 아닌 것으로 보인다. ESG는 CSR이라는 과거를 가지고 있고, 당연하게도 1919년 ILO의 출범 이후 국제사회가 축적해온 역사적 유산인 국제기준(international instruments) 위에 자리 잡고 있기 때문이다. 이런 점에서 ESG는 자본주의적 기업의 진화에 대한 노동의 대응에서 '오래된 미래'(old future)라 말할 수 있을 것이다.

자본주의 발전의 역사는 기업 발전의 역사다. CSR에 이은 ESG의 등장은 기업 발전의 역사적 진화 과정에서 우리가 대면하고 있는 현재적 국면이다. 유럽연합 국가들이 주도하는 기업의 사회적 책임에 대한 '실사' 법률과 '지침'의 제정에서 짐작할 듯 있듯이, 기업의 사회적 책임과 지속가능성 증진을 목적으로 하는 ESG 정책은 자본주의의 현대적 특징을 이루며, 기업을 소유하고 경영하는 자본가와 관리자에게는 물론 노동자에게도 심대한 영향을 미칠 것으로 보인다.

현재의 시대적 흐름을 감안할 때 노동조합은 CSR의 철학적 기초가 되고 ESG 실사의 정책적 내용과 방법론이 되는 국제기준들을 실천적으로(practically) 학습하고 교육하는 사업을 활발하게 펼칠 필요가 있다. 노동조합의 참여는 ESG가 상업주의적인 기업 평가로 전락하는 위험성을 억제하고, ESG 평가의 투명성과 객관성을 개선할 수 있는 유효한 수단이 될 수 있다. 이런 점에서 노동조합의 ESG 대응은 '사회적 기관'인 기업의 과거를 돌아보고 현재를 점검하며 미래를 설계하는 학습과정이다.

PART 7
조직 거버넌스에서 노동의 역할

김경자

현재)
- (사)ESG코리아 교육위원장
- 우석대학교 교양대학 객원교수 '사회적 경제와 ESG', '건강과 복지' 강의
- 경희대학교 공공대학원 '건강한 사회를 위한 ESG(환경. 사회. 거버넌스) 정책' 강의
- 의료경영학 박사, 약사
- 민주노총 정책연구원 자문위원
- 국민건강보험공단노동조합 정책연구원 자문위원

경력)
- 전국민주노동조합총연맹 수석부위원장
- (재)의약품정책연구소 객원연구위원
- 경기연구원 비상임연구위원
- ESG 논문 발표 / 한국콘텐츠학회 「기업의 ESG 사회적 요인이 판매직 여성노동자 건강에 미치는 영향」, 2022

"ESG를 활용해 노동의 미래를 만들어 가야 한다"

노동자와 노동조합이 주체가 돼야 한다. 인류의 생존을 위해 산업전환은 피할 수 없다. 노동이 제 역할과 책임을 찾지 못한다면 일자리를 지키기 위한 저항자와 희생자의 위치로만 자리 매김될 수 있다. 사회 변혁 주체자로서의 위상을 갖도록 주도해야 한다.
ESG는 자본주의적 방식으로 기업에게 E(환경), S(사회), G(거버넌스)를 강제하고 거버넌스(G)를 추동해 노동자와 노동조합에게 기회를 제공한다. ESG를 활용해 노동자와 노동조합은 노동의 미래를 만들어 가야 한다.

ESG에서 거버넌스

1) 텀블러와 ESG 인증

SNS에 ESG 챌린지가 유행한 적이 있다. 에코백이나 텀블러를 들고 '인증샷'을 올리는 것이다. 환경 챌린지라고 하면 적절한 것을 굳이 ESG 챌린지라고 하는 까닭은 'ESG'라는 것이 새로운 시대적 흐름이고 MZ 식으로 '힙'하기 때문이다. ESG 챌린지를 하려면 로컬푸드와 동물복지 식품을 먹고, 제품을 구매할 때 인권과 노동권을 존중하며 생산한 것인지 확인하고, 기후위기 극복을 위해 전기를 아끼고, 성차별을 하지 않으며 다양성과 포용성을 갖고 있음을 인증하는 등 총체적으로 드러내야 한다. 한마디로 ESG 챌린지는 어렵다.

기업이 ESG 인증을 받았다는 곳과 ESG 인증평가를 하는 기관을 잘 살펴봐야 한다. 특정 조직이 ESG 인증을 받는다는 것은 환경(E) 영역을 기본으로 인권과 노동권, 젠더, 지역주민과의 소통을 비롯한 사회(S) 영역과 실질적 권한을 가진 거버넌스(G)를 투명하고 책임 있게 운용하는 등 환경(E), 사회(S) 그리고 거버넌스(G) 세 영역 모두 충족해야 하는데, 그리 녹록한 일이 아니다.

2) ESG 흐름과 노조 설립

2021년 12월, 스타벅스 뉴욕주 버팔로시 매장에서 스타벅스 최초의 노조가 설립됐고, 이후 274개의 스타벅스 매장에서 노동조합이 설립됐다. 2023년 11월 30일 일본에서도 스타벅스 노동조합이 결성됐다. 노조 쟁의가 다른 나라보다 상대적으로 적은 일본에서 20대가 주축인 '스타벅스 유니온 재팬'을 결성했다고 발표한 것이다.

구글 모기업 알파벳의 북미 직원 226명은 2021년 1월 4일 '알파벳 노동조합'(AWU)을 설립했다. 2022년 6월에는 무노조 경영을 고집하던 애플에서도 애플스토어 노조가 탄생했다.[68] 애플스토어 노조는 미 최대 산별노조로 꼽히는 국제기계·항공우주노동자연합(IAM) 소속이다. 구글파이버 협력업체, 트레이더조, 액티비전블리자드에서도 노조가 결성됐다. 미 정치전문매체『더힐』에 따르면 노동관계법을 집행하는 연방기관 노동관계위원회(NLRB)에 접수된 노동법 위반 조사 신청 건수가 전년 대비 20% 이상 늘어 1950년대 아이젠하워 행정부 이래 최고를 기록했다.

노조 설립이 예전과 상당히 다른 양상에 대해 미국 노동사 연구가

---

68)『동아일보』: https://www.donga.com/news/article/all/20221117/116515593/1

들은 다음과 같이 분석한다.

첫째, 업종이 다르다. 미 노조의 주축은 미시간주 디트로이트 일대 자동차나 철강 같은 산업노동자들이었다. 1980년대 이후 제조업이 쇠락하면서 최근 10여 년간 노조 가입률은 하락세를 면치 못했다. 반면, 최근 결성되는 노조는 뉴욕을 비롯한 대도시 커피숍, 리테일 매장, 소규모 집단과 같은 서비스직 중심이다.

둘째, 주체가 다르다. 주로 1990년대에 태어난 2030세대, 다시 말해 MZ세대가 신노동운동을 주도한다. 인기 높은 기업의 젊은 직원들이 주체가 된 것이다. 노동운동 전문가 루스 밀크먼 뉴욕시립대 교수는 『더힐』에 "노동운동이 다시 쿨(cool)해졌다."라고 말했다. 팻말을 들고 행진하는 스타벅스 직원들의 동영상 조회수가 3,000만 회를 넘는 등 'Z세대 노동운동'이 소셜네트워크서비스(SNS)를 통해 '공정을 위한 쿨한 도전'으로 인식된다는 것이다.

2021년 10월부터 2022년 3월까지 6개월간 미국 노동관계위원회(NLRB)에 접수된 노조 대표자 인정 요청 건수는 이전해 같은 기간보다 57% 증가한 1,174건이었다.[69] 같은 기간 불공정 노동 행위에 대한 신고도 한 해 전보다 14% 늘었다. 여론도 달라졌다. 2021년 9월 갤럽 여론조사에서 응답자의 68%가 "노조에 찬성한다."라고 답했다. 1965년의 찬성률 71% 이후 56년 만에 가장 높은 비율이다. 특히 18~34세 젊은 노동자들의 노조 찬성 비율은 77%로 더 높다.

---

69) 『동아일보』: https://v.daum.net/v/20220510030408943

한국도 비슷하다. 2018년 4월 네이버에 사원 노동조합이 설립됐다. 창립 19년 만이다. 공식 명칭은 '민주노총 화섬식품노조 네이버지회'다. 네이버 노조는 다음과 같이 설립 취지를 말한다.

"회사가 성장함에 따라 초기의 수평적 조직문화는 수직 관료적으로 변했고, IT산업의 핵심인 활발한 소통 문화는 사라졌습니다. 회사의 엄청난 성장에도 불구하고 복지는 뒷걸음질 치고, 포괄임금제와 책임근무제라는 이름으로 우리의 정당한 노동의 가치를 인정받지 못하고 있습니다. 회사는 소통이 필요한 주요 사안들에 대해서도 일방적인 의사결정을 하며, 책임을 떠넘기기에 급급했습니다. 각자의 위치에서 치열하게 고민하며 투명한 서비스를 만들기 위해 노력했으나 네이버는 공정성을 의심받고 있습니다. 우리의 자부심은 실망으로 변했습니다."

노조는 △사회의 신뢰를 받고 건강하게 성장하는 네이버를 만들기 위해 노력할 것 △투명한 의사결정 및 수평적인 조직문화를 만들기 위해 노력할 것 △열정페이라는 이름으로 열악한 환경에서 일하고 있는 IT 노동자의 노동조건 개선을 위해 연대할 것이라고 밝혔다.

경기도 판교 테크노밸리 중심의 IT노조 설립 바람이 서울 강남 테헤란밸리(테헤란로 중심의 스타트업 생태계)로 불고 있다.[70] 근무 조건이 좋아 '네카라쿠배'(네이버·카카오·라인·쿠팡·배달의민족)에 이어 '토당야'(토스·당근·야놀자)로 분류되는 회사 가운데 하나인 야놀자에서도 최근 노동조합이 설립됐다.

---

[70] 『중앙일보』: https://v.daum.net/v/20240130060034505

글로벌 투자자의 82%가 기업의 ESG 공시가 과대평가됐을 것으로 우려하고 있으며 이에 대한 해결책으로 74%가 직원 행동 지표를 지지한다. 미국 투자자의 86%도 기업이 넷제로[71] 약속을 이행하지 않을 것을 우려해 직원 행동주의를 지지한다고 조사됐다.[72] 이처럼 IT 업계를 중심으로 한 MZ세대의 노조 설립이 활발한 때 ESG 열풍이 부는 것은 우연이 아닐 것이다. 기업 ESG경영의 핵심 중 하나가 바로 노동권 존중이기 때문이다.

3) G(거버넌스)는 ESG를 달성하기 위한 기구, 과정, 제도

자본주의 사회에서 가장 '돈'을 중심으로 움직이는 곳이 글로벌 투자사다. 그런 금융자본과 투자기관들이 ESG 흐름을 주도하고 있다. 투자를 받으려는 기업에게 환경보호, 기업의 사회적 책임, 노동권과 인권 존중 그리고 기업의 투명한 지배구조 등 ESG경영을 하라고 주문하고 있으며 정치권에도 법과 제도로 ESG 의무화를 요구하고 있다. 지금까지 환경운동단체나 시민단체, 노동조합들이 주로 주장했던 걸 글로벌 투자사들이 하고 있는 것이다.

기업의 입장에선 ESG가 불편할 수 있다. 비용도 의무도 늘어나는

---

[71] 배출하는 탄소량과 제거하는 탄소량을 더했을 때 순 배출량이 0이 되는 것을 말한다. 화석연료 등으로 배출한 만큼의 온실가스(탄소)를 청정에너지 투자 등으로 다시 흡수하도록 해 실질적 온실가스 배출량을 0으로 만든다는 뜻이다. 1997년에 채택된 교토의정서에서 규정한 이산화탄소(CO_2), 메탄(CH_4), 아산화질소(N_2O), 수소불화탄소(HFCs), 과불화탄소(PFCs), 육불화황(SF_6) 등 기후변화를 초래하는 6대 온실가스가 대상이다.

[72] https://www.impacton.net/news/articleView.html?idxno=2891

ESG경영은 피할 수만 있다면 피하고 싶은 의제다. 그러나 글로벌 투자사들이 투자를 받으려면 ESG경영을 하라고 요구하는 한 기업은 ESG에서 벗어날 수 없다. ESG경영은 기업의 지속가능성을 위한 불가피한 선택이다.

글로벌 투자사들의 사회책임투자 원칙이 된 'ESG'는 기업의 ESG경영을 추동했고, 기업을 넘어 공공기관에도 ESG경영이 진행되고 있다. 한국철도공사(코레일)의 ESG경영 비전은 '사람·세상·미래를 이어주는 ESG 코레일'이다. 코레일은 2022년 공공기관 전통시장 ESG 우수 상생 활동 공모전에서 최우수기관으로 선정됐다.[73] 공모전은 중소벤처기업부와 소상공인시장진흥공단이 공동 주최해 전통시장 활성화 관련 349개 공공기관의 환경·사회·지배구조(ESG) 활동을 평가했다고 한다.

기업의 투자 여부를 결정하는 기업의 ESG경영을 넘어 공공기관의 활동 평가에도 ESG가 활용되고 있다. 공공기관마다 ESG경영의 일환으로 최고 의사결정기구인 이사회 내부에 ESG 위원회를 설치하고, ESG경영 실태를 담은 지속가능경영 보고서를 발행하고 있다.

ESG 중에서 G(Governance)는 우리말로 '거버넌스'다. '거버넌스'라는 단어를 포털에서 찾아보면 다양한 정의가 나온다. 한마디로 정

---

73) 『파이낸셜뉴스』: https://v.daum.net/v/20221208180743629

의하기 어렵다는 뜻이다. UNDP[74]는 ESG를 "한 국가 내의 모든 수준에서 국정을 관리하기 위해 경제·정치·행정 권한(authority)을 행사하는 것을 뜻한다. 그것은 사회 내의 시민들과 집단들이 자신들의 이해관계자[75]를 밝히고, 그들의 법적인 권리를 행사하며, 자신들의 의무를 다하고, 그들 간의 견해 차이를 조정할 수 있는 기구, 과정, 제도로서 구성된다."라고 정의한다.

미국에서 거버넌스는 기업가적 정부를 강조하면서 정부의 조정 능력을 내세운다. 유럽에서는 통치 과정에 대한 참여를 강조한다. 한국의 경우 유럽에 가까운 개념으로 협치, 지배구조, 투명경영 등의 용어로 치환하고 있다. 공공기관에서는 자문위원회나 각종 정책위원회 구성의 기초 개념으로 사용하기도 한다.

거버넌스 개념은 학문 분야에 따라 다양한 내포와 외연을 가진다. 행정학 분야에서는 새로운 국가 통치행위와 방식을 가리키고, 정치학에서는 다원적 주체들 간의 협력적 통치방식을 그리고 사회학에서는 국가나 시장과 구별되는 사회의 자연스러운 조정양식 또는 자기 조직적 네트워크를 뜻한다.

세계은행의 거버넌스 정의는 좀 더 실용적이다. "권력의 특성을 결정하고 권력의 특성에 의해 결정되는 공식, 비공식 규칙의 틀 안에서

---

[74] UNDP(United Nations Development Programme, 국제연합개발계획) UN의 개발기관으로서 170개 국가와 지역에서 활동하며 빈곤을 근절하고, 불평등과 배제를 줄이며, 회복력을 구축해 국가가 지속가능한 개발 목표를 달성하도록 돕는다.

[75] 이해관계자란 미국 스탠퍼드 대학교에서 주주(Shareholder)의 대칭개념으로 만든 것으로 "기업(조직)이 존속하고 활동함에 있어 영향을 주는 사람들 또는 집단"이다. 지금은 "기업(조직)이 존속하고 활동함에 있어 영향을 주거나 (기업으로부터) 영향을 받는 사람들 또는 집단"으로 해석한다.

국가와 비국가 행위자가 상호작용을 통해 정책을 설계하고 실행하는 과정"이다(World Bank, 2017). 건강 의료 분야에서는 거버넌스를 "시장, 시민사회, 소비자 등이 새로운 참여자로 등장한 공공관리 방식"으로 정의한다. 이렇게 정의하면 거버넌스는 건강보장의 핵심 요소일 뿐 아니라 관련된 모든 활동을 가능하게 하는 기반이라 할 수 있다.[76]

조직의 사회적 책임에 관한 대표적인 국제규범이 ISO26000[77]이다. ISO26000에서 정리한 지배구조의 정의를 요약하면 '지배구조는 투명해야 하며 이해관계자들과 소통하고 고위급 지위에 과소평가된 집단을 공평하게 대우하며 조직을 대신해 권위를 가지고 의사결정을 하는 것'이라고 할 수 있다.

ESG의 거버넌스(G)를 한마디로 정리하면 '공동의 목표를 달성하기 위해, 주어진 자원 제약하에서 모든 이해관계자가 책임감을 가지고 투명하게 의사결정을 수행할 수 있게 하는 제반 장치'라고 할 수 있다. 즉 E(환경문제)와 S(사회문제) 해결이라는 공동의 목표를 달성하기 위한 제반 장치가 되는 것이다. 거버넌스(G)를 잘 구성하고 제대로 운영할 때 E와 S 문제를 해결할 수 있고, 지배구조 개선도 가능하다.

---

[76] 김창엽, 「건강보장체계의 거버넌스 정의」, 『건강보장의 이론』 개정판, 2018.
[77] ISO26000: 국제표준화기구인 ISO(International Standards Organization)가 추진하고 있는 사회적 책임(SR: Social Responsibility) 국제표준안의 이름이다. 미국 에너지 기업 엔론의 회계부정 사건과 나이키의 아동학대 사건 등을 계기로 국제사회에서 논의가 시작돼 2005년부터 본격적인 제정작업에 들어갔다. 산업계, 정부, 소비자, 노동계, 비정부기구(NGO) 등 7개 경제주체를 대상으로 지배구조, 인권, 노동관행, 환경, 공정거래, 소비자 이슈, 공동체 참여 및 개발 등 7대 의제를 사회적 책임 이슈로 규정하고, 이에 대한 실행지침과 권고사항 등을 담고 있다. 2010년 9월 77개 개발 참여국을 대상으로 실시한 투표에서 93%의 찬성을 얻어 국제표준으로 최종 결정된 바 있다.

<ISO26000 지배구조의 정의>

1. 주요 의사결정기구의 의사결정 및 과정은 설명책임이 있어야 하고, 투명해야 한다.
2. 의사결정 및 과정은 이해관계자들을 존중하고, 관련 법을 준수해야 한다.
3. 의사결정이 제대로 되기 위한 경제적 및 비경제적 보상체계를 조성해야 한다.
4. 조직은 금융자원, 천연자원, 인적자원을 효율적으로 활용해야 한다.
5. 조직의 고위급 지위에 과소평가된 집단(여성, 소수자 등)의 공평한 대우를 촉진한다.
6. 이해관계자의 다양한 이해를 고려하고, 일치 불일치 범위를 규명하고 의사소통을 활성화한다.
7. 조직의 의사결정에 남성과 여성 직원들의 효율적인 참여를 장려한다.
8. 조직을 대신해 의사결정을 내리는 사람들의 권위, 책임, 능력 수준의 균형을 유지한다.

ESG경영에서 거버넌스는 주체의 변화 없이는 불가능하다. 특정 조직이 거버넌스를 한다는 것은 무엇보다 구성원이 거버넌스형 주체가 된다는 것이고, 운영을 거버넌스적으로 한다는 것이다. 조직 거버넌스에서 노동의 역할은 제대로 된 거버넌스 구성을 요구하고 ESG 운영이 제대로 작동하도록 개입하며 스스로 거버넌스형 주체가 되는 것이다.

4) ESG 공시

기업의 재무적 정보 공시는 단기적이다. 반면 ESG라는 비재무적 정보 공시는 기업과 사회의 지속가능성에 큰 영향을 주는 정보다. 정보 공시는 기업과 다양한 이해관계자 간 정보 비대칭 문제를 완화한다. 비재무적 정보를 자발적으로 공시하는 기업의 장기적 가치는 통계적으로 크고 단기적 위험이나 신용위험은 작아진다.

유럽은 2014년 EU 비재무보고지침(NFRD)을 통해 고용인 500명 이상 상장법인의 '비재무정보 보고' 제도를 의무화했다. 2021년에는 '500명 이상' 조항을 삭제함으로써 대상을 확대하고 공시 상세 지침을 추가했다. 이로써 NFRD는 '보고에 대한 감사 의무, 제3자 검증 의무화, ESRS[78] 표준 사용, 디지털 공시' 등 EU 기업지속가능성 보고지침(CSRD)이 됐다. 2021년 미국에서도 '기후 관련 금융 위험에 관한 행정 명령'을 발표했다. 2022년에는 미국 증권거래위원회(SEC)에서 '기후 공시 및 ESG 투자 관련 위법행위 점검 태스크포스'를 발족하고 공시 규칙 개정(초안)을 제안했다.

세계적인 ESG 흐름에 비해 많이 뒤처져 있긴 하지만 한국 정부도 산업통상자원부에서 2021년 12월에 'K-ESG 가이드라인'을 발표했다. 2022년에는 코스피 상장사 가운데 자산총액 2조 원 이상 기업의 환경정보 공시를 의무화했다. 공시 내용은 △에너지 총사용량 및 에너지원별 사용량 △환경사고 발생, 배출부과금 체납 등 환경법규 위

---

[78] ESRS(European Sustainability Reporting Standards, 유럽지속가능성 보고 표준): 2021 유럽연합은 공시기준으로 ESRS를 공개했다. ESRS 기준은 중요한 정보에 대한 공시가 반드시 이루어지도록 하기 위해 공시 기업은 회계지침(Accounting Directive)에 따라 중대성 평가 과정에 대한 외부 인증을 받도록 요구한다. 또한 ESRS기준은 회계지침의 목적과 요구에 맞게 중요한 정보의 공시가 이루어지는 것을 보장하기 위해 공시 기업에 엄격한 중대성 평가를 수행하도록 요구한다.

반 현황 △폐기물 발생량 및 재활용량 △용수 사용량 및 재활용 실적 △녹색경영 관련 전담 조직 및 환경안전사고 대응체계 등이다. 2026년부터는 자산총액 2조 원 이상 기업의 ESG 보고도 의무화했다. 2030년에는 모든 상장사로 확대할 계획이다. 2022년부터 코스피 상장사 중 자산총액 1조 원 이상 기업을 대상으로 기업지배구조 보고 의무화도 도입했다. 2024년부터는 5,000억 원 이상, 2026년부터는 전 코스피 상장사 대상으로 확대된다.

기업은 ESG 보고서를 작성해야 한다. 환경과 지배구조에 대한 보고를 우선 의무화하고 ESG 보고서 전반에 대해서는 기업의 규모에 따라 의무화 시기가 조정된다. 단, 상장 기업은 ESG 보고서 작성이 의무화될 것이다.

"보고를 하려면 평가를 해야 한다. 평가를 하면 발전할 수 있다."

기업은 보고의 의무화 이전부터 자율적으로 보고서 작성을 시작해야 한다. 이 과정에서 노동조합은 보고서 작성 과정에 참여를 요구해야 한다. ESG 보고의 핵심에 노동권이 있고, 내부 이해관계자로서 노동의 권리를 보장하고 있기 때문이다.

2007년 민주노총은 CSR(기업의 사회적 책임)과 관련해 기업별 '사회적책임 이행 보고서'(지속가능 보고서) 발간을 촉구하는 단체협상 지침을 발표했다. 보고서 발간이 기업활동의 공개와 투명성에 도움을 줄 수 있다고 평가하고, 보고서 발간을 단위 사업장 단체교섭으로 요구하며 장기적으로는 '보고서' 발간의 법제화를 요구하기도 했다. 오늘날 ESG 보고서 의무화와 일맥상통한다.

한국노총 역시 2007년에 CSR에 관한 공동 임단투 지침의 하나로 '기업의 경영정보 공개'를 요구했다.

5) 기업의 ESG는 선택이 아니라 필수

1996년 6월 미국 『라이프』에는 파키스탄의 12세 소년 타리크(Tariq)가 맨손으로 나이키 축구공을 만들고 있는 사진이 실렸다. 타리크는 한 시간을 일하고 미국 돈 6센트를 받았다. 나이키의 아동노동 실태에 시민들은 항의했지만 나이키는 모르쇠로 일관했다. 1997년 12월에는 『뉴욕타임스』에 나이키 하청업체인 한국 태광실업의 베트남 공장 태광비나에서 유독물질인 톨루엔이 법정 기준치의 최대 177배까지 초과 검출됐고, 직원 165명 중 128명(77.57%)이 호흡기 질환에 고통받고 있다는 기사가 실렸다. 이에 분노한 시민들은 나이키에 대한 시위와 불매운동을 이어갔고 나이키 주가는 30% 폭락했다.

『라이프』에 아동노동 실태 기사가 실린 지 2년 후인 1998년 5월, 나이키의 공동 설립자 필 나이트는 기자회견을 통해 공식 사과와 함께 재발 방지를 약속했다. 나이키는 1999년 공정노동협회[79] 창립

---

[79] 공정노동협회(Fair Labor Association, FLA)는 주요 의류 및 신발 브랜드와 관련된 아동노동 및 기타 노동착취 스캔들 이후 빌 클린턴 대통령이 만든 태스크포스에서 발전해 1999년에 설립되었다. FLA 가입 회사는 '국제 노동기구 표준 및 국제적으로 인정되는 모범 노동 관행'을 바탕으로 하는 FLA 작업장 행동 강령을 지키고, 작업장 조건을 모니터링하고, 회사 전반에 걸쳐 코드 표준을 유지하기 위한 내부 시스템을 구축해야 한다.

멤버가 됐고 유엔글로벌콤팩트(UNGC)[80]에도 적극 참여하는 기업이 됐다. 그리고 2002년부터 2004년 사이, 하청공장에서 600건에 대해 실태조사를 진행했다. 이처럼 조사 및 평가와 보고는 제3자에게 검증이 가능하도록 하는 유효한 도구다.

기업이 약속한 '사회정책'(social policy)을 국제사회가 확립한 기준에 따라 성실하게(in due diligence) 이행하는지를 투자자와 이해관계자의 입장에서 점검해야 한다는 요구가 커졌고, 그 결과 이른바 '실사'(實査)[81]라는 흐름이 국제사회에서 힘을 얻게 됐다.

다국적기업의 투자에서 노동관행과 노동조합 권리의 개선을 목적으로 국제노총(ITUC)과 경제개발협력기구 노동조합자문회의(TUAC to the OECD)가 주도해 글로벌 노조들과 함께 출범시킨 '노동자의 자본을 위한 글로벌노조위원회'(CWC)는 'ESG 평가사'(ESG rating agencies)가 노동권을 평가기준에 제대로 반영하고 있는지를 '평가'하는 연구사업을 진행하고 있다.[82] ESG 평가기관의 평가 방법과 사업에 대한 심도 있는 조사를 통해 노동조합의 입장에서 제대로 된 ESG 평가가 이뤄지고 있는지를 점검하려는 것이다. 조사는 노동기

---

80) UNGC(UN Global Compact, 유엔글로벌콤팩트): 핵심 가치인 인권, 노동, 환경, 반부패 분야의 10대 원칙을 기업이 운영 및 경영전략에 내재화시키도록 권장하고, 이를 위한 실질적 방안을 제시하는 세계 최대의 자발적 기업시민 이니셔티브다.

81) 실사: 금융거래, 합병과 인수, 투자 등에서 정보 수집과 분석을 통해 잠재적인 위협을 식별하고 비즈니스에 대한 포괄적인 이해를 얻을 목적으로 투자 결정을 내리기 전에 실시하는 조사 및 검토 과정을 뜻한다. 'Due Diligence'라고 쓰기도 한다.

82) CWC: ESG 평가기관이 노동자의 권리를 통합하는 방법을 평가하는 노동조합 https://www.workerscapital.org/our-resources/trade-unions-to-assess-how-esg-rating-agencies-incorporate-workers-rights-into-ratings/

본권(fundamental labour rights)이 ESG 평가 기준에 어느 정도 반영돼 있는가를 살피게 된다.

'노동자의 자본을 위한 글로벌노조위원회'(CWC) 활동에서 보듯이, 국제노동조합운동은 노동권을 ESG 평가의 핵심 영역으로 자리 잡게 하려는 노력을 강화하고 있다.

기업이 공개하는 정보의 양과 질을 보면 그 기업의 사회적 책임 수준을 파악할 수 있다. 정보공개를 잘하는 지배구조(governance) 정책을 가진 기업일수록 사회(social) 정책과 환경(environment) 정책도 선진적일 가능성이 높다. 이런 점에서 ESG에서 E와 S와 G는 상호 독립적인 범주이면서도 서로 연결돼 긴밀한 영향을 미치는 통합적인 범주이기도 하다.

닛토덴코는 구미에 한국옵티칼하이테크, 평택에 한국니토옵티칼을 세워 LCD 편광필름을 LG디스플레이와 삼성디스플레이에 각각 납품해 왔다. 닛토덴코가 구미 한국옵티칼하이테크를 청산하면서 쌍둥이 회사인 한국니토옵티칼에 물량을 옮겼다. 구미공장에는 기본권을 침해받는 노동자가 13명 있다. 이들은 사측의 단수, 단전 조처로 정당한 노조 활동은 물론 인권까지 침해받고 있다. 일곱 차례의 불법 철거 침탈 시도, 공권력 투입 위협까지 당하고 있다. 사측은 생존권 보장을 요구하는 노동자에 대해 4억 원대의 가압류까지 건 상태다. 그런 와중에도 닛토덴코는 평택 한국니토옵티칼에 노동자 30명을 신규 채용했다.

노조와 관련 단체들은 삼성그룹이 삼성 공급망 안에서 벌어진 한국옵티칼하이테크 '먹튀' 사태를 방관해선 안 된다고 주장했다. OECD에서는 글로벌 공급망에서 벌어진 노동기본권·인권 침해 사안을 최상층에 위치한 대기업이 조사하고 해결할 것을 공급망 실사 제도로 명확히 하고 있다. 따라서 삼성그룹이나 LG그룹은 닛토덴코의 LCD 편광필름을 납품받는 최상층 기업으로서 국제기준에 따라 공급망 실사를 진행하고 한국옵티칼하이테크 노동자의 목소리에 귀를 기울여야 한다는 것이다. 이때 공급망 실사를 요구하는 것이 바로 ESG이다.

글로벌기업에서는 공급망 실사를 통해 하청업체의 ESG경영 실태를 점검해야 한다. 당연히 기업은 적극적으로 ESG를 이해하고 ESG 경영을 도입해야 한다. 기업에서 ESG는 선택이 아닌 필수다.

6) 에너지전환

2023년 11월 30일부터 12월 13일까지 아랍에미리트 두바이에서 '제28차 유엔기후변화협약 당사국총회'(COP28)[83]가 열렸다. 총회에는 198개 당사국을 포함해 국제기구, 산업계, 시민단체 등 9만여 명이 참석했다. 12월 1일부터 2일까지 '세계기후행동정상회의'(World Climate Action Summit)도 열렸다. 그 결과 참가국들은 재생에너지

---

83) COP28: 국제연합(UN) 기후변화협약(FCCC, Framework Convention on Climate Change)의 28번째 당사국 총회(COP, Conference of Parties)를 말한다. 1995년 독일 베를린에서 1차 COP가 열렸다.

뿐 아니라 원자력, 저탄소 수소, 탄소 포집 활용 및 저장(CCUS) 등 저(무)탄소기술 가속화를 위해 노력한다고 합의했다.

그러나 화석연료의 단계적 퇴출이 최종 합의에서 빠진 데다 재생에너지 생산량 확충에 대한 명확한 목표도 제시되지 않았고, 석탄화력발전에 대해 더 강력한 퇴출 의지를 담지 못한 채 마무리되어 아쉬움을 남겼다. 이는 사우디아라비아를 비롯한 산유국과 여전히 석탄화력발전 비중이 큰 인도 등의 입김이 반영된 결과다.

석유수출국기구(OPEC)는 COP28에 참석한 회원국 대표들에게 "화석연료가 표적이 되는 문구가 담긴 합의는 적극 거부한다."라는 서한을 보내 공개적으로 '퇴출'에 반대했다. 이에 따라 최종 합의문에는 '석유'(oil)라는 표현 대신 '화석연료'로 통칭됐다. 또 합의문에는 대표적인 화석연료인 가스를 '과도기 연료'(transitional fuel)로 명시하고, 가스가 에너지 안보를 담보하는 과도기적 역할을 한다는 내용도 포함돼 기후변화 피해국 등의 반발이 있었다. COP28 개최지로 산유국인 UAE가 확정됐을 당시 환경운동가들의 반대와 우려가 현실화한 것이다.

대다수 기후학자는 2022년에 전 국토의 3분의 1 이상이 물에 잠기고 3,300만 명의 이재민이 발생한 파키스탄 홍수의 주요 원인을 지구온난화로 인한 빙하의 해빙과 몬순 기후에 따른 강수량이 합해진 것으로 분석했다.

기후위기로 인한 피해는 온실가스 배출에 책임이 없는 개발도상국들에 집중되고 있다. 이에 대한 대안으로 2022년 이집트에서 열린 COP27에서 선진국들이 '손실과 피해(Loss and Damage) 보상 기금'

을 마련해 개발도상국을 지원하기로 합의했고, 2023년 UAE에서 열린 COP28에서 구체적 액수를 정해 모금하기로 했다. 그러나 의무가 아니라 '자발적' 도금 형식으로 기금 모금이 이루어졌다. 아랍에미리트와 독일은 각각 1억 달러, 영국은 약 7,600만 달러, 일본은 1,000만 달러를 약속했다. 유럽연합(EU)은 최소 2억 4,500만 달러를 기부할 예정인데 미국은 1,750만 달러를 약속하는 데 그쳤다. 세계 최대 경제 규모에다 가장 큰 온실가스 배출원인 미국은 너무 적은 기금을 약속하여 비판받고 있다. 이처럼 자발적 기부금 형태로는 온실가스 배출에 대한 선진국의 책임을 명확히 하기 어렵고, 지속성을 담보하기도 어렵다는 평가가 많다.

한국은 COP28 총회 기간 중 기후위기 해결을 방해하는 국가에 수여하는 '오늘의 화석상'(fossil of the day prize) 3등을 수상했다. 오늘의 화석상은 세계 150개 나라 2,000곳이 넘는 기후환경운동 단체의 연대체인 기후행동네트워크(Climate Action Network-International)가 총회 기간 동안 협상 진전을 막은 나라 가운데 1~3위를 선정해 수여하는 상이다. 기후 대응 지표도 '최악'에 가깝다. 국제 평가기관 저먼워치, 뉴클라이밋연구소, 클라이밋액션네트워크(CAN) 인터내셔널이 발표한 기후변화대응지수(CCPI)에 따르면, 한국은 64위(매우 저조함)를 기록했다. 한국보다 순위가 낮은 국가는 화석연료와 이해관계가 깊게 얽힌 산유국 3국(아랍에미리트, 이란, 사우디아라비아)이다. 사실상 한국보다 기후위기 대응을 못 한 국가는 없는 셈이다.

비영리법인 기후솔루션은 「기후위기 피해에 대한 대한민국의 책

임: 국내총생산(GDP) 손실액에 대한 부채액 산정을 중심으로」라는 요약보고서를 발간했다. 온실가스 배출 비중으로 평가한 한국의 기후위기 책임 금액은 약 517조 원으로, 전 세계 9위에 해당한다. 이 금액을 기후위기로 피해를 본 개발도상국이나 저개발국가 등에 2050년까지 매년 배상한다고 가정하면 한국의 '기후 부채'는 연평균 20조 원에 달한다고 할 수 있다.

2023년 1월 12일 산업통상자원부는 제10차 전력수급기본계획을 발표했다. [표1]에서 확인되는 것처럼 원전은 2030년 32.4%, 2036년 34.6%까지 대폭 확대하는 반면 신재생 발전량 비중은 국가온실가스감축목표(NDC)의 2030년 목표치인 30.2%에서 21.6%로 낮추기로 하는 내용이다.

미국 메릴랜드대학교 글로벌지속가능성센터는 2023년 9월 11일 한국의 탄소중립 로드맵과 에너지계획을 분석한 결과 한국 정부의 제10차 전력수급기본계획으로는 전 세계 지구 평균 온도 상승 폭을 1.5도 이내로 억제하자는 '파리협정'의 목표를 지키지 못한다고 발표

[표1] 전원별 발전량 및 비중 전망

연도	구분	원자력	석탄	LNG	신재생*	수소 암모니아	기타	계
'30년	발전량	201.7	122.5	142.4	134.1	13.0	8.1	621.8
	비중	32.4%	19.7%	22.9%	21.6%	2.1%	1.3%	100%
'36년	발전량	230.7	95.9	62.3	204.4	47.4	26.6	667.3
	비중	34.6%	14.4%	9.3%	30.6%	7.1%	4.0%	100%

* 자료 출처: 제10차 전력수급기본계획, 2018년은 국가온실가스감축목표(NDC) 상향안(2021)

했다. 그리고 2035년 이후 석탄발전 중단, 재생에너지 비중 45% 실현이 필요하다고 제안한다. 전체 전력 생산의 45%를 재생에너지(주로 태양광 및 풍력)로 공급해야 한다는 것이다.

이를 위해서는 2030년까지 100기가와트(GW) 이상의 재생에너지 발전 용량을 확충해야 한다. 즉 현 시점부터 매년 10~12GW의 신규 용량을 설치해야 한다는 뜻이다. 하지만 한국수출입은행에 따르면 2023년 한국 태양광 신규 설비 규모는 2022년의 2.99GW에 견줘 약 17% 감소한 2.5GW에 그칠 것으로 전망된다. 결국 NDC(2015년 파리협정에서 합의한 것으로, 2030년까지 온실가스 배출량을 2018년 배출량 대비 40% 감축하기로 함) 달성에 실패할 것으로 뻔히 예측되는 상황이다.

[표2]를 보면 한국의 온실가스 배출에서 에너지가 차지하는 비중은 압도적이다. 2020년 기준 온실가스의 86.8%를 에너지 부문에서 배출한다. 에너지전환 없는 온실가스 감축은 불가능하다. 전 세계 온실가스 배출량의 70% 이상이 에너지 부문이다. 신재생에너지로 에너지전환이 필요한 이유다.

재생에너지 촉진 정책에 따르면 RPS[84]는 직접 신재생에너지를 생산하거나, REC를 구매해 의무비율을 채워야 한다. 그런데 RPS 발전

---

84) RPS(Renewable energy Portfolio Standard, 신재생에너지 의무공급비율): 500MW 이상 발전 설비를 보유한 사업자가 총 발전량의 일정 비율 이상을 태양광, 풍력 등 신재생에너지로 전기를 생산하도록 의무화한다. 직접 생산하지 못하면 다른 신재생에너지 발전사업자로부터 신재생에너지 공급인증서(REC, Renewable Energy Certificate)를 구매해야 한다. 대상 사업자는 한국수력원자력을 비롯한 6개 발전자회사와 지역난방공사, 포스코파워, 지에스이피에스(GS EPS) 등이다.

[표2] 한국의 연도별 온실가스 배출량

(단위 : 백만톤 CO$_2$eq.)

분야	'90년	'00년	'10년	'17년	'18년	'19년	'20년	'90년 대비 증감률	'19년 대비 증감률
에너지	240.3	411.6	565.7	615.6	632.6	611.6	569.9 (86.8%)	137.2%	-6.8%
산업공정	20.4	50.9	53.0	56.5	55.8	52.2	48.5 (7.4%)	137.4%	-7.0%
농업	21.0	21.4	22.1	21.0	21.1	21.0	21.1 (3.2%)	0.4%	0.4%
LULUCF*	-37.9	-60.1	-56.1	-41.7	-40.3	-37.7	-37.9 (-5.8%)	-0.2%	0.4%
폐기물	10.4	18.9	15.4	17.6	17.4	16.5	16.7 (2.5%)	60.9%	1.3%
총배출량 (LULUCF 제외)	292.1	502.7	656.1	710.6	727.0	701.2	656.2 (100.0%)	124.7%	-6.4%
순배출량 (LULUCF 포함)	254.2	442.6	600.0	669.0	686.6	663.5	618.3 (94.2%)	143.3%	-6.8%

* LULUCF : 토지이용, 토지이용 변화 및 임업(Land Use, Land Use Change and Forest)

* 자료 출처: 2022 환경부 『환경백서』

사업자의 의무공급 비율을 2026년 25%에서 15%로 축소함으로써 재생에너지로 전환이 더 축소될 우려가 있다. 위험 정도와 폐기물 처리 등에서 많은 사회경제적 부담을 야기하는 핵발전을 늘리는 방식을 권장하고 있는 상황이다. 한국의 이와 같은 에너지전환 정책은 국제사회의 재생에너지 중심 에너지전환 방향에 역행하는 것이다.

환경부(2019)에 의하면 태양광발전의 온실가스 배출량은 석탄화력 대비 약 2%에 불과하다. 화석에너지에서 신재생에너지로 에너지전환이 가장 효과적인 온실가스 배출 절감 방안이다. 에너지위기에 대응하기 위해서는 에너지전환을 더욱 빠르게 확대해야 한다. 기존의 화석연료발전과 달리 재생에너지는 고정비용이 높아 초기 투자 부담이 크지만, 한번 설치돼 운영되기 시작하면 유동비용(발전 연료비)이 0에 가깝기 때문에 더욱 저렴하게 전기를 공급할 수 있다. 태양과 바람의 간헐성을 보완하는 수단도 갖춰야 한다. 국제재생에너지 기구(IRENA)의 프란체스코 라 카메라(Francesco La Camera) 사무총장은 지구표면 평균온도 상승폭을 산업화 이전 대비 1.5도로 제한하려면 연간 재생에너지 용량이 2030년까지 현재 수준의 세 배로 증가해야 한다고 강조한다.

재생에너지를 늘려야 하는 이유는 환경 이슈만이 아니라 경제적 이슈도 크다. RE100[85]은 재생에너지로 만든 전기 100%로 공장을 가동하겠다는 국제적 약속이고, 이를 지키려는 기업과 그렇지 않은 기업에 대한 국제사회의 평가와 소비자들의 소비 행태는 기업 가치로 이어져 결국 RE100을 위한 노력 여부가 기업의 가치를 평가하는 주요 잣대가 되고 있다. 『한국경제』(2023.05.15.)에 의하면 BMW, 볼보 등 유럽 완성차 업체들이 국내 부품 수출 기업에 2025년까지 '재생에너지 100%를 사용해 제품을 생산하는 RE100 목표 이행계획서' 제출을 요구했지만 국내 기업들은 제대로 대처하지 못하고 있다.

최근 한국 정부는 RE100에 대응한 CF100(Carbon Free 100%)[86]

---

[85] RE100(Renewable Electricity 100): 국제적인 비영리단체 기후그룹이 2014년 출범시킨 자율적인 동참 캠페인. 100% 재생 가능한 에너지로 만든 전기를 사용하겠다고 하는 대규모 기업을 하나로 모으는 글로벌 기업 재생 에너지 이니셔티브다. 삼성전자, 현대자동차, LG에너지솔루션 등 대한민국의 대기업 상당수는 2022년에 가입했다.

[86] CF100(Carbon Free 100): RE100이 사용 전력의 100%를 재생에너지로 충당하는 데 비해 CF100은 탄소를 발생시키지 않는 풍력, 태양광, 수력, 지열, 원자력발전 등 무탄소 에너지원으로 전력을 공급받는 캠페인이다. 전력의 탈탄소화를 목표로 한다. 공식 명칭에 들어가는 '24/7'은 24시간, 일주일(7일) 내내 무탄소 전력을 이용한다는 의미다.

을 대안으로 강조하고 있다. 산업통상자원부는 2022년 5월 17일 "CF100으로 RE100을 대체하겠다."라는 포부를 밝히고 대한상의와 공동으로 'CFE 포럼'을 출범시켰다. 민간의 자발적 캠페인인 RE100과 달리 한국 정부 주도의 CF100을 국제캠페인으로 홍보하는 것은 경제협력개발기구(OECD) 국가 중 최하 수준의 재생에너지 보급률을 가리기 위한 것으로 비판받았다. 결국 CF100이란 태양광·풍력 발전을 더 잘 적용하기 위한 보조수단일 뿐, '24/7 CFE'의 중심은 재생에너지다. 즉 RE100 없는 CF100은 일종의 사기로 취급받을 수 있다. 어쨌든 재생에너지의 절대 부족 상황에서 RE100이든 CF100이든 한국 기업에게는 선진국 기업들과 경쟁에서 뒤처질 기제로 작용할 우려가 크다.

국제재생에너지기구(IRENA)가 최근 발표한 「2021 재생에너지 발전 비용」보고서를 보면, 지난해 태양광의 균등화발전단가(LCOE)[87]는 1kWh당 0.048달러(약 62원)로, 2010년 0.417달러(약 542원) 대비 88% 하락했다. IRENA에 따르면, 2020년 기준 전 세계 육상 풍력과 해상풍력 LCOE도 전년 대비 각각 13%와 9% 하락했고, 2010~2020년 기간에는 각각 56%와 48% 하락했다. 대한민국 재생에너지 LCOE도 장기적으로 하락할 것으로 전망된다.

에너지경제연구원이 2020년 12월 발표한 「재생에너지 공급확대

---

[87] LCOE(levelized cost of electricity, 균등화발전비용): 발전 시설의 건설·운영·폐기 과정 등에서 배출되는 오염물질 및 사고 위험 비용, 관련 정책비를 반영한 사회적 비용 등을 모두 발전비용으로 포함해 발전량으로 균등화한 값이다. 1kWh의 전기를 생산하기 위해 필요한 비용을 나타낸다.

를 위한 중장기 발전단가(LCOE) 전망 시스템 구축 및 운영(1/5)」 보고서에 따르면, 대규모(3MW) 태양광 발전단가는 2030년 1kWh당 94.2원으로, 2020년 136.1원 대비 31% 낮아질 것으로 전망한다. 그런데 단기적인 재생에너지 시장가격은 2022년에 가파르게 올랐다. REC 가격이 급격히 오른 것은 정부가 2022년 신재생에너지공급의무(RPS) 비율을 2021년 9%에서 12.5%로 높인 데 따른 것으로 분석된다. 현재 대규모 발전사업자(24개)는 RPS제도에 따라 전체 발전량의 일정 비율(RPS 의무비율)을 재생에너지로 조달해야 한다. 자체 생산 및 공급이 부족할 경우 시장 구매(REC 구매)를 통해 충당해야 한다. 한국전력통계에 따르면 재생에너지 발전 전력 총량은 43TWh(테라와트시)로 2021년 총발전량 577TWh의 7.5%, OECD 평균(30%)의 4분의 1 수준에 불과했다.

규모가 작은 만큼 국내 재생에너지 가격은 상대적으로 비싸다. 미국·중국의 재생에너지 발전단가(LCOE)는 석탄·원자력 대비 비슷하거나 낮지만 국내는 석탄·LNG 대비 높은 수준이다. 지난 2020년에 발표된 블룸버그 LCOE 보고서에 따르면 태양광 1kWh당 발전단가는 한국 116원, 중국 42원, 미국 48원이었다.

EU의 CBAM(탄소국경조정제도)[88], 미국의 IRA 법안[88] 등 기후위기

---

[88] 탄소국경조정제도(CBAM, carbon border adjustment mechanism): 탄소 배출량 감축 규제가 강한 국가에서 상대적으로 덜한 국가로 탄소 배출이 이전되는 탄소 유출(Carbon Leakage) 문제 해결을 위해 EU가 도입한 무역 관세의 일종으로 제3국의 수입 제품에도 EU 제품과 동등하게 탄소비용을 부과한다. EU 내에서 생산되는 제품과 EU 외부에서 수입되는 제품의 탄소배출량을 동일하게 해, EU 내 기업의 경쟁력을 보호하고, EU의 기후변화 목표를 달성하는 데 목적을 두고 있다. 2026년부터 본격 시행할 예정이다.

를 명분으로 하는 선진국의 자국 기업 보호법과 제도는 한국 기업들에 재정 부담으로 작용하고 있다. 특히 제조업 강국인 한국의 철강, 알루미늄, 시멘트, 비료, 전력, 수소 등 6개 품목을 대상으로 하고 있어 크나큰 도전이 되고 있다. 이와 같은 선진국의 법과 제도에 대응하기 위해서는 재생에너지 비율을 높이는 에너지전환 정책과 이를 위한 정부의 재정 집행이 꼭 필요하다.

이와 함께 에너지 빈곤층의 문제를 해결하기 위해서는 에너지 복지를 더욱 확충할 필요가 있다. 에너지와 같은 필수재를 공공적 방식으로 공급하는 방향으로 현재의 구조를 개혁해야 한다.

7) UN PRI 어드밴스(Advance) 출범

2006년 당시 UN 사무총장 코피 아난과 글로벌 투자사들이 모여 ESG를 투자의 원칙으로 하는 UN PRI(Principles for Responsible Investment)를 출범시켰다. ESG로 기업에 대한 투자 여부를 결정한다는 것이다. 투자를 받고자 하는 기업들은 이런 글로벌 투자사의 요구에 따라 ESG경영을 하고 있음을 증명해야 한다. 그러나 기업들이 실제로는 ESG 중 사회(S) 분야에 소홀하면서 마치 ESG경영을 하는

---

89) IRA법안((Inflation Reduction Act, 인플레이션 감축법): 2022년 8월 16일, 미국 내 물가 상승을 억제하고 기후 변화 대응을 목적으로 제정됐다. IRA는 크게 에너지 안보 및 기후 변화, 의료보건 접근성 제고, 적극적 세무 집행 등의 내용을 담고 있다. IRA는 조 바이든 미국 대통령의 역점 사업인 '더 나은 재건 법안(BBB)'을 축소·수정한 법안으로서 4,400억 달러의 정책 집행과 3,000억 달러 규모의 재정적자 감축으로 구성된 총 7,400억 달러(약 910조 원) 규모의 거대한 지출 계획이다. IRA의 에너지 안보 및 기후 변화 대응 분야는 미국 기업 보호무역 법안에 가깝다.

것처럼 보이는 ESG 워싱, ESG 쇼잉의 문제점이 드러나고 있다.

UN PRI는 이와 같은 문제에 대처하기 위해 2022년 12월에 사회문제와 인권에 대한 최대 규모의 이니셔티브인 'UN PRI 어드밴스'(Advance)를 출범시켰다. UN PRI 어드밴스 출범 당시 220명의 투자자 각각은 인권 문제의 시급성과 체계적 특성을 인정하는 공개 성명서에 서명했다. 이 성명서에서 그들은 국제기준에 규정된 인권 존중에 대한 책임을 다할 필요성과 투자 수익 및 세계 번영이 의존하는 사회적 자산으로서 인권 보호의 중요성을 인식하고, 주주회의 및 공공정책 참여와 같은 다양한 활동을 지원하겠다고 밝혔다.

투자자는 회사 및 기타 의사결정권자와 집단적 영향력을 사용해 노동자, 지역사회 및 사회에 긍정적인 결과를 가져올 수 있게 할 예정이다. 청정에너지 산업이 도약하면서 투자자들은 친환경적인 것만으로는 충분하지 않다고 말한다. ESG의 사회문제와 공동체의 권리 등 사회(S)와 관련된 부분을 챙겨야 한다는 것이다. 이처럼 기업에 대한 사회 분야의 감독이 강화될수록 노동자와 노동조합의 참여 기회와 권리도 강화될 것이다.

기업의 ESG경영은 사회 전체의 효용을 극대화하는 방향으로 기업이 나아가야 한다는 것을 강조하고 있다. K-ESG 가이드라인에서 제시된 국내외 13개 ESG 평가기관의 평가지표를 살펴보면 노동, 다양성 및 양성평등, 산업안전, 인권 등 여러 영역에서 노동과 관련된 이슈를 ESG 주요 평가항목으로 다루고 있다. 서스틴베스트 역시 노동조건, 고용평등 및 다양성, 노사관계 관리, 노동자 보건 및 안전 등 인적자원관리 차원에서 노동을 중심으로 평가하도록 하고 있다. 한국 ESG기준원은 고용 및 노동조건, 노사관계, 직장 내 보건 및 안전, 인력개발 및 지원, 직장 내 기본권(인권) 등으로 노동을 평가한다. 노동권은 인권의 주요 영역의 하나다.

ESG와 관련된 국제표준, 평가지표, 중대성 평가 결과, 법·제도 사례 등을 살펴보면, 해외에서는 노동을 포함한 ESG 주요 이슈와 관련된 사안에 대해 공급망 차원의 관리가 필요하다고 보고 협력사에 ESG경영을 촉구하는 움직임이 확산하고 있다. 이를 바탕으로 ESG 노동생태계가 형성되고 있다. 글로벌 생산망 운영과정에서 발생한 강제노동 등의 노동이슈가 원청기업의 ESG 평가에 중대한 영향을 미치기 때문이다.

그러나 여전히 한국에서는 이에 대한 움직임이 미미한 수준이며 일부 대기업의 자율성에 의존하고 있다. 한국 내 ESG 노동생태계가 형성되기 위해서는 기업 차원, 가치사슬 차원 및 사회적 차원의 환경 조성이 필요하다. 기업은 ESG경영과 관련된 계획, 실행, 평가, 환류 등 모든 활동에 대해 노동자 대표 등 핵심 이해관계자를 참여시키고 소통해야 한다. 또한 협력사에서도 ESG경영이 이루어질 수 있도록 공급망 관리를 진행해야 한다.

ESG에서 노동권은 인권으로 분류하고 강조하고 있다. ESG 노동생태계를 위해 ESG 평가 시 법정 미준수 기업에 대한 평가를 엄격하게 진행하고 최소한 인권경영부터 ESG경영을 시작할 수 있도록 방향성을 제시해야 한다. 인권경영은 ESG경영의 필수 요소다.

8) 국민연금공단(NPS) ESG 보고서

ESG경영에 있어 국민연금공단은 여타 공공기관과 다르다. 공단 운영에 있어 ESG경영은 크게 다를 바 없으나 UN PRI에 가입한 글로벌 투자자로서 ESG 중심으로 기업 투자 여부를 결정하는 점이 다르다. 따라서 국민연금 「지속가능경영 보고서」는 이런 두 측면에 대해 보고한다.

국민연금공단은 2021년 12월 27일 ESG경영의 실천 의지를 다지기 위해 'ESG경영 선포식'을 개최했다. ESG경영 비전을 설정하고 4대 추진 방향으로 △기후위기 극복 기여(E) △적극적인 사회책임 실천(S) △국민 참여 기반의 투명한 제도 운영(G) △기금투자를 통한 ESG 확산 선도(F)를 제시했다. 기금투자를 통한 ESG 확산 선도가 바로 투자자로서의 역할이다.

공단은 ESG경영 계획의 원활한 추진을 위해 민간전문가를 'NPS ESG경영위원회' 위원으로 위촉하는 한편, ESG 추진 성과와 수준을 진단·평가할 수 있도록 자체 평가 기준도 마련했다.

△환경(E) 측면에서는 온실가스 목표 관리제 성실 이행, 생활 속 환경개선 등을 통해 정부의 탄소중립2050 정책에 적극적으로 참여한다. △사회(S) 분야에서는 저소득층 연금보험료 지원사업 등을 통해 국민연금 사각지대를 해소하고, 연금수급자 대상 심리지원 연계

서비스를 추진하는 등 사회적 책임 실현을 다짐했다. △지배구조(G) 측면에서는 「지속가능경영 보고서」 발간과 홈페이지에 경영 관련 정보를 공시함으로써 투명경영을 실천하며, △기금투자(F) 분야에서는 책임투자 활성화와 기금운용의 투명성을 강화해 나갈 것이라고 발표했다.

2023국민연금공단 「지속가능경영 보고서」[90]는 공공기관으로서 ESG에 대해 보고하는 문서다. 환경(E) 영역에서는 온실가스 감축 실적, 에너지 사용량, 폐기물 발생량, 용수 사용량, 환경법규 위반 현황, 저공해 자동차 현황, 녹색제품 구매실적을 보고한다. 사회(S) 영역으로는 안전경영 책임보고서, 공공기관 안전관리 등급, 개인정보보호, 사회공헌활동, 인권경영, 일가정양립 지원제도 운영 현황, 동반성장 평가 결과, 장애인 고용 현황, 혁신조달 구매실적, 중증장애인 생산품 구매실적, 중소기업 생산품 구매실적이 있다. 지배구조(G)에는 이사회 회의록, 개별 비상임이사 활동 내용, ESG운영위원회, 자체 감사부서 현황, 청렴도 평가 결과가 있다.

ESG위원회는 이사장을 위원장으로 하고 상임이사(4명) 및 이사장이 지명하는 민간전문가 3명 등 총 8명으로 구성돼 있다(2022.12.31. 기준). 위원회는 2021년 1회, 2022년 1회 개최했다. 국민연금공단 이사회는 재적이사 14명으로, 이사장과 상임이사 3명, 비상임이사 10명으로 구성된다. 참관인으로 노동자 대표(노동조합 수석부위원장)

---

90) ALIO: 공공기관 경영정보 공개시스템 https://www.alio.go.kr/

1명이 참여하고 있다.

[표3]으로 국민연금기금 국내주식 ESG 평가체계를 확인할 수 있다. 사회(S) 영역을 보면 인적자원관리 및 인권에서 평가지표는 '급여, 복리후생비, 고용증가, 조직문화, 근속연수, 인권, 노동관행' 등이다. 산업안전 이슈에서 국민연금은 '보건안전 시스템, 보건안전 시스템 인증, 산재다발사업장 지정' 등에 대해서도 평가한다. 즉 특정 기업이 국민연금기금의 투자를 받으려면 평가지표에 해당하는 급여부터 노동관행까지 평가를 받아야 한다. 기업 내 노동의 문제가 기업 내부의 문제에서 ESG로 확대돼 기업의 투자와 경영 생존의 필수 요소로 바뀌고 있는 것이다.

국민연금은 글로벌 투자자로서 "장기적이고 안정적인 수익 증대를 위해 책임투자를 이행하며, 책임투자 전략을 수립·확대 적용하고

[표3] 국민연금기금 국내주식 ESG 평가체계

영역	이슈	평가지표
환경(E)	기후변화	온실가스관리시스템, 온실가스배출량, 에너지소비량
	청정생산	청정생산관리시스템, 용수사용량, 화학물질사용량, 대기오염물질배출량, 폐기물배출량
	친환경 제품개발	친환경 제품개발 활동, 친환경 특허, 친환경제품 인증, 제품환경성 개선
사회(S)	인적자원관리 및 인권	급여, 복리후생비, 고용증가, 조직문화, 근속연수, 인권, 노동관행
	산업안전	보건안전시스템, 보건안전시스템인증, 산재다발사업장 지정
	하도급거래	거래대상선정 프로세스, 공정거래자율준수 프로그램, 협력업체 지원활동, 하도급법 위반
	제품안전	제품안전시스템, 제품안전시스템인증, 제품관련 안전사고 발생
	공정경쟁 및 사회발전	내부거래위원회 설치, 공정경영 저해행위, 정보보호시스템, 기부금
지배구조(G)	주주의 권리	경영권보호장치, 주주의견 수렴장치, 주주총회 공시시기
	이사회 구성과 활동	대표이사와 이사회의장 분리, 이사회 구조의 독립성, 이사회의 사외이사 구성현황, 이사회 활동, 보상위원회 설치 및 구성, CEO보수 정책 적정성
	감사제도	감사위원회 사외이사 비율, 장기재직 감사(위원)비중, 감사용역 비용 대비 비감사용역비용 비중
	관계사위험	순자산 대비 관계사 우발채무 비중, 관계사 매출거래 비중, 관계사 매입거래 비중
	배당	중간/분기 배당 근거, 총주주수익률, 최근 3년 내 배당지급, 과소배당

* 자료 출처: 국민연금공단 「지속가능경영 보고서 2021」

있습니다. 책임투자는 투자 의사결정 과정에서 ESG 요소를 고려하는 ESG 투자(ESG Incorporation)와 투자대상에 재무적 요소와 ESG 등 비재무적 요소를 함께 고려, 의결권 행사 및 건설적 대화 등을 통해 ESG 관련 위험관리 능력 개선 및 기업가치 제고를 유도하는 주주권 행사(Active Ownership)로 이행됩니다."라고 밝혔다.

실제 국민연금은 국내주식 ESG 평가체계 구축을 시작으로 ESG 관련 내부 리서치 체계 구축 및 전략 수립 등 ESG 통합전략 도입 기반을 구축해 국내주식 직접 운용 및 국내채권(회사채 등) 직접운용에 적용하고 있다. 2019년 11월 기금운용위원회에서 논의된 '국민연금 기금 책임투자 활성화 방안'에 따라 ESG 통합전략 적용 대상 자산군을 점차 확대하고 있다.

2023년 10월 20일 국민연금을 대상으로 한 국정감사에서 한정애 국회의원은 "국민연금 위탁운용 책임투자 자산 98%는 ESG 워싱이다."라고 주장했다. 국민연금이 공시한 책임투자 자산 총규모는 2022년 말 기준으로 384.1조 원이며, 이 중에서 국내외 주식과 채권으로 위탁운용하는 자산은 284.4조 원이다. 그런데 284.4조 원 중 무려 98%인 약 278.4조 원이 ESG(환경·사회·지배구조)를 고려한 책임투자 자산이 아니라는 문제 제기다. 책임투자 자산은 6조 166억 원에 불과했다. 국내주식의 여덟 가지 위탁운용 유형(책임투자형, 순수주식형, 장기성장형, 액티브퀀트형, 대형주형, 중소형주형, 배당주형, 가치형) 중 '책임투자형'만이 ESG를 고려하고 있을 뿐이다.

스튜어드십코드 도입과 지침 보유, 책임투자 정책 수립과 실행은 전혀 별개의 영역이다. 국민연금은 문서만을 볼 뿐 실행 여부는 보지 않는다. 배점도 2점이며, 가산점에 불과하다. 해외주식의 경우는 투자 전략의 ESG 고려 수준을 평가하고 있다는 점에서 상대적으로 진전된 방식이지만 각 등급 간 점수 차이가 크지 않고 ESG 무등급을 받은 기관도 2점 중 1.2점이 부여되기 때문에 ESG는 무의미해진다.

노조 대표는 국민연금공단 최고 결정 기구인 이사회와 ESG위원회에 '참가'가 아니라 결정 권한이 없는 '참관'을 하고 있을 뿐이다. 기업의 ESG경영을 평가해 투자 여부를 결정하는 투자자로서 국민연금공단은 모범을 보여야 한다. 내부 이해관계자인 노조 대표의 이사회 참가를 국민연금공단이 먼저 시행해야 한다. 노동조합 역시 이사회와 ESG 위원회 등 국민연금공단의 ESG거버넌스(G) 참가를 요구해야 한다.

9) 주식 시장과 ESG 이슈

한국증권거래소(KRX)는 지속가능발전연구소에서 자료를 제공받아 홈페이지에 이를 공개했다. 특정 기업의 이름을 클릭하면 ESG 각 영역의 평가와 전체 평가를 알 수 있다. ESG 리스크가 높은 상위 10대 기업과 리스크 사유도 알 수 있다.

KRX가 홈페이지에서 기업의 ESG 평가 데이터를 제공하는 것은 기업의 재무적 성과뿐 아니라 비재무적 성과를 반영해 투자 여부를 결정하는 것이 기업의 지속가능성을 판단할 수 있고 투자자들의 투자 위험을 낮춰줄 수 있기 때문이다. ESG 자료를 보면 기업이 ESG

[표4] KRX ESG 기업정보 중 삼성전자, 2024.04.19.

기업	기관	평가년도	종합점수	환경	사회	지배구조	요약평가보고서
삼성전자	KCGS	2023	A	A	A+	B+	-
	한국ESG연구소	2023	A+	A+	A	A+	-
	서스틴베스트	2023	A	A	A	B	-
	Moody's	2023	43	50	38	45	-
	MSCI	2023	A	-	-	-	-
	S&P	2023	47	-	-	-	-

경영을 적절하게 수행하고 있는지, 어떠한 영역에서 ESG경영을 잘 하고 있고 어떤 점은 부족한지 알 수 있다.

[표4]는 KRX 홈페이지에서 검색한 삼성전자의 ESG 기업정보다. 삼성전자는 2022년 RE100에 가입했다. 삼성전자는 2021년 기준 Scope1(반도체 공장 탄소배출량)에서 760만 6,000톤, Scope2(사무직 사무실 등에서 배출하는 탄소배출량)에서 979만 6,000톤 등 총 1,740만 톤의 탄소를 배출했다. 이는 자동차 800만 대 배출량과 맞먹는다. 삼성전자는 그동안 RE100에 동참하라는 압박을 받아왔다. 2021년 세계 3대 연기금 운용사인 네덜란드연금자산운용(APG)은 탄소배출 감축을 촉구하는 내용의 주주 서한을 보냈고, 국내외 기후·환경단체들도 이재용 삼성전자 부회장에게 기후위기 대응에 나서달라는 공개 서한을 보내기도 했다.

『경향신문』이 기업들이 공시한 '지속가능경영 보고서'를 토대로 2022년 매출액 상위 30대 기업 중 재생에너지 사용량을 공개한 19

개 기업을 분석한 결과, 이들의 소비전력에서 재생에너지 비중은 평균 10.6%로 집계됐다.[91] 수출 비중이 높아서 '발등에 불'이 떨어진 배터리·반도체 기업의 재생에너지전환 속도가 가장 빨랐다. 2020년 삼성전자의 미국, 중국, 유럽 사업장의 전기는 100% 재생에너지로 바뀌었다. 2022년 베트남·인도·브라질 공장도 재생에너지로 전력을 모두 충당하고 있다. 하지만 국내에서의 재생에너지 비율은 30.7%에 불과하다.

2022년 5월 국회 자료에 의하면 삼성전자는 2021년 국내 기업 중 가장 많은 18TWh의 전력을 소비했다. 이는 우리나라 전체 2,100만 가구 전력 소비의 23%에 해당하고, 재생에너지로 만든 전력량의 40% 이상에 해당하는 막대한 양이다.

애플, BMW, 폭스바겐 등은 우리나라의 주요 공급업체를 대상으로 재생에너지 전력 사용 요구 수위를 나날이 높이고 있다. 특히 삼성전자의 최대 납품처 중 한 곳인 애플은 공급업체를 대상으로 2030년까지 제조 과정에서 재생에너지 전력 100% 사용을 요구하고 있어 이번 삼성전자의 목표인 2050년은 이를 충족하기에는 큰 격차가 있다.

미국 주식시장에서 S&P Global의 DJSI CSA(Dow Jones Sustainability Indices Corporate Sustainability Assessment)는 12개 평가요인을 중심으로 산업별 120개 문항을 적용해 기업의 ESG경영을 측정한다. 노동 관련 사항은 주로 사회(Social) 영역에서 다루는데 노동관행, 인권,

---

91) 『경향신문』 https://www.khan.co.kr/economy/industry-trade/article/202308070600005

인적자본관리, 인재유치 및 유지, 산업안전보건 등이 이에 해당한다. 사회 영역은 노동 외에도 사회적 책임, 개인정보보호 등 다양한 요인으로 구성돼 있다. 산업별로 조금 차이가 있긴 하지만 노동이 차지하는 평가지표의 비중은 60~70%로, 매우 중요한 요소인 것으로 나타났다.

구체적으로 노동관행은 차별과 괴롭힘, 성/인종/민족/국적 평등, 결사의 자유 등으로, 인권은 인권옹호 정책과 실사 과정, 평가와 개선을, 인적자본관리는 교육훈련과 역량개발 프로그램, 투자대비 효과를, 인재유치는 채용과 평가, 이직률, 직원 만족도를, 산업안전보건은 정책과 프로그램, 사망자 수와 근로손실재해율 등을 다룬다.

MSCI(Morgan Stanley Capital International) ESG Rating은 환경과 사회, 지배구조와 관련된 평가를 10개 주제, 35개 지표로 평가하는데, 노동과 관련된 부분은 인적자원 주제 내 4개 지표(노무관리, 인적자원 개발, 보건안전, 공급망 노동규범)로 평가한다. MSCI 내 노동은 사회(Social) 영역에서 제품 책임, 주주의 반대, 사회적 기회 등과 함께 구성돼 있어 DJSI CSA보다 상대적으로 비중이 작은 것처럼 보이지만 공급망 노동규범까지 함께 다루고 있다는 점에서 적용 범위가 더 넓다고 평가된다. DJSI CSA(S&P Global), MSCI ESG Rating, FTSE Russell, REFINITIV, EFG ESG Rating 등 해외 평가기관의 ESG 평가지표 내 노동지표는 주로 인권과 노동권 보장, 비정규직 · 파견직을 포함한 산업안전보건, 다양성과 평등, 양질의 고용 여건, 우수인재 유치 및 직원의 성장과 장기근속, 공급망 내 ESG 노동 등이다.

노르웨이는 자국 내 500대 기업에 대해 이사회 여성 비율이 40% 이상이 돼야 한다는 성별 할당제를 세계 최초로 시행한 나라다. 노르웨이 국부펀드의 운용자산은 약 1조 4,000억 달러(2021.12. 기준)다. 세계 최대 자산운용사 블랙록(Black Rock)은 2022년 2월, 미국 기업에 대해 이사회의 다양성 비율을 30% 이상이 되도록 요구했다. 구체적으로 여성은 2명 이상, 소수계층(소수 인종, 성소수자 등)은 1명 이상 포함할 것을 요구했다.

대한민국도 2020년 8월 5일 '자본시장과 금융투자업에 관한 법률'(자본시장법)을 제정하고, 2년 경과 조치 후인 2022년 8월부터 자산총액 2조 원 이상 상장사는 이사회의 등기이사를 특정 성(性)으로만 선임하면 안 되도록 했다. 2022년 9월 14일 『파이낸셜뉴스』 기사에 따르면, ESG 전문 평가기관 서스틴베스트는 14일 보고서를 통해 자산총액 2조 원 이상 기업(159개)의 전체 여성 등기이사 비율은 3.0%에서 12.8%로 증가했지만, 자본시장법 개정의 영향을 받지 않는 자산총액 2조 원 미만 기업은 같은 기간 3.8%에서 4.9%로 소폭 늘어나는 데 그쳤다고 지적했다. 법의 개정 효과를 확인할 수 있다. 특정 성 즉, 남성만으로 이루어진 이사회보다 여성 비율이 높은(다양성을 가진) 이사회가 기업 경영에 긍정적 결과를 가져오기 때문에 성별 다양성은 투자자의 주요한 판단 근거가 된다.

2022년 3월 유럽연합 집행위원회는 2027년까지 기업이 비상임이사의 최소 40% 또는 전체 이사회의 33%를 여성으로 임명하도록 하는 법안을 승인했다. 이 법안은 지난 10년 동안 제정되지 못하다가 최근 ESG 및 이사회 다양성 이슈가 불거지면서 다시금 논의 테이블에 올랐다. 이 법안은 상장기업 및 최소 250명 이상 직원이 있는 기업에 적용되며, 약 2,300개 기업, 4억 5,000만 명의 종업원들에게 영향을 미칠 수 있는 것으로 알려졌다.

독일의 경우 민간 및 공공부문의 간부직에 여성과 남성의 평등한 참여에 관한 법률이 채택됐다. 이 법은 독일기업의 감독위원회에 대해 최소 30%의 의무적인 성별 할당량을 규정하고 있는데, 이처럼 관련 법안이 제정돼 있는 나라는 독일을 비롯해 프랑스, 벨기에 등 8개국이다. EU 집행위원회에 따르면 2021년 10월 기준 EU 기업들의 여성 이사 비율은 평균 30.6%다.

보스턴컨설팅그룹의 2018년 연구[92]에 의하면 [그림1]에서 보는 것처럼 인종과 성별 다양성이 높은 기업이 낮은 기업에 비해 혁신에 따른 수익이 19% 높았다. 2020년 발표한 글로벌 컨설팅 업체 매킨

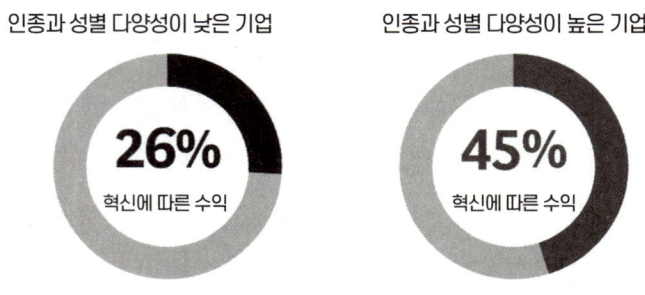

[그림1] 보스턴컨설팅그룹 2018년 연구

---

[92] https://www.weforum.org/agenda/2019/04/business-case-for-diversity-in-the-workplace/

지 보고서도 성별 다양성 상위 25% 기업이 하위 25% 기업보다 평균 이상의 수익을 낼 가능성이 36% 높은 것으로 나타났다.

이사회의 다양성은 ESG 핵심 이슈다. ESG경영은 기업의 재무적 이익과 무관하지 않아야 하는데, 이사회의 다양한 구성은 여성을 위한 것이 아니라 긍정적 기업 성과를 위한 것이다. 즉 ESG경영은 기업을 위한 길이다.

조직 거버넌스에서 노동의 역할

1) 불평등 사회

옥스팜(OXFAM)[93]에 의하면 세계 식량 시스템은 매우 불평등하고, 기상이변은 이미 농작물 생산에 상당한 악영향을 미치고 있다. 그리고 더 악화될 가능성이 크다. 오늘날 약 7억 8,300만 명이 다음 끼니를 언제 때울 수 있을지 확신하지 못하는 상태에서 살아가고 있다.[94] 이 와중에도 식품 및 농업 분야에 종사하는 억만장자들은 2020년부

---

[93] 옥스팜(OXFAM): 1942년 영국 옥스퍼드에서 시작된 국제구호개발기구. 21개 기구의 연합체로서 90여 개국에서 3,000여 개의 제휴 협력사와 함께 구호활동을 펼치고 있다. 빈곤 해결과 불공정 무역에 대항하는 대표적인 기구로 식수, 위생, 식량원조, 생계자립, 여성보호 및 교육 프로그램 보급 등의 활동을 전개하고 있다. 특히 빈곤에 대한 근본적인 해결책을 마련하기 위해 각국 정부 및 국제기구와 협력을 통해 정책 입안에 영향력을 발휘하고 있다.

[94] FAO. (2023). The State of Food Security and Nutrition in the World. https://www.fao.org/documents/card/en/details=cc3017en

터 2021년까지 총자산 규모를 45%가량 늘렸다.95) 남반구와 북반구 모두 식량 가격이 치솟으면서 빈곤층 또는 빈곤의 위험에 처한 사람들에게는 기아와 영양실조가 예상되지만, 최상의 부유층은 단순히 음식값을 지불하기만 하면 된다.96) '소득을 식료품 구입에 쓰는 비율'을 조사하면, 남반구 국가에서는 최하위 빈곤층이 최상위 부유층보다 그 비율이 여섯 배나 높고, 미국에서는 네 배나 높다.97)

옥스팜과 유럽환경정책연구소(IEEP)가 발표한 「2030탄소불평등 보고서」에 따르면, 지난 25년 동안 세계 인구의 상위층 10%가 1.5도 탄소예산98)의 3분의 1(31%)을 사용한 것으로 드러났다. 반면 하위층 50%는 탄소예산 가운데 단 4%만을 사용했다. 지구 기온 상승을 1.5도 이하로 막으려면 2030년까지 탄소 배출량을 1인당 연간 평균 2.3톤으로 줄여야 한다. 이 기준은 현재의 절반 수준으로, 최상위 1% 부유층은 현재 배출량의 97%를 줄여야 한다. 하루 1.9달러 이하로 살아가는 전 세계 극빈층의 소득이 상승한다고 해도 전 세계 탄소 배출

---

95) Oxfam. (2022). Profiting from Pain. The Urgency of Taxing the Rich Amid a Surge in Billionaire Wealth and a Global Cost-Of-Living Crisis. Accessed 30 July 2023. https://www.oxfam.org/en/research/profiting-pain

96) FAO, WTO, World Bank. (2023). Rising Global Food Insecurity: Assessing Policy Responses. A Report Prepared at the Request of the Group of 20 (G20). Accessed 20 July 2023. https://www.fao.org/3/cc5392en/cc5392en.pdf

97) USDA. (2023). Food Spending as a Share of Income Declines as Income Rises. https://www.ers.usda.gov/data-products/chart-gallery/gallery/chart-detail/?chartId=58372

98) 1.5도 탄소예산: 지구 온도 상승을 1.5도 이내로 억제하기 위해 세계가 배출할 수 있는 이산화탄소의 남은 양을 말한다.

량의 증가율은 1% 미만이다. 전 세계 인구 절반이 하루 5달러 50센트의 빈곤선을 넘어도 전 세계 배출량은 18%만 증가할 뿐이다.

환경과 경제 발전의 딜레마에 대한 대책으로 그린뉴딜과 '성장 없는 그린뉴딜'(탈성장)이 있다. 그린뉴딜은 자본주의에 도전하기보다는 내부의 개혁을 주장한다. 그리고 국가 주도의 위로부터의 개혁을 강조한다. 반면 성장 없는 그린뉴딜은 자본주의 내에서는 탈성장 정책이 실현될 수 없다고 보고, 에너지 사용과 물질 처리량을 줄이기 위해 아래로부터의 투쟁을 선호한다. ESG는 이 두 방안의 단점을 극복한 방안이다.

미국 상원의원 버니 샌더스(Bernie Sanders)는 옥스팜(OXFAM)의 불평등 보고서인 「불평등 주식회사」(2024)[99] 서문에서 이렇게 말했다. "우리는 작금의 냉혹한 경제적 현실을 직시해야 한다: 역사상 이토록 소수의 인원이 이토록 많은 부를 소유한 적은 없었다. 역사상 이토록 소득과 부의 불평등이 심했던 적은 없었다. 역사상 이토록 소유가 집중된 적은 없었다. 역사상 이토록 많은 정치권력을 가진 억만장자 계층이 출현한 적은 없었다. 지도층의 탐욕과 오만, 무책임이 이토록 극에 달한 적도 없었다. 억만장자가 큰 부를 누릴 때, 노동계층은 어려움을 겪고 있으며, 가난한 사람들은 절망 속에 살아가고 있다. 이것이 세계 경제의 불행한 현주소이다."

---

[99] 옥스팜(2024, 불평등보고서 불평등 주식회사) https://www.oxfam.or.kr/ineqaulity-inc_2024/

이러한 불평등은 탄소불평등으로 이어지고 있다.

2) 기후위기 해결에 배제된 노동

노동조합은 '일자리'의 중요성과 함께 탄소중립 없이 일자리를 지키는 것은 불가능하다는 사실도 인정해야 한다. 이를 국제노총(ITUC)은 "죽은 행성에서는 일자리도 없다."라고 표현한다.

'2050탄소중립녹색성장위원회'는 기업 대표와 관계자가 대거 참여한 반면 노동자와 시민사회 대표는 배제됐다. 각 사회계층의 대표성을 갖춰야 한다고 법으로 규정한 17개 광역지자체의 탄소중립녹색성장위원회에도 노동자 대표성을 둔 곳은 단 한 곳에 불과하다. 이렇게 되면 정의로운 전환은 기대하기 어렵다.

온실가스 감축을 위한 탈석탄 정책이 추진되면서, 해당 지역에서는 노동자들의 고용 위기와 함께 사회경제적 위기를 심각하게 우려하고 있다. 자본은 온실가스 배출 책임을 회피하거나 새로운 이윤 창출의 기회로만 바라보고 있다. 게다가 기후위기의 영향은 광범위하고 무차별적이지만, 인구구성, 소득 및 직업 등의 경제적 구조, 사회안전망 등의 조건에 따라 지역 내에서뿐만 아니라 지역 간에도 차별적으로 나타날 수 있다. 이런 기후위기의 특수성을 고려한다면, 지역 차원에서 기후위기에 제대로 대응할 필요가 있다.

가령 지역소멸 위험이 큰 지역의 지방정부는 물리적 위험 등의 기후위기 위험에 대한 대응능력이 상대적으로 떨어질 것이며, 해당 지역의 사회경제적 위기는 기후위기 대응에 부정적인 영향을 미칠 수 있다. 지역의 사회경제적 조건의 악화가 기후위기의 문제와 중첩되면 지역에서의 삶의 조건은 더욱 피폐해질 것이다. 따라서 지역의 기후위기 대응은 사회경제적 문제 해결과 동반돼야 한다.

기후위기가 날로 심각해지고 있다. 전 세계적으로 매년 기록적인 폭염 등 이상기후 현상이 보고되고 있으며, 그로 인한 노동자 대중의 삶의 조건은 점점 더 악화되고 있다. 기후위기는 노동자와 작업장에도 직접적인 영향을 미치고 있으며, 온실가스 감축 정책의 하나로 에너지전환 정책이 추진되면서 석탄발전소의 노동자들은 일자리를 잃을 위기에 처해 있다.

자동차산업 등 다른 산업도 마찬가지다. 금속 제조업의 현장도 기후위기 폭탄을 맞았다. 노동 중심이 아닌 자본 중심의 산업전환이 이뤄지면서 노동자는 구조조정과 질 나쁜 일자리로 내몰리고 있다. 노조가 없는 자회사를 설립해 신사업 분야로 배치하는가 하면, 무대책에 따른 자연 소멸로 노동자의 고용불안을 높이고 있다. 기후위기로 나타난 산업 전체의 변화인데, 이러한 전환의 의사결정 과정에 노동자와 노동조합이 직접 참여해야 한다. 민주노총 금속노조는 이를 위한 '정의로운 일자리 전환법'을 요구한다.

위기를 넘는 우리의 힘, 이 힘이 커져야만 재난을 낮은 곳부터 멈추고 모두의 삶과 미래, 지구를 지킬 수 있다. 자동차/조선/철강/전기전자/방산기계/제조서비스 등 제조업의 노동중심 산업정책 개입이 이루어져야 한다. 노동조합은 이런 개입의 중심에 서야 한다.

긍정적인 사례가 없지 않다. 금속노조 현대중공업지부는 2023년 임시대의원대회(23-7차)에 참석한 대의원들의 만장일치로 동구 지역 하청노동자를 위한 '노동복지기금' 마련에 동참하기로 하고, 2억 원을 기부하기로 결정했다. 이날 대의원대회의 주된 내용은 '울산광역시 동구 노동복지기금 설치 및 운용 조례안'에 따라 조합비 2억 원을 기금 조성에 출연함으로써 울산 동구의 취약계층 노동자를 보호하고 노동기본권과 사회적 양극화를 해소하는 데 기여한다는 것이었다. 이날 참석한 대의원들은 현대중공업지부가 기금 출연에 앞장선 만큼 "현대중공업 경영진과 미포조선 경영진도 울산 동구 지역 주민들의 행복한 삶을 위해 기금 출연에 동참함으로써 ESG경영과 기업의 사회적 책임감, 공익활동을 강화하길 기대한다."라고 덧붙였다.

울산 동구 노동복지기금은 지자체, 기업, 그 밖의 단체가 기금을 출연해 울산 동구 노동자의 안정된 삶을 지원하고, 인구 유출 방지, 지역경쟁력 강화, 지속 발전이 가능한 울산광역시 동구를 실현하기 위해 제정한 조례에 따라 설치된 기금이다. 기금은 노동자의 긴급생활안정 지원금 융자 및 지원, 노동자의 주택자금 대출 이자 지원과 노동자의 긴급한 복지지원사업에 쓰인다.

일부 노동조합에서 기후위기 해결에 다양한 노력을 하고 있지만 대부분의 노동은 기후위기 해결에서 배제되고, 기후위기 해결의 주체자가 아니라 희생자와 저항자로 내몰리고 있다.

3) 정부에게 요구

ESG는 대한민국의 기업에게 불리하다. 대기업은 막대한 자금을 투자하여 글로벌공급망 실사를 준비하고, 미국의 IRA나 EU의 CBAM(탄소국경조정제도)의 피해를 최소화하기 위해 ESG를 연구하고 대책도 마련하고 있다. 반면 중견·중소 기업은 무엇부터 시작해야 할지 두려움 속에서 지켜보고만 있다. 노동조합 역시 마찬가지다. ESG는 시대적 침로다. ESG를 주도해야 한다. 그러기 위해서는 중소기업을 포함한 대한민국의 모든 기업이 ESG가 리스크가 아닌 어드밴티지가 될 수 있도록 정부에 법률적·정책적·재정적 지원을 요구해야 한다.

정부 재정은 국가 존립의 필수 요소로, 크게 △공공재 공급, 부담금 부과를 통한 자원 배분 기능 △누진적 소득세제 및 저소득층 지원 등을 통한 소득분배 기능 △물가안정, 고용확대, 성장동력 확충 등을 통한 경제 안정·성장 기능을 지니고 있다. 국가재정운용계획은 각 정부별로 중장기적 재정운용 전망을 통해 국정 비전, 정책 우선순위를 고려한 재정의 전략적 재원 배분방향을 설정하고, △재정 운영의 효율성 제고 △정책방향 예측 가능성 △재정건전성 확보를 위해 2004년 이후 매년 5년 단위로 수립되고 있다.

한국 정부의 GDP 대비 정부 재정지출(general government spending)은 2003년 31.1%에서 2021년 37.9%로 6.8%p 증가했으나, OECD 국가 평균(46.3%)에는 현저히 못 미치고 있다. 국가

부채 비중(GDP 대비)은 2009년 33.5%에서 2024년(예상) 48.9%로 16년간 15.4%p 증가한 것으로 나타나고 있지만 OECD 국가 평균(92.4%)에 비하면 낮다. GDP 대비 조세(국민) 부담률은 2003년 22.0%에서 2021년 29.9%로 7.9%p가 증가한 것으로 나타났다. 하지만 여전히 OECD 국가 평균(34.1%)에 못 미치는 낮은 조세부담 체계를 유지하고 있다. OECD와 비교할 때 한국 정부의 추가 재정 지출 여력은 충분하다.

한국의 2018년 가처분소득 지니계수[100]는 0.345로, 시장소득 지니계수에 비해 0.057의 차이(소득재분배 효과)만 나타남으로써, OECD 국가(34개) 중 꼴찌를 기록하고 있다. 이처럼 OECD 국가 평균 가처분 지니계수(0.306)에 비해 매우 낮은 데다, 소득재분배 효과도 평균(0.161)의 3분의 1 수준에 불과하다.

국가의 핵심 역할 중 하나인 재정(public finace)은 '정부가 공공욕구를 충족시키기 위해 수행하는 모든 경제적 활동'으로 정의된다. 정부는 재정을 통해 자원배분, 소득재분배, 경제안정의 기능을 수행한다. 그런데, 재정건전화('작은 정부') 기조가 일관되게 유지되는 상황에서는 이런 재정 기능이 매우 제한적으로 작동될 수밖에 없다. 특히 낮은 조세율과 재정지출 억제(최소화·효율화), 낮은 사회복지 재정 비중은 재정이 지닌 소득재분배 기능을 왜곡한다.

---

[100] 지니계수: 소득 분배 등의 불평등성을 간접적으로 나타내는 지표로, 전체 소득 계층을 모아놓고 저소득층과 고소득층의 비율을 통해 소득불균등 정도를 계산할 때 쓰인다. 지니계수는 0부터 1까지의 수치로 표현되는데, 값이 '0'(완전평등)에 가까울수록 평등하고 '1'(완전불평등)에 근접할수록 불평등하다.

한국 사회는 불평등·양극화와 함께 사회지표(출산율·고령화율·노인빈곤율 등)에서 미래 불안 요인들이 확대되고 있고, 최근 경기침체 및 산업구조 전환에 따른 고용 위기, 저소득층의 생존 위협 등이 계속되면서 국가재정 기능에 대한 진지한 고찰 및 개선 논의가 필요한 상황이다. 현 정부가 노골적으로 거부하고 있는 재정 확장, 공공서비스 확대, 보편 복지 실현 등 현대 복지국가 체제의 핵심 국정과제에 대해 진보·노동·시민운동 진영의 광범위한 공론화가 무엇보다 절실하다.

2023년 7월 1일 시행된 '기후위기 대응을 위한 탄소중립·녹색성장기본법'(약칭 탄소중립기본법)에서는 "'기후위기'란 기후변화가 극단적인 날씨뿐만 아니라 물 부족, 식량 부족, 해양 산성화, 해수면 상승, 생태계 붕괴 등 인류 문명에 회복할 수 없는 위험을 초래해 획기적인 온실가스 감축이 필요한 상태를 말한다."라고 정의하고 있다. 즉 기후위기는 물리적인 날씨로 인한 위기뿐 아니라 물 부족, 식량 부족 등의 사회적 위기를 포함한 당면 생존의 위기다.

정부에 적절한 기후위기 대응책을 요구해야 한다.

첫째, 기후위기 대응을 추진하는 기후행정부와 같은 책임 조직과 기구 설치를 요구해야 한다. 그리고 탈탄소 및 정의로운전환위원회가 설치·운영돼야 한다. 조직과 기구에 노동이 참여하는 거버넌스를 구성하고, 권한을 가진 조직으로 운영해야 한다. 기후위기 시대에 진정한 의미의 좋은 일자리는 인간뿐만 아니라 자연에도 해가 되지 않는 일자리가 돼야 한다. 우리가 만드는 제품이 과연 친환경적인 것인지, 생산과정에서 온실가스는 얼마나 배출되는지 등 생태학적 지속가능성의 기준이 양질의 일자리 개념에 같이 포함돼야 한다. 이런 일자리를 포함한 정의로운 전환이 가능하도록 책임지는 조직과 기구, ESG의 거버넌스(G) 설치를 요구해야 한다.

둘째, 중앙정부뿐 아니라 지방정부에도 기후위기 대응 조직과 기구를 동시에 설치하고 체계를 구축해야 한다. 조직과 기구에 노동이 참여하는 ESG의 거버넌스(G)를 구성하고 권한을 가진 조직으로 운영해야 한다.

셋째, 민간기업을 포함해 개별 조직의 핵심 내부 이해관계자인 노동조합의 ESG경영 참가를 위한 제도적 장치를 마련해야 한다. 교섭이나 노사협의회의 협상 의제를 지속가능성의 문제로 넓혀 정의로운 전환에 주도적으로 참여하도록 해야 한다. '노동이사제'의 확대도 필요한 전략이다. ESG에는 노동과 사회 및 환경의 지속가능성도 평가기준으로 들어가 있어 정의로운 전환과 연계해 노조가 활용할 명분과 공간이 있기 때문이다.

4) 정의로운 전환

옥스팜은 '기후 정의'에 대해 "우리는 모두 기후위기로부터 영향을 받고 있지만 어떤 특정 지역사회가 다른 지역보다 더 큰 영향을 받고 있습니다. 그리고 가장 큰 고통을 받는 사람들은 기후위기 발생에 거의 책임이 없는 사람들입니다. 이러한 불공정한 기후위기 영향에 대해 알고, 이를 바꾸기 위해 기꺼이 행동하는 것이 바로 기후 정의입니다."라고 규정한다.

한국의 '기후위기 대응을 위한 탄소중립·녹색성장기본법' 가운데 '정의로운 전환' 7장 제47조(기후위기 사회안전망의 마련)를 보면 "정부는 기후위기에 취약한 계층 등의 현황과 일자리 감소, 지역경제의 영향 등 사회적·경제적 불평등이 심화되는 지역 및 산업의 현황을 파악하고 이에 대한 지원 대책과 재난 대비 역량을 강화할 수 있는 방안을 마련해야 한다."라고 정의로운 전환을 명시했다. 따라서 탄소중립 사회로 이행하는 과정에서 직·간접적 피해를 입을 수 있는 지역이나 산업의 노동자, 농민, 중소상공인 등을 보호함으로써 이행 과정에서 발생하는 부담을 사회적으로 분담하고 취약계층의 피해를 최소화하는 정책을 마련해야 한다.

제10차 전력수급기본계획에 따라 석탄화력발전소 58기 중 노후설비 28기가 폐쇄 예정이다. 산업통상자원부에 따르면 지역경제 파급영향은 59조 4,990억 원이고 취업 유발 감소 인원은 1만 7,647명에 이른다. 기후위기에 따른 산업 전환의 위험이 가장 큰 지역은 충남(당진, 보령 등), 경남(거제), 울산, 전남(광양, 여수 등) 등이다. 충남의 경우에는 석탄발전소가 다수 자리 잡고 있으며, 울산, 거제, 전남의 경우에는 화석연료 의존도가 높은 산업들이 주로 입지하고 있다. 이런 지역의 노동자와 지역주민을 위한 정의로운 전환이 시급하다.

충남지역에서는 '정의로운전환 충남도민회의'라는 조직을 구성해법 제정 운동과 토론회 등 다양한 활동을 하고 있다. 중심에는 발전소 비정규직 노동자들이 있다. 이들은 현행 '탄소중립기본법'에 따라 조성된 1조 원(2022~2026)가량의 '공정한 전환 예산'으로는 대체산업 육성이 불가능하며, 탈석탄법 등 별도의 지원체계를 구성한 독일처럼 할 수 있도록 53조 원 수준의 예산을 지원할 수 있는 '석탄화력발전소 폐지 지역 지원에 관한 특별법' 제정을 요구하고 있다. 아울러 정의로운 전환 기금 설치와 함께 기후정의 예산[101]도 요구하고 있다.

정의로운 전환을 위한 '320충남노동자행진' 추진위는 "석탄발전소 폐쇄와 부품사의 위기는 지역사회에 많은 영향을 미칠 것"이라고 진단했다. 태안의 경우 2032년까지 태안화력 1~6호기가 폐쇄되면 줄어드는 인구만 6,000명에 이를 것으로 예상한다. 아울러 인구 유출은 소비 위축에 따른 상권 둔화를 불러오고, 학교나 병원 등 지역 인프라를 축소시키는 한편 타 지역으로 인구 이동을 부추기면서 인구 감소를 더욱 부채질하는 악순환을 반복할 것이다. 이에 노동자추진위는 아래와 같은 정의로운 전환을 요구한다.

<정의로운 전환을 위한 요구>

1. 기후재난으로부터 노동자와 농민, 시민의 일과 삶을 지키고, 모두의 존엄과 안전 생명을 보장하라.
2. 석탄화력발전소 폐쇄와 에너지 불평등의 대안으로 에너지 민영화가 아니라 노동자와 민중이 통제하는 공공재생에너지를 확대하라.

---

[101] 기후정의 예산: 온실가스 감축, 기후변화 적응, 정의로운 전환을 위해서 사용되는 예산과 기금을 의미한다.

3. 탈석탄 지역 발전노동자를 비롯해 모든 노동자의 총고용과 노동권을 보장하는 정의로운 전환을 실현하라.
4. 탈석탄 지역 발전노동자들의 고용을 보장하고, 발전 비정규직 노동자의 정규직 전환 약속을 이행하라.
5. 발전소 전환 과정에서 모든 노동자의 총고용과 노동권을 보장하는 정의로운 전환을 실현하라.
6. 탈석탄 지역사회의 쇠퇴를 저지하고 주민들의 생존권을 보장하며, 모든 시민의 정의로운 전환을 실현하라.
7. 기후위기 대응 정책의 수립과 실행 과정에서 전환의 '주체'인 노동자와 농민, 시민의 실질적인 참여와 에너지산업의 민주적 통제를 보장하라.
8. 기후의 위기, 노동의 위기, 경제의 위기가 강화하는 차별과 불평등을 철폐하라.

산업통상자원부는 탄소중립 이행 과정에서 지역경제에 발생할 피해를 최소화할 필요성에는 동의하지만 탄소중립기본법이나 지역산업위기대응법 등 현행법 체계하에서도 석탄화력발전소 폐지지역에 대한 지원이 충분히 가능하다고 본다. 아울러 특별법을 마련해 기금을 조성하고 여러 제도를 도입하는 것은 재원 마련을 위한 국민적인 부담과 해당 제도들이 미칠 사회적 영향력을 고려해 다양한 이해관계자의 의견수렴과 정책 연구를 먼저 거친 이후에 추진해야 한다는 입장이다. 사실상 반대한다는 뜻이다.

정의로운 전환을 위해서는 전환 과정에서 발생할 수 있는 실업의 발생 등 고용 상태의 영향을 정기적으로 조사하고, 재교육·재취업 및 전직을 지원하고 전환 기간 중의 생활을 지원하는 방안을 마련해야 한다. 전환 지역의 생태적·사회적 조건과 조화되는 재생에너지 확대 추진(재생에너지의 난개발 방지 및 수용성 제고)과 관련된 내용이 포함돼야 한다. 아울러 필수재로서 에너지에 대한 기본권 보장이 명문화돼야 하고 에너지 빈곤 문제를 해결하기 위한 정책이 포함돼야 한다. 지역 내 에너지산업에 대한 공공적이고 민주적인 소유 및 통제 방안도 포함돼야 한다.

기후위기 극복을 위한 재생에너지로의 에너지전환에서 노동자가 희생되지 않도록 하는 방안이 바로 ESG다. 노동자와 노동조합 그리고 지역주민이 기후위기 대안을 함께 마련하는 것이 ESG 거버넌스(G)의 핵심이다. 이런 ESG의 거버넌스(G) 구성을 요구하자. 노동과 지역주민이 참여하고 실질적 권한을 갖는 운영방안을 요구하고 참여하는 것이 정의로운 전환의 시작이다.

5) 노동조합의 역할

2023년 브라질 CUT 제14차 대의원대회에서 불평등 제거와 지속가능한 발전을 위해 제조산업 전국 조직 창설 요구 결의안을 승인했다. 향후 10년 동안 브라질 국가산업과 관련된 정책, 프로그램 개발을 위한 노동조합운동의 일련의 지침과 제안이다. 노동자의 관점에서 구상된 이 산업계획은 브라질 국민의 삶의 질을 향상하고, 불평등을 줄여 환경적으로 지속가능하며 다양한 지역의 요구를 고려한 것이다.

불평등한 사회에서 정의로운 사회로의 전환은 단편적인 특정 정책의 개선으로 이루어지지 않는다. 정의로운 전환은 브라질 경제위기 이후 브라질 산업활동 저하의 원인, 산업과 일자리에 영향을 주는 기후변화, 지정학적으로 발생하는 세계 경제적 지배-종속 관계 등을 파악하고 국가의 경제적·사회적 구조를 바꾸는 것을 의미한다. 이를 위해 노동의 관점에서 지속가능한 발전 및 정의로운 사회에 대한 내용을 마련하고 노동계급의 조직화된 투쟁이 이루어져야 한다.

CUT는 강력한 노동조합을 통해서 이것이 가능하다고 말한다. 그리고 정치·경제·사회를 고려해 지속적으로 업데이트하는 계획을 가지고 있다고 한다. 더불어 CUT는 브라질 재산업화가 국가 의제로 구성될 수 있도록 룰라 정부와의 관계와 의회 전선 구축을 중요시한다.

정의로운 전환을 위한 전략은 나라에 따라 그리고 산업·업종에 따라 달라지기 마련이다. 하지만 정의로운 전환을 관통하는 몇 가지 기본적인 요소는 존재한다. 전환의 과정에서 노동자가 희생자가 아니라 전환의 주체가 될 수 있도록 해야 한다. 그런 측면에서 브라질 CUT의 불평등한 사회에서 정의로운 사회로의 전환에 대한 대의원대회 결정에 주목할 필요가 있다.

2026년 이후로 미루어지긴 했지만 우리나라에서도 2조 원 이상 자산을 보유한 대기업을 비롯해 상장사 전체를 대상으로 하는 ESG 공시 의무화가 계획돼 있다. 노동조합은 이런 정세에 조응해 ESG 흐름에 노동의 역할과 책임을 분석하고 참여 폭을 넓혀야 한다. ESG경영은 국제규범에 맞춰 기업 내부뿐만 아니라 하청업체를 포함한 전체 공급망의 노동권 및 환경문제까지 포괄하며 실사(due diligence)

도 한다. 기업의 ESG경영에 대한 이러한 요구는 노동조합이 기업 내부에 머물지 않고 기업 간 또는 국제적 차원으로 연대를 넓힐 필요성이 높아졌다는 것을 의미한다. 노조는 이러한 기회를 찾아 전략적으로 활용할 수 있어야 한다. 노조의 미래는 여기에 달려 있다고 해도 과언이 아니다.

기업들은 국민연금 등 각종 투자자들이 요구하는 비재무적 보고서(지속가능경영 보고서 또는 ESG 보고서)를 제출해야 한다. 한국 정부는 거버넌스 공시 의무화를 시작으로 ESG 공시 의무화 도입을 예고했다. 이에 맞춰 대기업들은 ESG를 경영 전면에 내세우고 있다. 반면 중소기업의 경우 인력 부족과 정보 부족으로 ESG 대응에 우려를 표명하며 눈치를 살피고 있다.

ESG경영은 노사의 협력 없이는 본래의 목적을 실현하기 어렵다. 특히 ESG 중 사회 영역(S)에서 인권경영이 중요한 의제이고, 인권경영 항목 가운데 노동인권은 소비자와 투자자의 주요한 관심사다. 그리고 거버넌스(G)의 핵심은 이해관계자와의 소통과 참여다. 그중 대표적 이해관계자인 내부 직원과 노동조합의 참여는 대표적 필요조건이다. 따라서 노동조합은 기존 법에 근거한 노동조합 활동을 넘어 글로벌 공급망 실사와 ESG 보고서(지속가능경영 보고서 등)의 평가에 전반적으로 참여해 평가항목이 적절한지 그리고 평가가 적절한지를 살피는 책임 있는 역할을 수행해야 한다. 특히 제대로 된 거버넌스가 작동하도록 기업에 요구하고 역할을 자임해야 한다.

기업들이 ESG경영을 하고 있다고 대외적으로 선전하면서 실제로는 환경문제만을 해결하고 있는 경우가 있다. 이를 'ESG 쇼잉' 혹은 'ESG 워싱'이라 한다. 미국 컨설팅업체 에델만이 7개 시장(미국, 영국, 독일, 네덜란드, 중동, 캐나다, 일본) 글로벌 투자자에 대한 조사 보고서에서 ESG에 대한 주주행동주의가 강화될 것으로 예측했는데, 글로벌 투자자 74%가 직원행동주의를 중요한 지표로 보고 있다고 한다. 미국 투자자의 86%는 직원 권한을 강화하는 직장문화가 있는 기업이 투자자에게 신뢰를 주는 필수 요소라고 답했다. 내부 구성원으로서 기업 상황을 정확히 파악하고 있는 노동자와 노동조합이 기업 ESG경영에 참여와 견제가 가능한 이유다.

조직의 거버넌스는 제도 없이 가능하지만 주체의 변화 없이는 불가능하다. 실제 ESG경영을 하고자 한다면 기업의 CEO부터 말단 직원에 이르기까지 ESG가 무엇인지에 대한 교육을 시행하고 구성원들이 ESG경영의 주체가 되도록 양성하고 참여시켜야 한다. 노동자와 노동조합은 이런 교육과 참여 과정이 ESG경영의 시작임을 인식하고 ESG경영의 주요 주체로 참여해야 한다.

6) 노동 ESG, 선택이 아닌 주도할 때

한국의 KRX(한국거래소)는 홈페이지에서 제공하던 기업 ESG 평가 정보를 별도 홈페이지(KRXESG 포털)에서 제공하고 있다. KRX 홈페이지에서 확인하던 기업의 ESG 정보를 별도로 확인하는 시스템으로 전환한 것이다. 투자 시 ESG를 고려하는 방향에 역행하는 길이다.

또한 ESG 투자 열풍을 일으켰던 세계 최대 투자회사 블랙록의 CEO 래리 핑크 회장은 ESG 정치화를 이유로 더 이상 ESG를 언급하지 않겠다고 선언했다.

래리 핑크는 매년 초 투자자들에게 블랙록의 그해 투자 방향을 설명하는 연례 서한을 발송해왔다. 그는 2020년 연례 서한에서 "매출의 25% 이상을 발전용 석탄 생산으로부터 얻는 기업들에 대한 직접 투자를 앞으로 하지 않을 것이며 ESG ETF를 두 배로 늘리겠다."라고 함으로써 ESG 투자를 선언했다. 2021년 코로나 팬데믹 기간 중에 보낸 연례 서한에서는 "인종차별, 경제적 불평등, 지역사회 참여에 대한 이슈는 종종 ESG 논의에서 '사회적(S)' 문제로 분류됩니다. 하지만 이렇게 문제별로 구분 지어 뚜렷한 선을 긋는 것은 별로 바람직하지 않습니다. 예를 들어, 기후변화는 이미 전 세계 저소득층 지역사회에 특히 더 심각한 영향을 미치고 있습니다. 그렇다면 이것은 환경(E) 문제일까요, 아니면 사회적(S) 문제일까요? 중요한 것은 문제를 어떻게 분류하는지가 아니라, 우리가 문제를 파악하도록 돕는 정보이고, 각각의 문제가 서로 영향을 미치는 방식입니다. 더 많은 일자리, 더 큰 번영, 더 많은 포용성을 창출하려면 더 빨리 움직여야 합니다."라고 하면서 ESG를 각각 구분 짓지 말고 통합적으로 바라봐야 한다고 역설했다.

또 2022년 연례 서한에서는 "블랙록은 기업과 주주가 공동으로 번영하기 위한 이해관계인 자본주의의 수단, 기후변화에 적극적인 기업과 직원이 일하기 좋은 기업에 투자한다."라고 해 ESG 열풍을 주도했다.

바로 그 래리 핑크가 최근 '위선자'라는 비판에 직면했다. 미국 증권거래위원회(SEC)가 공개한 2023년 3분기 주식 보유 현황에 따르면 블랙록은 미국 석유 메이저 기업 셰브런 주식을 약 34만 주 사들이고 미국 석유기업 엑슨모빌 주식 일부를 매각했지만 주가가 상승하면서 포트폴리오 내 비중이 6월 말의 0.8%에서 9월 말 0.9%로 상승했다. 2023년 상반기까지 석유기업 비중을 줄이다 최근 다시 늘리고 있는 것이다. 미국 민주당과 환경단체 등은 "블랙록이 친환경 저탄소 정책을 소홀히 대하고 있다."라며 비판을 이어가고 있다.

친환경 이슈뿐만이 아니다. 반전(反戰) 관련 이슈에 따라 그동안 유럽 투자사들은 방산업체 투자를 금지해왔다. 스웨덴의 최대 금융회사 SEB가 대표적이다. 그러나 우크라이나 전쟁은 유럽의 재무장 필요성을 공론화했다. 방어 목적의 무기 사용에 관한 사회적 효용성도 재고되고 있다. SEB는 2023년 4월 1일부터 6개 운용펀드를 국방 부문에 투자할 수 있도록 제한을 풀었다.

이처럼 최근들어 반 ESG 움직임이 보인다. 2024년 11월 미국 대통령 선거에서 트럼프 공화당 후보가 당선된다면 친환경 법안으로 분류되는 IRA 법안의 폐기를 시작으로 친환경 정책의 폐기 흐름이 가속화될 것을 우려하는 목소리가 크다.

지구는 둘로 늘어날 수도 없고 팽창할 수도 없다. 인간의 활동이 지금처럼 이어진다면 기후위기는 가속화할 것이고, 극한의 날씨와 해수면 상승으로 인한 고통 그리고 빈곤과 국가 간, 국가 내 불평등의 심화 등의 사회적 문제로 인한 인류 사회 붕괴는 임박한 파국이기에 반 ESG 흐름은 결국 멈출 것이다. 그리고 노동조합과 노동이 블랙록 래리 핑크가 중단했던 ESG 열풍을 주도한다면, ESG 흐름을 다시 가속화할 수 있을 것이다.

기후재난은 아래로 흐른다. 기후위기로 인한 물리적 리스크뿐 아니라 산업전환 리스크도 마찬가지다. 노동자, 여성, 청년, 지역주민, 장애인, 이주민 등이 기후위기 대응에 취약한 사회적 약자로 자리매김된다. 이들은 기후위기뿐 아니라 에너지 빈곤, 경기 침체와 인플레이션(스태그플레이션), 사회적 안전망의 후퇴, 부채위기 등을 감수해야 한다.

노동을 대표하는 노동조합은 ESG와 함께 힘을 키워야 한다. 노동의 힘이 커질 때 재난은 낮은 곳부터 멈추고 모두의 삶과 미래, 지구를 지킬 수 있다. 기후위기 시대에 저소득층은 생존 자체가 힘들어진다. 의식주와 에너지 등 필수재에 대한 공공성과 보편성을 확보하는 기본 서비스를 보장해야 하는데, 그것을 요구할 힘은 노동에 있다.

온실가스 농도를 낮추기 위해 노력해야 하지만, 누구나 뜨거운 여름엔 선풍기를 돌릴 수 있어야 하고 한겨울엔 난방기구를 사용할 수 있어야 한다. 그래서 모두 생존할 수 있도록 해야 한다. 기후위기 극복을 위해 무조건 온실가스를 줄여야 하는 게 아니라는 것이다. 이것이 바로 환경과 사회 그리고 거버넌스, ESG가 필요한 이유다. 지역 내의 모두가 건강한 생활을 유지할 수 있는 적정 수준의 에너지와 물 공급을 보장해야 한다. 또한 이와 관련해 민주적으로 통제될 수 있는 공영화 혹은 사회화된 공급 시스템을 구축해야 한다.

　에너지전환에서 민간 주도의 에너지 정책을 철회하고 에너지산업의 공공성 확보를 요구해야 한다. 발전 공기업의 통합, 재생에너지의 확대와 에너지 효율화, 그린 리모델링, 노동시간 단축, 이해당사자의 주체적인 참여 등은 그것이 사회적 의제임과 동시에 노동조합이 간과할 수 없는 의제가 되고 있다. 이러한 의제에서 노동조합은 핵심 주체가 돼야 한다.

　현장을 가장 잘 알고 있는 당사자로서 노동자와 노동조합이 주체가 돼야 한다. 인류의 생존을 위해 산업전환은 피할 수 없다. 여기서 노조의 역할과 책임을 찾지 않는다면 일자리를 지키기 위한 저항자와 희생자에 머물게 될 뿐이다. 이제 사회적 변혁의 주체자로서 위상을 갖도록 주도해야 한다.

　ESG는 자본주의적 방식으로 기업에게 E(환경), S(사회), G(거버넌스)를 강제한다. 그리고 노동자와 노동조합에게 힘을 주어 환경문제와 사회문제를 해결하는 방식으로 거버넌스(G)를 추동해 노동자와 노동조합의 기회를 확대할 수 있게 한다. 이처럼 노동자와 노동조합은 ESG를 활용해 노동의 미래를 만들어가야 한다.

PART 8
ESG에 대한 노동조합의 전략적 대응

강충호

- 아주대학교 융합ESG학과 특임교수(현)
- 경기도 지속가능발전위원회 공동위원장(현)
- 국가표준 ESG전문위원회 대표우 원(현)
- (사)ESG코리아 부이사장/경기네트워크 공동대표(현)
- ISO26000 전문가포럼 공동대표(현)
- 한국철도공사 상생협력실장(전)
- 국토교통부 장관 정찰보좌관(전)
- 국제노동기구(ILO) 비상임이사(전)
- 한국노총 국제국장/홍보선전본부장(전)
- 영국 리즈(Leeds)대학교 산업경영학 박사(2002년)

"ESG에 대한 노동조합의
'전략적 개입'과 참여는 반드시 필요하다"

ESG가 노동권의 부실과 노동자의 참여 부재라는 CSR의 실천적 한계를 극복하기 위해, 또한 ESG가 기업과 산업에서 노동을 압박하는 '신경영전략'으로 왜곡되지 않도록 하기 위해 ESG에 대한 노동조합의 '전략적 개입'(strategic engagement)과 더불어 ESG 정책의 입안과 이행 과정에 노동자의 적극적인 참여가 반드시 이루어져야 할 것이다.

머리말: ESG와 노동

코로나 팬데믹의 확산, 환경파괴로 인한 기후변화, 빈부격차와 불평등 심화, 민주주의에 대한 도전과 사회적 갈등의 심화 등으로 인해 지구촌과 인류의 존속이 위협받고 있다. 이런 상황에 맞서 '지속가능한 발전'(Sustainable Development)을 도모하기 위한 ESG(Environment, Social, Governance)가 시대적인 과제가 되고 있다. 세계 각국에서 기업을 중심으로 정부, 공공기관, 대학, 지역사회 등 다양한 조직들이 ESG의 적극적인 이행을 통해 인류공동체가 처한 위기 대응에 나서고 있는 것은 대단히 바람직한 현상이 아닐 수 없다.

하지만 역사와 경제발전의 주역으로 사회적 불평등과 부정의에 맞서 온 노동조합이 ESG에 관심을 갖고 적극 참여하고 있다는 이야기는 별로 들리지 않는다. 오히려 기업과 투자기관들이 주도하고 공시와 평가를 통한 자발적인 이니셔티브에 불과한 ESG가 심각한 기후위기와 사회적 불평등 문제를 해결하고 '지속가능한 발전을 가능하

게' 할 수 있을지에 대해 회의적인 견해와 비판의 목소리가 아직은 더 큰 것 같다.[102]

하지만 기업의 사회적 책임(Corporate Social Responsibility, CSR)에 이은 ESG의 등장은 기업 발전의 역사적 진화과정에서 우리가 대면하고 있는 현재적 국면이다. 준수하면 좋고 안 해도 그만인 CSR과는 달리 ESG는 자발적인 공시(혹은 보고)와 평가 시스템을 통해 기업들로 하여금 이행 노력을 하지 않을 수 없게 만들어 기업활동과 형태에 적지 않은 변화를 만들고 있다. 그 결과 사회적으로 긍정적인 영향을 미치고 있는 것은 분명하다.

노동과 관련해 주목해야 할 점은 기후변화와 사회적 불평등의 폐해가 노동자를 비롯한 사회적 약자들에게 집중되고 있으며 노동자들이 ESG의 직접적인 영향을 받을 수밖에 없다는 것이다. 또한 ESG의 사회영역 이행과제에서 인권을 비롯한 노동이슈가 절대적인 비중을 차지하고 있다는 점도 ESG에 있어서 노동의 중요성을 나타낸다고 할 수 있을 것이다. 이 때문에 ESG 정책을 수립하고 이행하는 과정에 노동자의 참여와 개입은 필수적이며, 노동자를 대변하고 권익을 지켜야 하는 노동조합이 ESG 이슈에 적극 대응해야 하는 것은 당

---

[102] 민주노총 부설 민주노동연구원의 류승민 연구위원은 ESG 등급평가가 평가업체의 자의적 기준에 따라 이루어지기 때문에 일관되지 못하며, 그렇게 평가된 ESG 등급은 친환경을 가장한 홍보(green washing) 수단으로 악용될 수 있다는 등 ESG의 한계를 지적하고, 이러한 한계로 인해 ESG가 환경과 사회를 실질적으로 변화시키기 어렵다고 주장한다. (류승민, 2021)

위기이기도 하다.

  이와 함께 자연과 환경을 파괴하고 사회 양극화와 불평등을 심화시키는 탐욕적인 기업활동을 배격하고, 우리 사회를 더욱 정의롭고 민주적이고 인간답고 지속가능한 공동체로 만들고자 하는 ESG 이니셔티브는 사회정의와 역사발전을 선도해야 하는 노동조합의 목적과 운동이념에도 부합하는 '가치'이자 '시대정신'이 아닐 수 없다. 그러므로 이러한 현실 변화에 대해 노동조합운동은 무관심이나 수동적인 대응을 넘어 적극적인 대응, 즉 '전략적 개입'(strategic engagement)이 돼야 할 것이다.[103]

  이와 관련, 한국노동사회연구소 송관철 연구위원은 ESG와 관련한 (조직) 노동의 과제로 △과거의 노동관행에서 벗어나 새로운 노동환경의 변화를 포용할 수 있는 정책 기반 조성 △시장경제에서 노동존중의 가치사슬 확립 문화 촉구 △노동환경의 변화에 대응할 수 있는 준비 등 세 가지를 제시했다. 이와 함께 지속가능한 발전을 위한 노동정책이나 관련 법·제도를 정비하고 ESG 평가에 반영, 노동과 관련한 기준을 준수하고 노동자의 권익을 존중하는 양질의 일자리를 창출하고 유지하는 기업이 시장에서 우대받을 수 있는 환경 조성, 탄소경제와 RE100 등 기후환경 이슈에 따른 국제시장의 변화에 맞춰

---

103) 윤효원(2023), 'ESG는 노동의 미래인가?', 'ESG와 노동' 국회 정책 토론회(2023.12.19.) 발제문, (사)ESG코리아

국내 산업의 대비 체계 구축 등 구체적인 방안을 제안했다.[104]

이 글에서는 위와 같은 문제의식에 입각해 기업의 사회적 책임(CSR)에 대한 노동조합의 대응 경험과 ESG에 관한 대응 사례를 살펴봄으로써 ESG에 대한 노동조합운동의 전략과 구체적인 대응 방안을 모색해보고자 한다.

---

[104] 송관철(2021), 「ESG와 노동」, 『KLSI Issue Report』, 제148호(2021-7호), 한국노동사회연구소

CSR과 노동조합의 대응

1) 기업의 사회적 책임(CSR)

자본주의 산업사회가 발전하면서 1960년대 이후로 기업활동에 따른 환경오염 문제를 중심으로 본격 제기되기 시작한 '기업의 사회적 책임'(Corporate Social Responsibility, CSR)이 1980~90년대를 지나면서 소비자 보호, 종업원의 노동기본권 보장, 공급망에 대한 공정한 거래 등 기업활동 전반으로 확대됐다. 그리고 CSR을 제대로 이행하지 않는 기업은 더 이상 생존하기 어려운 시대가 됐다.

2000년대를 지나면서 이른바 '지속가능한 발전'(Sustainable Development)이 세계적인 화두가 되었다. UN을 비롯한 국제사회가 세계화에 따른 빈곤과 불평등을 해결하고 경제성장과 개발에 따른 지구환경의 훼손을 막아 인류의 지속가능한 생존과 번영을 도모하기 위한 노력을 경주하게 되면서 기업의 사회적 책임(CSR)은 우리

사회의 '지속가능한 발전'에 있어서도 필수불가결한 요소로 인식되고 있다.

이러한 시대상황과 사회적 요구를 반영해 국제표준화기구(ISO)에서는 기업의 사회적 책임에 관한 국제표준 개발에 나서서 2010년에 기업뿐만 아니라 우리 사회를 구성하는 모든 조직을 적용 대상으로 사회책임(SR)에 관한 국제표준인 ISO26000(Guidance on Social Responsibility)을 제정했다. 이는 신자유주의의 확산으로 국가의 역할이 축소되고 다국적기업을 중심으로 한 '기업 권력'이 강화되면서 기업의 책임에 대한 국가 단위의 공적 규제가 유명무실해졌고, 이에 따라 CSR에 대한 국제적인 규범의 필요성이 시민사회, 노동계, 국제기구(UN, OECD, ISO) 등 다양한 차원에서 제기되는 과정에서 이루어진 일이다. 국제표준이 개발되는 동안 전 세계적으로 기업의 사회적 책임(CSR)에 대한 논의와 실천적인 노력이 광범위하게 진행되었다. 이런 가운데 국내 기업들도 사회적 책임(CSR)을 우리 사회뿐 아니라 자신들의 지속가능한 발전을 위해서라도 적극적으로 실천해나가야 할 규범으로 인식하는 경향이 주를 이루는 듯했다.

하지만 2008년에 이명박 정부의 출범과 함께 정책 기조가 '친기업적'(business friendly)인 방향으로 바뀌면서 CSR보다는 '공유가치창출'(CSV) 개념이 확산되었다. 아울러 CSR을 기업의 '사회적 책임'이 아니라 '사회적 공헌'이라는 용어로 바꿔 부르면서 CSR을 형식적인

사회공헌 활동쯤으로 축소 내지 격하시키는 과정이 진행됐다.[105]

이 과정에서 CSR의 핵심요소인 노동존중은 사라지고 껍데기만 남게 된 뼈아픈 기억이 있다.

노동의 입장에서 볼 때, CSR 정책의 내용적 근거가 되는 국제기준들이 모두 노동자의 권리와 이익을 강조하고 있음에도 불구하고 현실에서는 그러한 내용이 간과되거나 무시됐다. CSR 이행 과정에서도 기업의 가장 중요한 이해관계자인 노동자들을 대변하는 노동조합의 참여가 제대로 보장되지 않았음은 물론이다. CSR이 노동조합의 참여를 통해 그 성과가 더욱 확대될 수 있다는 점에서 실패는 예정된 것이었다. 그 결과 대한민국이 눈부신 경제성장으로 세계 10위권의 경제대국이 됐음에도 불구하고 노동 현실은 여전히 후진국 수준을 면치 못하고 있다.

이처럼 CSR이 변질되는 과정에서 경험했던 노동 배제와 외면을 어떻게 극복할 것인가가 지속가능한 발전을 위한 ESG의 올바른 이행을 담보하는 핵심적 관건이라 할 수 있을 것이다.

2) CSR에 대한 노동계의 입장

CSR이 노동자들의 삶과 노동조합 활동에 적지 않은 영향을 미치고, 노동조합과 노동운동 진영에서도 적극적이든 소극적이든 관심을

---

[105] 조계완(2009), "'기업의 사회적 책임' 발 빼는 정부 속내", 『한겨레21』 2009년 9월호

갖지 않을 수 없음에도 불구하고 CSR 전반에 대한 노동계의 입장은 각국 노동조합운동이 처한 조건이나 수준에 따라 다양하게 나타나고 있다. 국가 단위의 산업별 혹은 기업별 노조와 국제노동조직 간에도 차이가 있다. 다른 한편으로 CSR에 대한 노동조합의 입장과 대응은 CSR을 어떻게 규정하는가에 따라서도 달라지게 된다.

먼저, 노동운동과 시민운동 일각에서는 CSR을 경제의 세계화와 다국적기업의 영향력 확대 속에서 형성된 시민사회의 압력에 조응한 '기업 주도의 경영전략'이자, 국가의 규제를 대신해 기업의 정책을 바꾸는 '시민 규제'(Civil Regulation)라고 적극적인 의미를 부여한다. 따라서 기업에 의해 주도되지만 노동자의 삶에 적지 않은 영향을 미치는 만큼 적극적으로 개입하고 대응할 필요가 있다고 본다.

반면에 1990년대 이후 신자유주의, 시장근본주의가 득세하면서 세계적으로 양극화, 빈부격차가 심화되고 반(反)자본주의·반세계화 운동이 확산되자, 지배계급이 체제수호와 권력 유지를 위해 구사하는 '위장된 전술'로 CSR을 규정하고 노동운동의 개입과 대응에 매우 비판적인 입장을 취하는 그룹도 있다.

이보다는 약하지만 기업이 사회적으로 더욱 많은 역할을 해야 한다는 것을 인정하지만 이는 CSR 규범과 같은 자발적인 시스템이 아니라 법과 규정을 통한 국가 차원의 제도적인 장치에 의해서 이행되도록 해야 한다는 입장도 있다. 그러면서 CSR이 정부의 역할을 대체하거나 노동조합의 단체교섭을 무력화하는 데 악용될 소지도 있다며 노동운동이나 노사관계에 미칠 부정적인 영향을 경계한다. 이러한 주장은 CSR이 법적 규제가 아닌 자발적인 기업의 활동이라는 점 그리고 CSR 활동이 기업의 홍보활동에서 벗어나지 못하는 현실적인 한계와 약점에 의해 뒷받침되는 측면이 있다.[106]

아무튼 우리나라 양대 노총을 비롯한 개별 국가의 노동조합들은 대체로 CSR에 대해 반대 및 회의적인 입장을 취하고 있었다. 이는 다음과 같은 다양한 근거에 기반하고 있는 것으로 지적된다. 첫째, CSR의 노동보호 효과가 불분명하다는 점, 둘째, CSR이 기업의 홍보수단으로 활용된다는 점, 셋째, 기업책임 영역에 있어 노동 기준이 하위 범주화 또는 후순위로 밀릴 것에 대한 우려가 나타나고 있다는 점, 넷째, 기업의 준수 여부에 대한 검증 및 강제 수단이 미비하다는 점, 다섯째, CSR이 기업의 자발적 활동영역으로서 강제력과 실효성이 미흡하고 노조 활동의 약화를 초래할 수 있다는 점, 여섯째, 노동법과 사회보장제를 정부 규제가 아닌 민간 시장 부문으로 이전한다는 점, 일곱째, 노사관계 주체들의 역할과 위상이 약화될 수 있다는 점, 여덟째, 사회적 책임의 기업 부담을 종업원과 노동자들에게 전가한다는 점, 아홉째, 노조의 위상이 약화된 미국형 노사관계 모델의 우회적 확산을 초래할 수 있다는 점 등이다.[107]

하지만 국제노동조합운동을 대표하는 조직인 국제노총(ITUC)은

---

[106] 권순원·강충호·이장원·노광표(2008), 「ISO26000이 우리나라의 노사정 조직과 노사관계에 미칠 영향과 대응 방안에 관한 연구」, 숙명여대산학협력단/기술표준원
[107] 이병훈(2007), 「기업의 사회적 책임에 대한 해외 노조단체의 대응」, 『사회적 책임수행을 위한 금융노사의 협력방안 연구』, 전국금융산업노동조합.

"기업들의 이미지 제고 효과에 비해 노동기준의 준수나 생활임금의 보장 측면에서 개선 효과가 뚜렷하지 않을 뿐 아니라, 사회적 영역에서 개별적인 기준을 설정하는 데 따른 위험성과 함께 노동기준이나 노동권이 다른 인권이나 윤리기준과 통합/연계돼 무분별하게 다루어질 가능성에 대해 경계"하면서도 "무조건적으로 신봉되거나 거부 또는 무시해서는 안 될 것이며, 노동조합은 CSR의 위험과 기회를 동시에 인식해 함축성 있는 접근법을 택해야 한다."라는 비교적 유연한 자세로 2005년부터 시작된 ISO26000 개발 과정에 국제노동기구(ILO)와 함께 적극 참여했다.

국제노총의 가맹조직인 한국노총도 국내 노동계를 대표해 ISO26000 개발에 참여하면서 CSR의 긍정적인 의미를 새롭게 인식하고 적극적인 개입과 대응 전략을 추구하게 됐다. 즉, 노동조합운동 차원의 CSR 활동은 기업지배구조에 참여하거나 단체교섭을 통해 기업의 사회적 책임을 추동함으로써 노동기본권을 방어하는 소극적인 목표와 의미는 물론, 기업별 노조 차원의 단체교섭 활동을 보완하는 역할과 기능을 할 수도 있겠다고 판단했던 것이다. 나아가 노동조합운동이 기업 주도의 CSR 활동에 적절한 대응책을 마련하지 못한다면, 기업에 대한 감시자 및 규제자로서의 기능이나 영향력의 약화 및 CSR을 매개로 한 '경영 참여'의 폭을 축소할 수 있다고 판단했다. 반면, CSR에 대한 적극적인 개입과 대응은 노동조합운동에 있어서 새로운 '기회'가 될 수 있다고 보았다.

3) 양대 노총의 CSR 대응 지침

한국노총과 민주노총은 소속 조직들의 임금협상과 단체교섭을 지도, 지원하기 위해 매년 '임금 및 단체협약 지침'을 수립, 시달하고 있다. 2006~07년 단체교섭 요구안에서는 CSR을 공식 요구안으로 제기했다. 양대 노총의 단협을 통한 CSR 요구는 우리나라 노동계의 CSR운동에 있어 새로운 전환점이라 평가할 수 있다. 그러나 산하 조직인 산별노조와 단위노조와의 연계성이 뚜렷하지 않은 중앙조직의 선언식 사업이라는 점에서 그 한계가 지적된다.

한국노총의 요구안이 CSR 국제노동기준의 확보라는 추상적 영역에 머무른 채 "노조의 정치활동 보장, 노조의 사회공헌활동"을 강조하는 반면, 민주노총은 "기업책임 보고서 발간 의무화, 보고서에 대한 노동조합의 사전 검증 및 이의제기권 명문화, 원하청 공정거래, 장애인 고용 확대, 우리 농산물 사용" 등으로 내용이 더욱 구체화된 것이 특징이라 할 수 있다. 양대 노총의 CSR 요구안의 주요 내용은 다음과 같다.

(1) 한국노총

한국노총은 '2007년도 공동 임단투 지침'에서 "노동조합운동 차원의 CSR 활동은 기업지배구조에 참여하거나 단체교섭을 통해서 기업의 사회적 책임을 추동함으로써 노동기본권을 방어하는 소극적인 목표/의미는 물론이고, 기업별 노조 차원의 단체교섭 활동을 보완하는 역할과 기능을 할 수 있다. CSR운동은 그동안 임금 및 노동조건 개선에만 매몰돼 온 우리 노동조합운동의 의제를 사회적으로 확대함으로써 시민사회와 노동운동이 연대할 수 있는 매개지점이 되는 동시에, 국제노동운동의 연대를 실현할 수 있는 매개고리로도 활용할 수 있다는 점에서 한국노총이 추구하고 있는 사회개혁적 노동조합주의운동 기조와 방향에도 부합한다."라는 입장을 제시했다.

이러한 인식에 입각해 CSR운동의 구체적인 방안으로 ①노동조합의 단결권 및 교섭권 보장 ②노조 대표자의 전임활동, 노동조합 활동 보장 ③노동조합의 쟁의권 보장 ④고용안정협약 및 경영 참여 요구 ⑤기업의 경영정보 공개 및 사전 정보제공 등 노동과 노사관계에 관한 핵심 요구를 제시했다. 또한 기타 기업의 사회적 책임 관련 요구사항을 다음과 같이 예시했다.

<한국노총의 CSR 요구안>

제__조【정경유착 근절】회사는 기업운영자금을 정치자금으로 기부해서는 아니 되며 스스로 정경유착의 고리를 단절하고 기업운영의 자율성과 투명성을 제고한다.
제__조【공해물질 방출 금지】회사는 환경보호에 앞장서며 폐수 등 환경을 파괴하는 정화되지 않은 오염물질을 외부로 배출하지 않는다.
제__조【사회복지시설과 자매결연】회사는 고아원, 양로원 등 사회복지시설과 자매결연을 맺고 매년 일정액의 사회복지 지원금을 조성해 지원한다.
제__조【무료 서비스 활동 등】
①회사는 연 2회 이상 농어촌을 방문해 가전제품 등 생활용품과 농기계 등에 대해 무상 수리 활동을 전개한다.

②회사의 노사는 지역사회에 재난, 재해가 발생할 경우 구호활동을 위한 물자와 자금의 지원방안을 강구하여야 한다.

제__조【조합의 정치활동 보장】

①노동조합은 노동시간 중 사업장 내에서의 특정 정당 및 후보자의 지지를 위한 집회를 개최하거나 정치활동(유인물 배포 등)을 할 수 있으며, 회사는 이를 위한 장소를 제공해야 한다.

②조합 총회의 결의에 따라 국회의원, 지방의원, 단체장 등에 출마하는 조합원의 후보선출 준비기간 및 선거운동기간은 근무한 것으로 본다.

③회사는 조합 총회에서 정치활동을 위한 특별조합비 징수를 결의한 경우 일괄공제에 협력한다.

④회사는 조합과 사전 합의를 거치지 않고서는 정치자금을 기부할 수 없다.

* 자료 출처: '2007년도 한국노총 공동 임단투 지침'

(2) 민주노총

민주노총은 2003년 단협 지침에서 '기업의 사회적 책임'을 처음 명문화해 요구한 이래 '2007년 민주노총 요구와 과제'에서 더욱 포괄적인 CSR 의제를 공식 단체협상 요구로 정식화했다. 민주노총은 노동조합의 CSR운동을 크게 두 방향으로 설정했다. 하나는 CSR운동을 촉진하기 위해 기업별 '사회책임 이행 보고서'(지속가능 보고서) 발간을 촉구하는 것이고, 다른 하나는 단체협약으로 '기업의 사회적 책임'의 기본 기준을 강제하는 방안이다.

먼저 보고서 발간이 기업 활동의 공개와 투명성에 도움을 줄 수 있다고 평가하고, 보고서 발간을 단위 사업장 단체교섭으로 요구하며 장기적으로는 보고서 발간의 법제화를 요구했다.[108] 단협을 통한 CSR 국제기준의 강제는 CSR의 국제 가이드라인을 '단체협약'에 포함시킨다는 것이다. 이는 노동조합의 경영참여가 실제로 쉽지 않은 상태에서 CSR의 세 영역(경제, 사회, 환경)을 단협에 반영함으로써 노동조합의 '기업 규제'를 촉진하려는 전략이다. 세부적인 내용은 다음과 같다.

<민주노총의 CSR 요구안>

제3장 기업의 사회적 책임과 경영

제__조【기업의 사회적 책무】회사는 기업의 사회적 책무를 규정한 국제노동기구(ILO)의 기본원칙과 작업장 권리 선언, ILO의 다국적기업 및 사회정책에 관한 원칙 선언, 국제연합(UN)의 세계협약(Global Compact), 경제협력개발기구(OECD)의 다국적기업 가이드라인을 준수한다.

제__조【기업책임 보고서(지속가능 보고서) 발간 및 노조 검증】회사는 기업 활동의 투명성과 공공성 확보 그리고 이해관계자 만족을 위해 매년 3월 기업책임 보고서(지속가능 보고서)를 발간한다. 지속가능 보고서는 국제표준인 GRI(Global Reporting Initiative) 가이드라인에 기초해 작성한다.

제__조【기업의 사회적 책임 추진팀 운영 및 노조의 검증】회사는 기업책임 보고서(지속가능 보고서) 발간 및 운영을 위한 추진단위를 구성할 시 노조의 참여를 보장

---

[108] 구체적으로 종업원 규모별(1,000인 이상-2008년, 500인 이상-2009년, 300인 이상-2010년, 100인 이상-2011년)로 보고서 발간·제출의 법제화를 요구했다.

한다. 지속가능 보고서 발간 시 외부적인 검증과 함께 노동조합의 사전 정보 제공 및 왜곡된 사실 및 정보에 대한 이의제기권을 보장한다.

제__조【고용차별 금지】회사는 인종, 국적, 성별, 정규직-비정규직 등 고용형태 등에 관계없이 모든 노동자에게 평등한 기회와 대우를 보장한다. 또한 동일 가치 노동에 대해 동일 임금 원칙을 준수한다.

제__조【장애인 고용 확대】회사는 장애인의 고용을 촉진하기 위한 편의시설을 확보해야 하며 법률로 규정된 노동자 총수의 2% 이상 고용을 준수한다.

제__조【원하청 공정거래】회사는 하청 및 도급회사(Supply chain)와 투자와 조달의사 결정 시 해당 기업의 '노동권 보장 및 차별금지' 내용을 선정 기준으로 사용하며, 적정 납품단가 보장, 60일 내 현금결제, 하청·도급회사의 노동기본권 보장 등을 이행한다.

제__조【지역발전기금】회사는 매년 세전 순이익의 ( )%를 지역사회 발전기금으로 적립하고, 구체적 운용은 노사공동위원회의 심의, 결정에 따른다.

제__조【정경유착 근절】회사는 뇌물을 수수하는 행위를 하지 아니하며, 경영의 자율성과 투명성을 제고하기 위해 최선의 노력을 다한다.

제__조【우리농산물 사용】회사는 식당에서 사용하는 주부식으로 우리 농축산물을 이용한다.

제__조【안전보건】회사는 안전사고 발생과 환경오염을 방지하기 위해 최선의 노력을 다하며, 폐수 또는 폐기물을 탈법적으로 방출하는 행위를 하지 아니한다.

* 자료 출처: '2007년 민주노총 요구와 과제'

이상과 같은 노동계의 CSR 요구에 대해 사용자단체인 경총은 사실상 반대 입장을 표명함으로써 노동계의 CSR운동이 노사 갈등 요인이 될 가능성을 높였다. 경총은 2007년 7월 9일 노동경제연구원이 발표한 '최근 CSR의 동향과 경영계 대응방향'이라는 현황보고서를 통해 "CSR이 문제의 핵심에서 벗어나 과도하게 강조될 경우, 정부나 여타 사회적 주체가 해야 할 일과 기업이 기여할 수 있는 일 사이 기대치의 차이로 갈등을 유발하게 되고, 이 결과 첫째, CSR을 왜곡하고 법의 권위를 훼손할 수 있으며, 둘째, 사회 내에서 비현실적이고 실현 불가능한 기대를 유발할 수 있고, 셋째, 기대에 부응하지 못한다는 이유로 기업이 비난받게 만들 수 있을 뿐 아니라, 이윤활동을 통해 각 사회적 주체의 부를 창출하는 핵심적 수단을 제공하는 중요 역할에서 기업이 이탈하게 만들 수 있다."라는 이유로 CSR에 대한 기업의 부담 및 역할이 왜곡될 위험성이 크다고 표명했다.

ESG에 대한 노동조합의 대응

1) UN SDGs에 대한 양대노총의 대응

지난 2015년 UN총회는 2030년까지 지속가능 발전을 실현하기 위해 17개 목표(169개 세부목표, 231개 지표)로 이루어진 새로운 지속가능 발전목표(Sustainable Development Goals, SDGs)를 채택했다. 이에 따라 전 세계 모든 국가는 유엔의 지속가능 발전목표(UN SDGs)를 달성하기 위해 각국의 실정과 조건을 반영해 구체적인 목표를 수립하고 매년 이행보고서(Voluntary National Report, VNR)를 제출하는 등 다양한 노력을 전개하고 있다.

그 과정에서 양대 노총이 함께 가입해 있는 국제노총(ITUC)은 SDGs에 노동조합운동이 강조해 온 사회경제적 의제들이 포함돼 있다고 판단해 UN의 주요 당사자 주체로서 직접 의견을 제출하거나 개별 국가의 노동조합들로 하여금 SDGs 대응활동을 독려하고 있다. 국제노총은 SDGs의 17개 목표 중에서 특히 빈곤 종식, 양성평등 달성, 양질의 노동 증진, 불평등 완화, 기후변화 대응, 포용적 제도 구축 등 6개 목표를 '노동조합 우선과제'(Trade Union Priorities)로 선정하고 세계 각국의 노동조합이 해당 목표들에 관한 자국의 이행상황을 모니터링하고 국제사회에 알리도록 함으로써 각국 정부가 SDGs 이행에 더욱 적극적으로 나서도록 압박하고 있다.

이에 따라 한국노총과 민주노총은 2018년에 우리 정부가 추진한 한국의 지속가능 발전목표(K-SDGs) 수립 과정에 직접 참여했고, 2019년부터는 (사)한국지속가능발전센터 등 노동 및 시민사회 단체들과 함께 UN 차원의 SDGs 점검회의체인 고위급 정치포럼에 시민사회보고서를 매년 제출하고 있다. 또한 정부와 시민사회단체가 함께하는 민관 거버넌스라 할 수 있는 '열린 SDGs 포럼'에도 참여하는 등 적극적인 역할을 수행하고 있다.

이처럼 양대 노총이 UN SDGs 이행에 적극 나서게 된 것은 양질의 일자리와 불평등 해소 등 국내 노동운동의 여러 과제가 SDGs에 반영돼 있기 때문이다. 또한 SDGs 이행을 통해 기후변화 대응, 산업혁신, 빈곤 퇴치, 지역공동체 발전 등 기존 노조운동이 상대적으로 등한시해왔던 영역에서 시민사회운동과 연대해 노동조합의 사회적 책임(USR)을 더욱 적극적으로 실천해나갈 수 있다는 점을 인식하고 있기 때문이라 여겨진다.

2) 한국노총의 ESG 대응

기후위기가 심화되면서 지구촌과 우리 사회의 지속가능성을 위협하고 있는 현실에 대응하기 위해 한국노총은 2021~2022년에 노동조합의 대응 전략과 방안을 모색하기 위한 연구작업을 부설 중앙연구원을 통해 집중적으로 진행했다. 그 결과 「기후변화와 노동-노동에 미치는 영향과 대응과제」(김현우, 하바라, 2021), 「탄소중립과 정의로운 전환을 위한 노동조합의 과제」(황선자, 이문호, 임찬영, 2022), 「정의로운 에너지전환과 노동조합의 대응전략-석탄화력발전소 폐쇄를 중심으로」(박태주, 이정희) 등의 연구보고서를 잇따라 발간했다.

2021년 10월에는 기후위기로 인한 산업전환으로 일자리 위기가 큰 자동차, 석탄화력발전 등 관련 산별조직의 간부들과 한국노총 본부로 구성된 '기후노동네트워크'가 출범했다. 한국노총 기후노동네트워크는 △기후위기 대응 거버넌스에 노동계 참여 확대 △온실가스 감축 목표에 따른 일자리 정책의 정의로운 전환 △정의로운 전환 과정에서 한국노총의 대응역량 확보 및 시민사회운동 진영과의 연대 등 정부 정책에 대한 적극적인 개입 및 대응 등의 목표를 실현하기 위해 정기회의, 간담회, 토론회, 연구활동, 워크숍, 기자회견, 단체협약 모범안 마련, 임단투 공동교섭 및 공동투쟁 등 다양한 활동을 추진하고 있다.

이에 따라 한국노총은 매년 산하조직에 시달하는 '공동 임단투 지침'에 '기후위기와 산업전환 대응/정의로운 전환과 노조의 전략'이라는 챕터를 두고 기후위기가 노동에 미치는 영향, 우리나라 정부 및 국회의 기후위기 대응 현황, 국제사회의 기후위기 대응 현황, 노동조합의 기후위기 대응 현황, 기후위기 대응 관련 노동조합 임단협 대응 전략 등에 관한 내용을 담고 있다. 최근 들어 ESG 담론과 이행을 둘러싼 논란이 국내뿐 아니라 세계시장에서 가장 핫한 이슈로 대두되면서 노동자들의 삶과 노동조합의 활동에도 적지 않은 영향을 미치게 되자 2022년 임단투 지침에 다음과 같이 'ESG경영 확산과 노동조합의 대응'이라는 섹터를 기후위기 챕터에 추가하고 있다.

<'2022년 한국노총 공동 임단투 지침' 중 ESG에 관한 대응>

6. 'ESG경영 확산과 노동조합의 대응

1) 개요
- 자본이 중심이 돼 이끌어온 자본주의 시대가 세계적인 기후 및 경제위기로 자본주의 시대의 대전환이 진행될 것임을 보여주고 있음. 주주자본주의로 야기되는 폐해로 현 체제가 종언을 고할 수 있다는 전망 속에서 해결책으로 ESG가 대두된 것으로 볼 수 있음.
- 이런 의미에서 ESG는 현대 자본주의의 위기를 극복하기 위한 대안으로 제시되고 있지만, 이것이 지속적인 대세로 자리 잡을지 잠시 유행으로 끝날지 확신할 수 없기에 현실적인 접근을 위해 제시했음.
- 즉, 노동의 관점에서 ESG에 접근해 대응방안을 제시했으며, 그 중심에는 한국노총의 방향성과 주장을 주로 반영했음.

2) ESG 개념 및 등장 배경

- ESG에 대해 논의 방향은 환경(Environment)적 요소가 중점이 돼 진행되고 있는 것이 현실임. 그러나 ESG 평가 항목에 노동은 사회(Social), 지배구조(Governance)에 명확하게 나타나 있음.
- 현대 사회에서 ESG경영 확산에 따라 기업의 지속가능 발전목표(SDGs)를 실현하기 위해서는 사회적 책임과 지배 구조에 대한 방향성이 제시돼야 할 것임.
- 이에 'ESG경영 확산과 노동조합의 대응'에서는 ESG경영 확산이라는 변화 속에서 노동자가 어떠한 방향성을 가지고 대응해야 하는지를 사회(Social), 지배구조(Governance)의 관점에서 바라보며 제언하고자 함.

3) ESG 방향성, 4) 국내외 ESG 동향, 5) ESG경영 확산 배경, 6) ESG와 평가 기준
　<중략>

7) ESG 평가와 노동

- 노동조합 설립 및 운영 여부를 중요하게 판단해야 하는 근거는 여전히 많은 기업이 결사의 자유, 단체교섭의 권리를 인정하지 않고 있으며, 노동자를 이해관계자로 취급하는 문화도 정립돼 있지 않음.
- 결사 및 단체교섭의 자유를 보장하기 위해서는 노동자를 단순한 피용인이 아닌 중요한 이해관계자로 여겨야 할 것이며, 물적 자본 못지않게 인적 자본의 중요성을 인정해야 할 것임.
- 전 직원 보수 평균값 대비 CEO 보수의 비율이 삼성전자의 경우 208배에 달했으며, SK하이닉스 22배, 현대차 43배, 아모레퍼시픽 142배에 달하는 등 노동자와 임원 간 임금 격차가 상당히 많은 차이를 보이고 있음.

- ESG의 평가에 노동 내용은 반드시 항목에 비중 있게 있어야 하며, 그 이유는 현재와 같이 노동을 철저히 배제해 봉착한 주주자본주의의 폐해를 극복하기 위한 방안으로 ESG가 대두된 것이기 때문임.
- 노동계에서는 노동 존중의 가치사슬 확립을 위해 기업 간 거래 시 '노동기준을 바람직하게 준수'하는 기업을 우선 배려하는 포지티브 전략이 기업 내에 자리 잡을 수 있도록 경영진에 강력히 요구해야 함.
- 체크리스트 방식으로 노동법을 위반하는 기업에 대해 제재 수준이 아닌 노동의 가치를 존중하는 수준에 대한 스펙트럼으로 설계된 평가 결과를 반영해야 함.
- 이를 실천하는 방법으로 크게 두 가지는 노동환경이 우수한 기업에 거래 시 혜택을 주는 방법과 노동친화적 기업이나 ESG 노동관행이 우수한 기업에 가점을 주는 방법이 있음.
- 이에 따라 ESG를 바탕으로 노동에 대한 악습이 남아 있는 기업은 시장경제 원리에 따라 도태되는 시대를 맞이하게 될 것임.

8) 노동조합의 대응방안
- 기존 자본주의가 종언을 고하고, 새로운 자본주의로 전환하기 위해 대두된 것이 ESG이고, 이는 지속가능경영을 뜻하는 것으로 자본주의 체제를 재정립하고자 하는 의미에서 출발한 것이며, 여기에 노동은 중요한 위치에 놓여 있어야 함.

<중략>

- 이윤만을 추구하기 위해 수단과 방법을 가리지 않고 자행한 부도덕한 기업을 대상으로 경영자 단체에서 이제는 적극적인 조치를 취해야 함. 부도덕한 기업에 대

해서는 투자의 제재를 확실히 ?해야 하며, ESG는 투자자 중심으로 기업을 바라보고 투자를 한 것이기 때문에 반드시 필요한 요소라고 볼 수 있고, 노동이 평가의 기준에 많은 비중을 차지해야 한다고 봄.

3) 노사공동 ESG 대응 사례

(1) 한전KPS

한국전력 자회사인 한전KPS 노사는 2021년 9월, 나주 본사에서 노사화합과 윤리·인권, ESG경영 실현을 위한 노사공동선언 선포식을 개최했다. 이날 선포식에서 채택된 노사공동선언문은 협력적 노사관계를 바탕으로 공공기관으로서 사회적 가치 실현 및 국민 눈높이에 부합하는 윤리경영 체계를 구축하고, 고객과 이해관계자에게 사랑과 신뢰를 받을 수 있도록 노력한다는 내용을 골자로 하고 있다.

특히 'ESG 모범 공기업'으로 자리매김하기 위해 사회적 책임 이행, 준법경영, 최상의 고객서비스 제공, 인권보호 및 안전한 작업환경 조성, 직장 내 차별행위 금지, 구성원 인권침해 예방 및 구제, 노동조건 향상 등의 세부 실천방안을 담고 있다.

(2) 인천관광공사

인천관광공사 노사는 2021년 9월에 "지역발전을 선도하고, 시민의 행복을 증진하며 사회적, 윤리적 책임을 실천"하기 위해 ESG경영을 공동으로 추진해 나갈 것을 선언하고 다음 사항을 약속했다.

첫째, 노사는 친환경관광, 쓰레기 줄이기, 탄소중립 등 녹색성장을 적극 실천하고, 친환경경영의 체계적 확립에 최선의 노력을 다한다.

둘째, 노사는 사회적 약자 지원, 지역사회 경제 활력 제고 등을 적극 모색하고, 사랑과 행복을 나누는 사회봉사를 공동으로 실천함으로써 사회적 가치 실현을 위해 최선의 노력을 다한다.

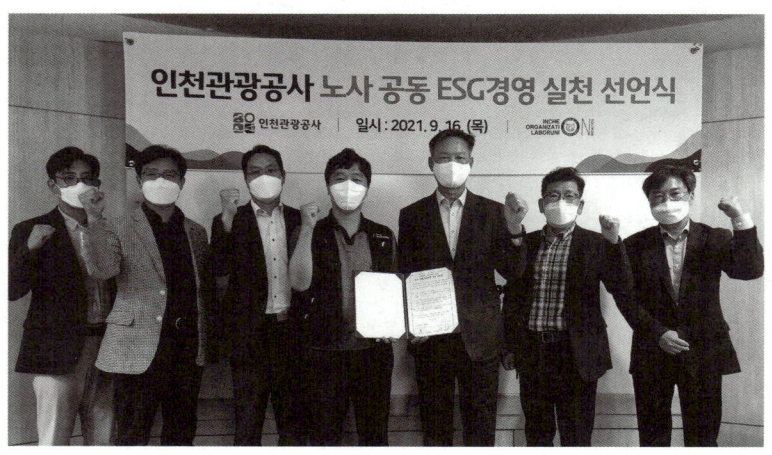

셋째, 노사는 투명한 경영과 의사결정, 인권 존중의 윤리경영을 통해 지속가능한 발전을 위해 최선의 노력을 다한다.

넷째, 노사는 ESG경영의 구체적 실현을 위해 공동으로 협력하며 세부적인 실천 전략을 수립하고 성실히 수행한다.

(3) 한국지역난방공사

1993년에 설립된 한국지역난방공사 노동조합은 유니온숍 제도를 통해 가입대상 기준 100% 노조 가입률(2021년 말 기준 조합원 수 1,934명)을 기록하고 있으며 본사 3개 지부를 포함해 총 22개 지부로 구성돼 있다. 노동자의 경영 참여 요구, 세심한 고충 처리와 노동조건 개선 요구, 윤리경영 등 노동·복지 환경변화와 현안에 대응하기 위해 노사가 여러 협의체를 구성해 함께 노력하고 있다.

이런 가운데 기업의 비재무적 성과를 중시하는 사회적 분위기에 동참해 2021년 12월에 노사공동 ESG경영을 선언했다. 이어서 ESG 관련 과제 중 노사 협력을 통해서만 해소할 수 있는 문제들을 전문적으로 논의하기 위한 기구인 '노사합동 ESG경영 TF'를 구성(2022년 3월)해 운영하고 있다.

노사 공동 ESG경영 선포식에서 이루어진 '노사공동 윤리·인권경영 실천 서약'에서 노사는 윤리·인권경영 실천 의지를 다짐하며 공정하고 배려하는 조직문화 조성을 위해 함께 노력하겠다는 의지를 표명했다. 노사 서약식에 이어 전 직원이 온라인으로 참여하는 윤리·인권 실천문화 확산을 위한 실천서약도 진행했다.

(4) 한국도로공사

한국도로공사 노사는 2021년 12월에 김진숙 사장, 이지웅 노조위원장, 김동명 한국노총 위원장, 자회사 사장 및 노조위원장 등이 참석한 가운데 환경·사회·윤리경영에 대한 공기업의 사회적 책임 이행을 위해 노동조합, 자회사가 참여한 'ESG경영 공동 선언문 선포식'을 개최했다. 선포식에서 도로공사 및 자회사 노사는 △탄소중립 기반 고속도로 뉴딜 구현 △노동 존중·안전 중심의 고속도로 실현 △중소기업의 기술혁신 생태계 조성 △국민의 눈높이에 부합하는 투명하고 공정한 업무수행 등을 적극 실천해 나가기로 선언했다.

이와 함께 자회사 노동자의 노동조건 향상과 복지증진을 위한 복지기금을 출연하고 향후 모·자 회사간 다양한 공동복지 모델을 창출해나갈 것을 약속했다.

(5) 국가철도공단

국가철도공단 노사는 2022년 11월에 ESG경영 실천 및 선도를 위한 'KR ESG 노사공동 선언식'을 개최했다. 노사는 선언문을 통해 △친환경 철도를 통해 지구를 보호하고(E) △철도 중심 교통체계 촉진으로 국민의 삶을 풍요롭게 하며(S) △건전하고 투명한 지배구조로 모두가 신뢰하는 공공기관이 되겠다(G)는 ESG경영 실천의지를 표명하고, 이 선언을 계기로 ESG경영의 중요성을 전 직원이 함께 인식하고 업무방식 개선 등 노사가 함께 ESG경영을 적극 실천할 것을 다짐했다.

이날 선언식에서 이정욱 노조위원장은 "ESG경영에 적극 동참해 노사 파트너십을 강화하고 공공성과 사회적 책임을 실현할 수 있도록 하겠다."라고 밝혔다. 공단 측 김한영 이사장은 "이번 공동선언을

통해 공단의 ESG경영이 확산되길 바라며, 노사 협력과 소통을 바탕으로 사회적 책임을 이행하겠다."라고 말했다.

노동조합의 ESG 대응 전략

1) ESG에 대한 노동조합의 입장과 대응방안

그동안 우리나라 노동조합들은 기후위기나 환경파괴, 사회적 불평등과 지역분쟁과 같은 사회 경제적 문제에 무관심하고, 비정규직이나 하청업체 노동자들의 열악한 노동조건을 외면한 채 자신들의 경제적 이익에만 몰두하는 이기적이고 무책임한 행태를 보일 때가 많았다. 하지만 기후변화와 환경, 사회적 불평등의 폐해가 사회적 약자들에게 집중되고 있으며 노동자들이 가장 직접적인 영향을 받고 있기 때문에 기업이나 정부 차원의 ESG 입안과 실행 과정에 노동자가 참여하고 개입하는 것은 당연한 일이다. 노사관계의 주체로서 노동자를 보호하고 권익을 지켜야 할 노동조합이 ESG 이슈에 적극 개입하고 대응하는 것은 노동조합의 설립 목적만 살펴보아도 마땅한 과제다.

자연과 환경을 파괴하고 사회 양극화와 불평등을 심화시키는 탐욕적인 기업활동을 배격하고, 우리 사회를 더욱 정의롭고 민주적이며 인간답고 지속가능한 공동체로 만들고자 하는 ESG 이니셔티브는 사회정의와 역사발전을 선도해야 하는 노동조합의 목적과 운동이념에도 부합하는 '가치'이자 '시대정신'이 아닐 수 없다. 그러므로 이러한 현실 변화에 대한 노동조합운동의 대응은 무관심이나 수동적인 대응을 넘어 적극적인 대응, 즉 '전략적 개입'(strategic engagement)이 돼야 할 것이다. 그렇다면 무엇을 어떻게 해야 할 것인가?

우선, 노동조합을 비롯한 노동운동 진영은 지속가능발전을 위한 ESG운동의 의의와 한계에 대한 올바른 인식을 가져야 한다. 우리 사회의 ESG 열풍에서 노동의 관점이 축소 혹은 배제되는 현실을 직시하고 이에 적극 대응해야 할 것이다. 즉, 산업현장에서 잇따르고 있는 산업재해 예방과 근절, 비정규직 노동자의 고용안정과 처우개선, 노동존중과 사회통합을 위한 사회적 대화 촉진 등 노동이슈가 ESG에서 배제되지 않도록 적극 대응해 나가야 한다.

ESG 이행을 위한 노동조합의 대응 전략에는 자신들이 소속되거나 관련된 기업의 사회적 책임(CSR)과 ESG의 실질적인 이행을 추동하고 견인하는 역할도 포함될 수 있을 것이다. 기업들이 국민의 생명과 건강 보호, 인권과 노동권 존중, 화석연료 사용 감축과 탄소중립 등 환경보호, 하청업체와 상생협력 도모, 부정부패 근절 및 지역사회발전 이바지 등 사회적 책임(CSR)을 다하고 ESG를 올바르게 이행하도록 노동조합이 적극적으로 주시하고 견인해 나가야 한다.

이를 위해 각 기업이 사회적 책임 이행계획과 실적 등을 담은 지속가능 보고서나 ESG 보고서를 정기적으로 발간하도록 하고, 이행 점검과 보고서 작성 및 검증 과정에 노동조합이 직접 참여하는 것도 ESG에 대한 노동조합의 개입 수단이 될 수 있을 것이다.

일부 재벌기업의 갑질이나 불법 승계 등 부정과 비위에 대해서도 기업경영의 한 축이라 할 수 있는 노동자와 노동조합이 책임감을 갖고 적극 대처해야 한다. 아울러 ESG의 한 축인 민주적인 지배구조 실현 차원에서 선거를 비롯한 의사결정과 단체행동, 사업 집행 등 노동조합의 제반 운영에 있어서 조합원의 참여와 권리행사를 제도적으로 보장하는 일도 중요한 과제가 돼야 할 것이다. 이와 함께 채용을 대가로 한 금전 수수와 조합비 횡령 같은 비리, 성범죄와 갑질 등 일부 노조 간부의 반사회적인 일탈행위를 근절하기 위한 치열한 자기혁신과 지속적인 자정 노력도 전개돼야 한다.

ESG에 대한 이와 같은 노동조합의 적극적 관심과 활동은 노동조합운동의 의제를 사회화하고 확장할 수 있는 유력한 계기로 작용할 수 있을 것이다. 노동조합의 역할이 기업의 '법적, 경제적, 환경적, 사회적' 역할을 감시하는 주도자로 나설 수 있는 계기가 될 뿐 아니라, 시민사회와의 연대를 위한 매개지점이 될 수 있기 때문이다. 시민들의 여러 자발적인 사회운동과 노동운동이 연대해 기후위기에 함께 맞서 환경과 자연을 보호하고, 사회통합을 통해 지역사회와 공동체의 상생발전을 실현하며, 깨끗하고 공정한 민주복지사회를 만들어 나가는 데 주도적인 역할을 해 나간다면, 노동조합의 위상과 영향력을 배가함으로써 노동조합운동의 발전을 도모하는 계기와 원동력이 될 수 있을 것이다.

2) 사내 ESG위원회 참여와 대응

ESG가 시대적인 과제로 인식되면서 많은 기업이 ESG 전략 수립 및 감독 조직으로서 사내 ESG위원회를 앞다퉈 설치하고 있다. 기업지배구조 관련 활동을 주로 하는 경제개혁연대의 경제개혁연구소에서 발표한 연구보고서에 따르면,[109] 2022년 6월 말 현재 792개 상장회사 중 188개사(23.7%)에 ESG위원회(지속가능위원회, 지속경영위원회, 투명경영위원회, 거버넌스위원회 등 명칭은 다르지만 ESG 관련 업무를 수행하는 위원회 포함)가 설치돼 있다. 이 가운데 대다수는 자산 1조 원 이상(151개)이거나 대기업집단 계열사(139개) 등 자산규모가 큰 대기업에 설치되어 있다.[110] 그리고 압도적 대다수(175개)의 위원회가 2021년 이후에 신설 또는 확대·개편돼(2022년 신설된 것은 41개), 2020년 이후 국내에 불기 시작한 ESG 열풍을 반영하고 있으며, 거의 모든 ESG위원회가 이사회 내 소위원회 형태로 설치돼 있는 것으로 파악됐다.

---

[109] 이수정(2022), 「유가증권 상장회사 ESG위원회 현황」, 『ERRI 이슈&분석』 2022-06호, 경제개혁연구소

[110] ESG위원회 설치 붐은 2023년에도 계속됐다. 특히 대다수의 공기업이나 공공기관에도 ESG위원회가 설치되고 있어서 2024년 현재 ESG위원회가 설치된 국내의 (공공 및 민간) 기업은 300개가 넘을 것으로 추정된다.

한국경제인협회(한경협)로 이름을 바꾼 전국경제인연합회(전경련)가 2022년에 발표한 'ESG위원회 안건 분석 및 시사점'이라는 보고서에 따르면, 30대 그룹 중 ESG위원회 설치 및 관련 논의를 공시한 15개 그룹의 ESG 위원회가 처리한 안건은 전반적 ESG 관리 34.9%, 지배구조 32.3%(내부거래 등의 승인 64.9%, 기업윤리 10.4%, 공정거래 8.1% 등), 사회 10.2%(사회공헌 68.7%, 안전보건 17.9%, 인권 6.0% 등), 환경 4.4%(탄소전략 58.6%, 친환경사업 41.4%) 등이다. 이외에 ESG 등급관리, ESG경영 전략·계획 수립, 위원회 운영, ESG 추진 경과, ESG 공시와 보고서 발간 등으로 나타났다. 이러한 운영실태에 대해서 일각에서는 ESG위원회가 이제 막 출범한 초기 단계임을 감안하더라도 해당 기업의 ESG 이행 수준을 제고하는 실질적인 역할을 하지 못하고 있어서 자칫 위원회의 설립에만 의미를 두는 보여주기식 활동에 불과할 것이라는 비판적인 평가가 제기되고 있다.

상황이 이런 만큼 사내 ESG위원회에 대한 노동조합의 적극적인 관심과 참여가 필요하다. 우선 노동이사제가 시행되고 있는 공기업이나 공공기관에서는 이사회에 참여하는 노동자대표가 ESG위원회에서 실질적인 역할을 하도록 적극적으로 도모해야 한다. ESG위원회가 이사회 내에 설치된 민간기업의 경우, 노동이사제가 도입돼 있지 않은 상황에서 종업원이나 노동조합 대표가 ESG위원회에 참여하기는 대단히 어렵거나 거의 불가능할 것으로 보인다. 하지만 기업의 지속가능한 발전을 위한 ESG 이행에 있어서 노동이슈와 노동자(종업원) 역할의 중요성을 강조하면서 ESG위원회의 참여를 지속적으로 요구해야 한다. 또한 민간기업에 있어서는 이사회와 무관하게 노사 간 단체교섭을 통해 '노사공동 ESG위원회' 설치를 추진하는 것이 현실적인 방안이 될 수도 있을 것이다.

'노사공동 ESG위원회'를 실현하기 위해서는 무엇보다 먼저 ESG 경영의 의미와 필요성에 대한 노사의 공감대 형성과 그 이행을 위해 노사가 함께 노력해 나가야 할 당위성에 대한 인식이 이루어져야 할 것이다. 즉, 기후위기와 사회불평등으로 인한 지구촌과 인류의 지속가능성이 위협을 받고 있는 가운데, 최근의 신냉전적 국제정세와 미국과 중국의 경쟁 격화로 말미암아 세계시장의 여건이 갈수록 어려워지는 상황에 대한 위기의식을 공유하고 이를 타개하기 위한 ESG 경영을 실현하고 발전해 나가려는 노사 공동의 노력이 반드시 필요하다는 데 대한 공감대가 이루어져야 할 것이다. 이러한 공감대를 바탕으로 구성되는 '노사공동 ESG위원회'는 다음과 같은 사업들을 함께 논의하고, 함께 추진해 나갈 수 있을 것이다.

첫째, 환경(E), 사회(S), 거버넌스(G) 관련 노사 공동 실천 모색
- UN SDGs와 ISO26000 등 국제규범을 바탕으로 ESG 이행 전략 및 계획 수립
- 탄소국경세, 공급망 실사 등 글로벌 시장에서 요구되는 ESG 정책에 대한 대응 방안 강구
- 에너지 절약, 탄소배출 및 쓰레기 줄이기, 사회공헌활동 등 생활 속 ESG 실천 방안 마련 및 이행

- 지속가능 보고서(ESG경영 보고서) 공동 작성 및 ESG 평가 공동 대응

둘째, 공급망 실사 대비 협력사 ESG 이행 지원
- 경영 성과 공유를 통해 협력사의 경영안정 및 협력사 노동자의 고용안정/처우개선 지원
- 비정규직 노동자에 대한 차별 및 인권침해 요소 개선 등 사회책임 이행 독려, 지원
- 조달, 생산, 납품 등 전 과정에서 탄소 저감/중립 실현 지원 등 협력사의 ESG경영 지원

셋째, 투명경영 및 참여오 상생의 노사관계 구축
- 기업은 경영정보의 공개, 불합리하거나 반사회적인 관행의 근절 등 투명경영/윤리경영 실천
- 노동자와 노동조합은 노사 공동의 이익을 위한 작업장 혁신 및 생산성 향상에 참여/협력
- 각종 사내 거버넌스 구조에 노동자(종업원) 혹은 노동조합 대표 참여

3) ESG 관련 정부위원회 참여 및 대응

기업 차원에서 노사공동 ESG위원회를 구성하고 노사가 함께 ESG 이행을 위해 노력한다면, 국가 차원에서는 노동자를 비롯한 다양한

이해관계자가 참여하는 ESG 추진조직이나 기구를 만들어 전 국민적인 거버넌스와 이행체계를 구축해나가야 할 것이다. 이와 관련, 윤석열 정부는 2023년 2월에 민간과의 긴밀한 소통을 위해 민관합동 컨트롤타워인 '민관합동 ESG정책협의회'를 발족했다.[111] ESG협의회는 최근 국제기구와 EU 등을 중심으로 ESG 제도화 움직임이 가속화됨에 따라 정부 차원에서 효율적으로 대응하기 위해 설립됐다. 부처 간 유기적 협업과 폭넓은 의견 수렴을 위한 소통 창구로서 정부가 2022년 말에 발표한 'ESG 인프라 고도화방안'의 추진 실적을 점검하고 ESG정책을 추진해 나갈 예정이라고 한다.

기획재정부 1차관이 주관하는 이 협의회는 산업부, 환경부, 중기부, 고용부, 행안부, 금융위, 공정위 등 8개 부처 차관급과 민간전문가 12명 등 20명이 참여하고 있는데, 12명의 민간전문가 중 노동계를 대표하는 전문가는 단 한 명도 없다.

정부의 탄소중립위원회(탄중위) 역시 '탄소중립사회로의 전환을 위한 국가 주요정책 등을 심의하는 대통령 소속의 민관합동 거버넌스 기구'임에도 불구하고 노동자의 에너지와 역량을 결합시킬 수 있는 구조가 되지 못하고 있다. 탄중위는 국무총리와 민간공동위원장을 포함해 기후, 에너지, 경제, 산업, 기술 등 분야별 전문가들과 시민사회, 청년, 산업, 노동 등 사회 각계 대표 76명으로 구성돼 있다. 그런데 76명 중에 노동을 대표하는 인원은 달랑 한 명이다. 과연 1/76으

---

[111] 기획재정부 보도자료(2023.2.21.), '제1차 민관합동 ESG정책협의회 개최'

로 2,000만 명에 달하는 노동자의 목소리가 반영되는 구조와 절차적 정의가 갖춰졌다고 할 수 있을까?

탄소중립기본법에도 절차적 정의는 없다. 기본법은 '용어 정의'에서 기후위기를 극복하는 과정에서 모든 이해관계자가 의사결정과정에 동등하게 실질적으로 참여한다는 내용을 두고 있다. 하지만 법률 전반에 걸쳐 감축목표 설정의 전 과정에 이해관계자의 참여를 어떻게 보장할 것인가에 대한 내용은 없다. 위원회 구성 조항에 있는 "위원을 위촉할 때는 청년, 여성, 노동자, 농어민, 중소상공인, 시민사회단체 등 다양한 사회계층으로부터 후보를 추천받거나 의견을 들은 후 각 사회계층의 대표성이 반영될 수 있도록 해야 한다."라는 문구가 전부다. 따라서 온실가스 감축목표를 설정 및 변경하는 과정에서 모든 이해관계자의 의견수렴 과정을 법조항에 명시할 것을 요구할 필요가 있다.[112]

또한 정부의 탄소중립 전략 및 그린뉴딜 계획에서 지역 및 해당 산업노동자가 참여하는 정의로운 전환 추진 원칙이 구체화되어야 한다. 노동자를 비롯한 다양한 이해관계자가 탄소중립위원회의 의사결정에 실질적으로 참여하고 책임 있는 실행을 담보할 수 있도록 기능조정을 해야 한다는 뜻이다. 즉, 정부의 일방적인 정책 결정이 아니라 여러 이해관계자 간의 소통과 네트워크에 기반한 거버넌스 구축이

---

[112] '2050탄소중립위원회'는 2022년 10월에 '2050탄소중립녹색성장위원회'로 개편되어 위촉직 민간위원이 32명으로 축소되는 과정에서 노동계 대표는 완전히 배제되었다.

필요하다.

이처럼 ESG 관련 정책을 만들고 실행력을 높여나가기 위해서는 계획, 실행, 평가, 개선 등 정책실행의 모든 과정에서 해당 정보의 투명한 공개와 다양한 이해관계자의 실질적인 참여가 이루어질 수 있도록 노동조합운동 차원에서 요구하고 협상하고 투쟁해 나가야 할 것이다.

그런데 윤석열 정부는 노동시간 개편, 노조부패 척결, 노조회계 공시 등 이른바 '법치 기반의 노동개혁'을 추진하는 과정에서 기존 노사단체가 참가하는 정부위원회에서 양대 노총을 비롯한 노동계의 참여를 배제하거나 축소하려는 움직임을 보이고 있다.[113] 2022년 10월 2050탄소중립녹색성장위원회 2기 위원회 구성에서 양대 노총을 배제한 데 이어, 저출산고령사회위원회(2022년 12월, 양대 노총 배제), 국민연금기금운용위원회(2023년 3월, 민주노총위원 해촉), 건강보험재정운영위원회(2023년 5월, 양대 노총 패싱) 등 각종 정부위원회에서 양대 노총이나 민주노총 위원을 내쫓고 있다.

앞서 '민관합동 ESG정책협의회' 사례에서 확인했듯이 ESG 관련 정부위원회에서도 양대 노총을 비롯한 노동계의 배제 움직임이 확대될 것으로 전망되는 만큼, 노동계의 참여와 비중을 확대하기는 당분간 어려울 것으로 보인다. 하지만 정부의 ESG 관련 정책이나 기업들

---

[113] 한국노총 중앙연구원이 2023년 11월에 발간한 보고서에 따르면, 지난 23년간 노·사·정·공익위원이 참여한 130개 회의체 구성에서 노동계 비중은 16.0%(경영계 15.4%, 정부 22.5%, 공익위원 34.5%)를 차지하고 있다.

의 ESG 이행 여부 및 수준이 노동자들의 고용과 생활 전반에 미치는 영향이 심대하다는 걸 감안할 때, 노동자를 대표하고 노동자의 권익을 지키는 노동조합이 ESG 관련 정부위원회에 참여하고 개입을 확대하기 위한 요구와 노력은 지속적으로 추진돼야 할 것이다. ([표1] 참조)

[표1] 정부위원회 '노동조직 참여 배제'에 따른 위원 구성 변동 내역

소관 부처	위원회 명	변동시기
대통령 직속	2기 2050탄소중립녹색성장위원회	2022.10.
	저출산고령사회위원회	2022.12.
보건복지부	사회복지사처우개선위원회	2022.12.
	건강보험공단 재정운영위원회	2023.05.
	보건의료정책 심의위원회	2023.05.
	장기요양위원회	2023.06.
	국민연금심의위원회	2023.10.
교육부	유보통합추진위원회	2023.04.
기재부	경제교육관리위원회	2023.05.
	세제발전심의위원회	2023.07.
고용노동부	산업재해보상보험 및 예방심의위원회	2023.10.

맺음말: 사회적 대화, 참여

영국의 저명한 노사관계 전문가인 리처드 하이만(Richard Hyman) 교수는 노동조합이 본질적으로 '정의의 칼'과 '기득권적 이해'(vested interest)라는 양면성을 갖고 있다면서, "21세기 노동조합운동이 직면한 도전 가운데 하나는 바로 '정의의 칼'로서의 역할을 부활하고 새롭게 정의하는 것이다."라고 했다.[114]

이와 관련해 우리나라 노동조합은 임금인상과 노동조건 개선 등 작업장 영역에 몰두한 채 일부 노동자의 기득권이나 상대적인 이익만 대변하는 보수적인 조직이 돼버림으로써 노동운동의 위기를 초래했다는 지적을 받아왔다. 그러다 보니 비정규직이나 하청업체 노동자들의 열악한 노동조건을 외면한 채 상대적으로 임금수준이 높고 고용도 안정적인 자신들의 처우개선에만 몰두하는 이기적인 집단이

---

[114] 리처드 하이만(2000), 「노동조합을 위한 새로운 의제?」, 『노동사회』 2000년 5월호(통권 제43호), 한국노동사회연구소

라는 부정적 인식이 강하다.[115]

　이처럼 사업장 내에서 경제적 이익에만 몰두하는 국내 노동조합운동의 한계를 극복하기 위한 새로운 운동노선과 전략이 필요한 시점에서 ESG라는 시대적 과제를 맞이한 노동조합들은 다양한 입장들을 취하고 있다. 본문에서 살펴보았듯이 일부 노동조합들이 나름대로 대응방안을 모색하고 실천하는 노력을 전개하고 있는 것은 의미가 적지 않을 것이다. 물론 몇몇 공공기관이나 공기업 노사가 ESG경영을 공동으로 추진하는 사례에서 볼 수 있듯이 아직은 선언적이고 초보적인 수준에 머물고 있는 게 사실이다. 하지만 노사가 문제의식을 공유하고 지속가능한 발전을 위한 공동 노력을 시작한 것은 노동운동의 변화와 발전이라는 관점에서 긍정적으로 평가될 수 있을 것이다.

　ESG에 대한 노동조합 차원의 실천적인 노력과 깊이 있는 고민을 통해 더욱 체계적이고 효과적인 대응 전략과 방안을 마련해 나가야 할 것이다. 노동의 입장에서 ESG가 중요한 이유는 기업의 지속가능성을 증진하는 방편으로 건전한 노사관계를 구축하고 산업 평화와 국민경제의 건강한 발전을 위해 내실 있는 사회적 대화를 진행하는 장이 될 수도 있기 때문이다. ESG가 노동권의 부실과 노동자(노동조

---

115) 한국노동연구원이 발간한 「2017년 노사관계 국민의식 조사 연구」 보고서에 따르면, 우리 국민은 우리나라 노동조합이 전체 노동자의 이익을 위해 운영되기보다는 조합원과 노조 간부 등 노동자 일부의 이익만을 위해 운영되고 있다고 비판하고 있다.

합)의 참여 부재라는 CSR의 실천적 한계를 극복하기 위해, 또한 ESG가 기업과 산업에서 노동을 압박하는 '신경영전략'으로 왜곡되지 않도록 하기 위해 ESG에 대한 노동조합(조직 노동)의 적극적인 대응과 더불어 ESG 정책의 입안과 실사 과정에 대한 노동조합의 활발한 참여가 필수적이다.

참고 문헌

- 강충호(2019), '지속가능한 발전을 위한 노·사·정의 사회적 책임', 「국제노동」 2019년 여름호(통권 제239호), (사)한국ILC협회
- 강충호(2021), 「노조의 사회적 책임(USR) 이행과 사회연대 노동조합운동을 위한 제언」, 『선배들의 노동운동 제언』, (사)한국은빛희망협회
- 관계부처합동(2022), 'ESG 인프라 고도화 방안'
- 구준모 외(2021), 「기후위기 시대 공공부문 노동운동의 전략」, 연구보고서 2021-05, 사회공공연구원
- 권순원, 강충호, 이장원, 노광표(2008), 「ISO26000이 우리나라의 노사정 조직과 노사관계에 미칠 영향과 대응 방안에 관한 연구」 보고서, 기술표준원
- 권순원(2010), 「변화하는 기업경영과 USR: USR의 이론과 효과」, 노동경제학회 특별 세션 발표자료
- 김장호, 권순원, 노광표, 신광수(2015), 「사회적책임 정립과 확산을 위한 규범화 연구」 보고서, (사)노사공포럼
- '기후위기 대응을 위한 노동조합 포럼 연구팀 편집(2023), 「노조 간부가 알아야 할 기후위기 대응 방안」, 한국노동사회연구소
- 김남근(2022), 「ESG경영에 대한 노동조합의 참여」, 『노동연구』 제45집(2022년 12월), pp.97~128, 고려대학교 노동문제연구소
- 김영기(2023), 「노사가 함께 ESG로 지속 가능한 사회를 만들자」, 『계간 노사공 포럼』 통권 60호(2023년 가을호), pp.74~89, (사)노사공포럼
- 김현우, 하바라(2021), 『기후변화와 노동-노동에 미치는 영향과 대응과제』, 연구총서 2021-10, 한국노총중앙연구원
- 류승민(2021), 「ESG는 환경과 사회를 변화시킬 수 있는가?」, 이슈페이퍼 2021-20, 전국민주노동조합총연맹부설 민주노동연구원
- 리처드 하이만(2000), 「노동조합을 위한 새로운 의제?」, 『노동사회』 2000년 5월호(통권 제43호), 한국노동사회연구소
- 송관철(2021), 「ESG와 노동」, 『KLSI Issue Report』, 제148호(2021-7호), 한국노동사회연구소 (2022), 「ESG 노동생태계 조성 방안」, 『KLSI Issue Report』, 제170호(2022-9호), 한국노동사회연구소
- 윤효원(2023), 「ESG는 노동의 미래인가?」, 'ESG와 노동' 국회정책토론회(2023.12.19.) 발제문, (사)ESG 코리아
- 이병훈(2007), 「기업의 사회적 책임에 대한 해외 노조단체의 대응」, 『사회적 책임수행을 위한 금융노사의 협력방안 연구』, 전국금융산업노동조합
- 이수정(2022), 「유가증권 상장회사 ESG위원회 현황」, 『ERRI 이슈&분석』 2022-06호, 경제개혁연구소

- 이승협(2020), 『기업과 노동의 사회 책임: CSR에서 ISO26000을 넘어 기업 인권으로』, 집문당
- 이장원, 이민동(2022), 『ESG경영과 노동』, 한국노동연구원
- 임성택(2021), 「ESG와 노사관계」, 『월간 노동법률』 2021년 6월호
- 장홍근, 이정희, 정흥준, 설동훈(2017), 「2017년 노사관계 국민의식 조사 연구」, 한국노동연구원
- 정승국, 강충호, 한동균(2011), 「노조의 사회적 책임(USR) 논의의 현황과 발전 전망」, 한국노동연구원
- "'기업의 사회적 책임' 발 빼는 정부 속내", 『한겨레21』 2009년 9월호
- "정규직 뛰어넘은 '약자와의 연대', 희망연대노조의 성공", 『한겨레신문』 2021.1.26.
- 황선자, 이문호, 임찬영(2022), 「탄소중립과 정의로운 전환을 위한 노동조합의 과제」, 연구총서 2022-01, 한국노총중앙연구원

노동의 미래, ESG

펴낸날 2024년 5월 1일
지은이 강충호 · 김경자 · 박태주 · 송관철 · 윤효원 · 이문호
디자인 박정화
에디터 이헌건

펴낸이 이재정
펴낸곳 행진
출판등록 2013년 7월 18일
주소 서울시 용산구 한강대로38가길 17, 201호(한강로2가, 디아크빌)
전화 070-8770-5100
홈페이지 www.mylifestory.kr
전화 070-8770-5100
이메일 silverplan@daum.net

책값 24,000원
ISBN 979-11-969262-1-2 93330
※ 이 책은 저작권법에 따라 보호받는 저작물이므로 무단전재와 복제를 금지합니다.